体验式学习

TIYANSHI XUEXI

JIANGOU ERTONG

YOUYIYI DE XUEXI JINGLI

建构儿童 有意义的学习经历

赵志宏 著

体验式教学以人的生命发展为依归
尊重生命 关怀生命
拓展生命 提升生命
蕴含着高度的生命价值与意义

它所关心的不仅是人可以经由
教学而获得多少知识
认识多少事物
还在于人的生命意义
可以经由教学而获得
彰显和扩展

知识产权出版社
全国百佳图书出版单位
—— 北京 ——

图书在版编目（CIP）数据

体验式学习：建构儿童有意义的学习经历 / 赵志宏著 . —北京：知识产权出版社，2021.1

ISBN 978-7-5130-7400-1

Ⅰ . ①体… Ⅱ . ①赵… Ⅲ . ①小学生－学习方法 Ⅳ . ① G622.46

中国版本图书馆 CIP 数据核字（2021）第 008517 号

内容简介

本书为江苏省基础教育改革前瞻性项目成果，分为理论和实践两篇，共六章。理论篇对"体验式学习"的理论进行追溯，较为系统地研究了这一理论在国内外的发展，探究了其内涵与意义，建立了体验式学习生态圈。实践篇为"体验式学习"的国家课程校本化实施，在"体验式学习"生态圈的一般范式引领下对国家课程进行全覆盖式探究，再延伸到地方课程和校本课程的具体实施中，呈现了较为系统、完善的课程体系。

责任编辑：张冠玉　　　　　　　　　　　　责任印制：孙婷婷

体验式学习——建构儿童有意义的学习经历

TIYANSHI XUEXI——JIANGOU ERTONG YOUYIYI DE XUEXI JINGLI

赵志宏　著

出版发行	**知识产权出版社**有限责任公司	网　址：	http://www.ipph.cn
电　话：010-82004826			http://www.laichushu.com
社　址：北京市海淀区气象路 50 号院		邮　编：100081
责编电话：010-82000860 转 8699		责编邮箱：laichushu@cnipr.com
发行电话：010-82000860 转 8101		发行传真：010-82000893/82005070/82000270
印　刷：北京中献拓方科技发展有限公司		经　销：各大网上书店、新华书店及相关专业书店
开　本：720mm×1000mm　1/16		印　张：22
版　次：2021 年 1 月第 1 版		印　次：2021 年 1 月第 1 次印刷
字　数：338 千字		定　价：88.00 元

ISBN 978-7-5130-7400-1

序　言

体验式学习深度、高度与境界的探寻

　　盐城市敬贤路实验小学是一所开办没有几年的学校。"80后"校长赵志宏有个坚定的信念：文化是人创造的，因此，新学校也应有自己的文化，用创造的文化力量与方式推动学校发展。在志宏校长的带领下，全校教师砥砺前行，以"敬贤"为核心教育理念，既关注以文化人，更关注以人化文，学校发展进入良性发展阶段，朝气蓬勃，欣欣向荣，令人欣慰、感动。

　　我去过敬贤路实验小学，至少有两次，与志宏接触、交谈、讨论次数更多，我们成了忘年交。从志宏身上我一次又一次感受到他远大的志向，青春的活力，谦逊踏实的品格和做事不张扬的智慧。也许这正印证了智慧的一个特点：静静的、悄悄的，"潜伏"在那里，合适的时候会闪亮出来。这一特点也成了志宏的风格，也许是"志宏"这个名字的积极暗示与引导。

　　建校不久，敬贤路实验小学就积极进行课程改革，尤为关注学生的学习方式。在志宏和他的团队看来，学习方式的变革可以促进育人方式的变革，甚至可以这么说，学习方式的实质是育人方式。因此，敬贤路实验小学坚定不移地把课改的重点放在学习方式的变革上。几年来的实践，已证实了他们的方向是正确的，重点把握是准确的，路径是明晰的，效果当然是显著的。我们为之而鼓掌。

　　学生需要复合性的学习方式，即多种科学学习方式的整合与融通。可贵的是，志宏他们在不断深化认知的同时，又寻找复合性学习方式的基点或支架。深入研究与试验以后，他们找到了并且把握住了——体验式学习。这样，在理论、理念的认知上又提升了一步：学科育人、教学育人—学科核心素养—真实情境—体验式学习，形成了改革的逻辑链条。学科育人，教学育人是目的，心素养是纲、是本，真实情境是策略与途径，而体验式学习则是学习方式，体验式学习成了逻辑链条上的基点、支架。可见，敬贤路实验小学的体验式学习置于宏阔的背景之下，视野、格局变大了。

志宏他们把研究、实践的结果总结、提炼，写成了专著《体验式学习：建构儿童有意义的学习经历》。这本著作闪烁着一些可贵的理念，彰显了一些鲜明的特点。

体验，既是学习经历，更是学习者内心深层次的体验。无须多言，学习应该成为学生的经历，没有经历，学习怎么才能看得见？没有经历，何来的学习？但问题的讨论还应再深入一层：有经历而无体验呢？答案是肯定的。有了体验，学习经历才有意义，体验让学习经历有意义。遗憾的是，当下学生的学习、关注经历多，而关注经历中的体验很少，造成了学生学习主体的缺失，不在场的学习现象仍大量存在。敬贤路实验小学的体验式学习对此做出了积极的回答。

体验，既是认知过程，又是思维发展过程。杜威早就指出：学习就是要学会思维。所谓学习真正发生，就是思维要真正发生；所谓学习真正看得见，就是思维要真正看得见；所谓深度学习，从某个角度看，就是具有挑战性思维的学习。表面上看，体验是认知过程，而思维成了认知的内涵以至是内核。敬贤路实验小学的体验式学习已深深地触及思维发展问题，抑或说，体验式学习已深植于思维发展之中，其深度是可想而知的。

体验，既要以身体之，更要以心悟之。毫无疑问，体验与身体运动联系在一起，敬贤路实验小学提出的具身学习是有道理的。但是，体验学习不仅仅是以身体之问题，更要以心悟之问题，以心悟之，就是心灵的感悟，素养的内化，心的参与，让体验式学习走向价值体认，走向价值体认才会有高度，才有境界。价值体认让体验式学习有了价值方向，在学习过程中进行价值澄清、价值辨别，进行价值选择，以正确价值观导向更健康更有意义的学习。可以将敬贤路实验小学的体验式学习视作价值学习。这点对我们启发特别大。

敬贤路实验小学的体验式学习十分重视体验的情境和内容的丰富。尤其是小学生进行体验式学习时的"心流"现象，让学生的体验在情境中兴奋起来，全身心投入，体之、悟之水平得以更积极地提升。这一研究是具有一定前瞻性的。当然，敬贤路实验小学研究中还有其他一些亮点，书中都有阐述，大家可以在书中有所发现并体验。

志宏和他的伙伴们正是在体验中学习、探索，探索出了这种情境育人、实践育人、综合育人的方式和境界，让孩子在这样鲜活的境界里快乐学习，让伙伴们获得提升和发展。应当祝贺他们，也祝愿他们，在前行之路上，有更多的体验和创造。

成尚荣

国家督学、教育部基础教育课程改革专家

委员会委员、中国教育学会学术委员会顾问

2020.9

目　录

—— **理 论 篇** ——

—— **实 践 篇** ——

理论篇

第一章　体验式学习思想溯源

体验，即以身"体"之，以心"验"之。按照心理学的解释，体验通常表示人们在经验获得及行为变化过程中的心理感受、情感体验、认知顿悟、反省内化等心理活动。从教育学层面理解，体验则包含个体对过去的生活阅历、当下生活场景的生命感动和人生希冀的蓝图，是主体内在的知、情、意、行的亲历、体认与验证。学习不只是知识吸收和存储的过程，更是学生的人生体验不断充实丰满的成长过程。学生都是带着自己在生活经历中所形成的独特人生体验，即对己、对物、对人的认识、看法和态度以及自己所学知识和亲身经验、体验等进入学习状态的。体验是学习的基础，是学生探索问题的动机和起点，它体现在学习过程的每个环节中。但长期以来，学校对学生的体验在学习中的作用没有充分挖掘和利用，学习逐渐异化成知识的输入和积储过程。体验式学习对于变革学生的学习方式、发展核心素养有着十分重要的意义。

第一节　我国体验式学习思想溯源

一、行和知的结合：我国古代体验式学习思想的萌芽

在中国古代教育史中，虽然没有明确出现"体验"这一概念，但体验的思想却很早就已经萌芽。孔子就指出："不观高崖，何以知颠坠之患？不临深泉，何以知没溺之患？不观巨海，何以知风波之患？"《淮南

子·汜论训》中说："圣人以身体之。"《荀子·修身》中说："笃志而体，君子也。"其中的"体"都是指践行和体验。很多经典著作中有对以"体验"方式进行学习的教育教学思想的论述和认同。《中庸》中的"博学之，审问之，慎思之，明辨之，笃行之"，意为"广博的学习，周详的求教，慎重的思考，明白的辨别，踏踏实实的实行"，这一学习过程理论提出了学习是学、问、思、辨、行各个层次阶段的结合，其"笃行之"既是学、问、思、辨后的实践，又是对学、问、思、辨的各个层次阶段的反省，使"行"和学、问、思、辨结合起来，经过体验反省，内化为素质，外化为行为习惯。我国古代教育家荀子也曾指出："不闻不若闻之，闻之不若见之，见之不若行之，学至行之而止矣。"可以看出，荀子十分强调感性认识和"行"在认识过程中的地位和作用，同时也十分重视由"闻""见""知""行"各个阶段结合起来，经过体验反省再由"知"向"行"的变化❶。

从古代的孔子、魏晋玄学家、王守仁、宋明理学朱熹到近代的蔡元培，在他们的教育理论中，也无不蕴含着体验的教育教学思想。例如，在教学方法方面，孔子注重启发、内省和对话。魏晋玄学家看重"直觉体验"。王守仁提倡自愿自觉、顺应儿童自然性情。董仲舒认为真正的知识不是"众物"的知识，而是要知道事物的"本心"，要体察事物的本心，那就只有依靠"内视反听"的内省方法，通过人的内省和直观就可以体认事物的本质。陆游有诗云："纸上得来终觉浅，绝知此事要躬行。"意思是说，从书本上得到的知识毕竟比较肤浅，要透彻地认识事物还必须亲自实践；朱熹提出了"切己体察"的读书原则，他说："学者读书，须将圣贤言语，体之于身。"因此他要求学生"事事都由你自去理会，自去体察，自去涵养"，告诫学生"方其知之，而行未及之，则知尚浅。既亲历其域，则知之益，非前日之意味"。意为亲身经历了的知识，就知道这种知识的好处，对这种知识的理解就跟原来的不一样了；蔡元培崇尚自由、自然、"展个性"，他说："与其守成法，毋宁尚自然；与其求划一，毋宁展个性。"

---

❶ 李梅.体验学习——21世纪重要的学习方式［D］.广州：华南师范大学，2004.

二、陶行知"教、学、做合一"：体验式学习思想的充分体现

"教、学、做合一"思想是陶行知吸取西方教育思想的精髓，结合本土教育实践整合而成，他特别强调要亲自在"做"的活动中获得知识。陶行知还说："真教育是心心相印的活动，唯独从心里发出来，才能打动心灵的深处。"这些既反映出我国学者对学生主体性的重视，也体现了体验学习的思想。

（一）"教、学、做合一"思想的发展

"教、学、做合一"思想其从产生到发展，再到最后形成系统的科学教育思想，前后大致经历了三个阶段，具体如下 ❶：

1. 萌芽阶段

陶行知在美国哥伦比亚求学时，学习了系统的教育学理论知识。因为其求知若渴的学习态度，受到了杜威、孟禄等名师的赏识，并对他进行了教育学知识方面的指导。陶行知深受杜威实用主义哲学的影响，特别是杜威的"做中学"理论。杜威把学校比作实验室，通过教育实验，逐步改良旧的教育制度，进而达到改变社会的目的。在国外接受的系统教育知识为他之后教育理论的提出奠定了基础。陶行知回国后在教学实践中，发现国内教育存在明显的"教"与"学"相分离的现象，教师只是交给学生书本上的知识，学生也只是埋头学课本上的东西，至于为什么学，学了有什么用，许多学生不知道。陶行知针对国内存在的这种旧的教学模式，在1919年发表了名为《教学合一》的文章。文中指出"先生教的法子必须根据学的法子"，同时，将"教授法"改为"教学法"，这一时期是"教、学、做合一"思想萌芽时期。

2. 发展阶段

陶行知创办山海工学团，对中国教育活动改革做出一些尝试。1922

---

❶ 胡国枢. 生活教育理论—陶行知教育思想研究［M］. 杭州：浙江教育出版社，1991.

年，壬戌学制颁布，他针对"教学合一"思想的解决办法，进一步提出："事怎样做就怎样学，怎样学就怎样教；教的法子要根据学的法子，学的法子要根据做的法子。"这时候表明这一理论基本成立，但是并没有正式命名。直到1925年，他在南开大学演讲时，受到张伯苓先生启发，"教、学、做合一"这一理论由此正式命名。

3.完善阶段

陶行知将"教、学、做合一"思想作为其创办的晓庄师范学校的校训。但是在实际教学中，他发现有部分教师并没有深刻理解这一思想，将教、学、做当作三个单独的部分。于是他专门召开师生大会，进一步强调了这一理论精髓。他指出"教、学、做是一件事，不是三件事。要在做上教，在做上学"，并且举出种稻子的例子进一步阐释这一理念。之后，经过师生的不断实践，这一理论日趋成熟。

（二）"教、学、做合一"思想的内涵

"教、学、做合一"思想体现了陶行知辩证唯物主义的哲学思想，是一种科学的教育理论。陶行知对"教、学、做合一"内涵的解释主要包含以下三个层次 ❶。

1.是生活现象的说明

这里说的生活现象主要指的是教育现象。用陶行知的话说："在生活里，对事说是做，对己之长进说是学，对人之影响说是教。"他指出，教、学、做是一件事，是生活里针对不同对象体现的三个方面。不能将其分开理解，任何一件事具体来说都包含着三个主体，也都包含着这三个方面。就拿在教室上课这件事来说，教师通过课本将知识传给学生这是教；学生通过获得知识，扩宽眼界这是学；知识被学生理解吸收并指导其现实生活的实践这是做。这三者是"在教室上课"继时发生的，所以三者是有机统一的。

2.是一种教育方法论

从这一层次上来理解，陶行知指出："教的方法要根据学的方法，学

---

❶ 陶行知.陶行知教育文集［M］.成都：四川教育出版社，2007.

的方法要根据做的方法。事怎样做便怎样学，怎样学便怎样教。"教师要结合学生的学习兴趣与特长，要因材施教。每个学生都是独立的个体，不能"一刀切"。并且老师与学生其实没有严格的界限，所谓术业有专攻，七岁的儿童也可以当六十多岁老翁的老师。所教所学都是为了更好地去实践，去生活，去实现自己的价值。

3."做"是教学的中心

"教、学、做合一"这一思想主要是围绕"做"来展开。教师要在做上教，学生要在做上学。为了强调"做"的重要性，陶行知进一步对"做"进行了说明。陶行知强调："'做'是在劳力上劳心。因此，'做'含有三种特征：行动，思想，新价值之产生。"什么是"做"，把想法付诸实践，并且通过不断地反思总结，会产生新的价值，这个过程就是对"做"的最好的阐释。陶行知指出，"做"不一定局限在一个方面，它可以是"实验、创造、发明"，产生新的科技，也可以是"建设、生产"改变社会面貌，甚至是"奋斗、破坏"。总之，通过"做"能探寻新的出路。

可以看出，陶行知所强调的"教、学、做合一"思想最终落脚点是"做"。"教、学、做是一件事，不是三件事。我们要在做上教，在做上学。"他用种田为例，指出种田这件事，要在田里做的，便须在田里学，在田里教。在陶行知看来，"教、学、做合一"是生活法，也是教育法，它的含义是教的方法根据学的方法，学的方法要根据做的方法，"事怎样做便怎样学，怎样学便怎样教。教而不做，不能算是教；学而不做，不能算是学。教与学都作为中心"。而"做"实为身体"体验"的重要方式，没有做，体验便失去了源泉。可见，"体验"为"教、学、做合一"思想的重要成分。

（三）"教、学、做合一"思想特点

"教、学、做合一"思想强调在教学中要践行知行统一，这一思想要求教师在教学过程中不但要关注学生对知识的掌握程度，还要引导学生将所学知识与实际生活相联系起来，对学生进行启发诱导，调动学生学习的主动性，培养学生的发散思维，更好地做到"学、思、行"的有效结合。学生是学习的主体，因此学生要明白自己因何而学，设置明确的学习计划与目标，在学习的过程中要发挥自己的主动性，逐渐培养自己分析问题、解决问题的能力。教学过程是师生共同活动的双边过程，在这个双边过程中贯彻"教、学、做合一"思想才能发挥其对教育对生活的重要指导作用。陶行知先生提出的这一思想有以下几个特点。

1. 生活体验性

"生活即教育"是陶行知生活教育理论的核心。顾名思义，生活与教育密不可分，哪里有生活，哪里就存在教育。人们为了更好地生活就要学习科学文化知识，要接受教育；反过来，好的教育又能促进人们进步，进而改善自己的生活。"教、学、做合一"强调"做"，是"生活即教育"的方法论，是把生活与教育的关系更具体化的展现。只有在学校里接受知识才是教育吗？只有听老师传授学生才能获得知识吗？这种观点显然是狭隘的。陶行知强调教育就发生在生活的方方面面。在生活中，人们通过劳动迸发出新的灵感，劳动也是获得知识的途径。因此，我们要立足于生活，善于观察生活，并将所学知识运用于生活。

2. 双边互动性

传统的教学模式中，教师站在讲台上，依据自己的课程目标，结合教案按照自己的节奏进行知识的传授。学生有没有听懂，重点有没有掌握，难点有没有理解，这些问题教师因为没有在课堂上与学生互动，所以很难有机会及时得到反馈。而学生因为一节课要接收来自老师传授的大量知识信息，很难有独立思考的时间与机会，只是不停地记笔记，然后在课后背笔记，就算课上遇到疑难问题，也多是选择跳过，不会直接提出。整节课堂就出现了教师"满堂灌"，上课气氛死气沉沉的教学现象。学生学习就像机器一样，各种能力得不到培养与发挥。"教、学、做合一"思想是针对这种旧的教学模式提出来的，教师要把关注的中心从课本转移到学生身上，要重视学生学习的状态与学习效果。教学不是单一的传授与接收知识的过程，而是师生共同活动的过程。在课堂上，师生要交流，要探究，发生思想上的碰撞，交流与融合，这个过程会促进双方共同的进步与发展。

3. 联系实践性

在"教、学、做合一"思想中，陶行知指出"教"与"学"都要以作为中心，并且指出"做"的具体含义是劳力上劳心。从"做"的三个特征可以进一步看出，其实质内涵即思想、行动和新价值的产生。从这一角度可以总结出这一思想具有明显的实践性特征。实践出真知，真理产生于实践；反过来，真理要通过实践来检验。因此，成功的教育更是离不开实践，要与实践紧密相连。在教学活动中，教师的教要与实际相联系，用生活中的案例去启发学生；学生的学更要结合实际生活，用掌握的历史唯物主义去指导生活实践。教师所教、学生所学归根结底都是为了之后科学地将知识运用于生活实践，让知识为我们的生活服务。

4.创造性

创造性是一种高级的心理活动，它的产生需要丰富的知识积累与实践探索为条件。"教、学、做合一"思想倡导教学是一个师生双边活动的过程，在进行思想上的共同交流、碰撞中产生新知，这是创造性产生的过程。"教、学、做合一"思想又指出生活处处存在着教育，要将所学理论在实践中运用，通过不断的实践探索，会产生新的价值的存在，这也是创造性产生的过程。这个特征贯穿在"教、学、做合一"思想产生、发展、完善的始终。以晓庄师范学校为例，"教、学、做合一"思想作为这所学校的校训，打破了传统的教学体制，解放了学生思想的束缚，激发学生学习的兴趣，调动了学生学习的主动性，创建了一种平等民主的师生关系，在鼓励学生学习理论的同时，主动与实际生活相联系，培养学生发现问题、分析问题并解决问题的能力。在教学过程中，教师保护学生的好奇心与求知欲，培养他们的发散思维，鼓励他们眼、手、脑并用，激发学生的灵感，进而培养学生的创造能力。

三、李吉林"情境教学"：为学生的体验提供载体

全国著名特级教师李吉林老师30多年扎根于小学教育之中，孜孜以求、不断探索，在实践中总结出"情境教学"理论。而无论"情"还是"境"，都是为了给学生提供丰富的情感体验或具体体验。

在早期的教学观察中，李吉林发现课堂一般采用"课上分析＋课后练习"的灌输式教学，学生端端正正地坐在课桌前听老师口若悬河地讲40分钟的课，却不知道自己学到了什么。这种教学方式使语言的鲜明性、准

确性被冲淡，思考与理解也直接被老师的讲解所取代，学生对语文从亲近慢慢地走向了疏远。"我清楚地看到'单调、呆板、低效'是当时小学语文的弊端，这种弊端是教学发展的障碍，是桎梏。"李吉林带着对小学教育的"不满"和期待开始了对小学语文情境教育的探索❶。

1. 在情境中体会语感

著名的教育家叶圣陶先生在《语文教学二十韵》曾经说过，"一字未宜忽，语语悟其神"。读书就是要从文章中传神的每字每句中，敏锐地捕捉和感悟文章的神韵，这便是我们平时所说的"语感"。

"语感是对语言文学最丰富的了解，抓住语感便抓住了语言最本质的东西。"在阅读教学中，对于学生阅读以及读写能力的培养都是通过语感教学进行的。苏联著名教育实践家和教育理论家苏霍姆林斯基也曾强调过"学校里应当有一种高度的语言素养，有一种对词高度敏感的气氛"，他建议教师："你们要培养儿童对词的情感色彩的敏感性，你们要使学生像对待音乐那样对待词的影响，形象地说，学生应当成为'词的音乐家'，珍视词的正确、纯洁和优美。"

李吉林在学生语感上的训练主要是通过对教材中的词语进行反复的咀嚼和推敲，对语言中的形象、节奏、气势、情感色彩着重品味和分析，提升学生在语言和词语上的敏感度和鉴赏度。这种能力的提升是在日常教学活动中对于每一词一句的反复比较和推敲中，让学生慢慢地感悟，日积月累后，他们的表达会自然地展现出对于语感美的感悟。不仅如此，在李吉林创设的情境中，儿童独立地感悟和体会作品中所要表达的思想感情，对儿童的语感和语言鉴赏能力的提升大有裨益。

2. 在情境中加强应用

语文具有工具性，而工具性的目的就是掌握和运用。通过运用使知识由生疏到熟练，由浅显到深入。根据语文学科鲜明的特点，在听、说、读、写中加强以应用为目的的整体训练。何谓整体？整体是指整段、整篇的文章，并非是个体的字、词、句。例如，在进行阅读训练时，学生不仅要识字，更要理解词句的意思，还要抓住课文的中心思想，理解其中包含

❶ 韩苾璇．李吉林．小学语文情境教学模式研究［D］．锦州：渤海大学，2015．

的思想感情，提升对语言文字的感知和欣赏。通过这种训练使学生在不知不觉中规范语言，逐渐内化为学生知识存储的一部分。

李吉林老师认为，"阅读是一辈子的事，今天阅读课上的语文学习，归根结底是为了让儿童学会阅读，喜欢阅读"。而我们现在阅读训练的课程却往往忽视了这一点，为了应付考试的阅读而阅读，脱离了生活应用的需求。李吉林老师训练语言方面有自己独特的方式：根据语言在生活中应用的种种形式，在阅读教学中有计划、有意识地对儿童进行训练。形式也是多种多样的：精读、略读，默读、朗诵，速读、跳读、猜读或是采用快速浏览、摘抄的方式，准确而迅速地获取文中的信息。在采用以上阅读方式进行训练后又进行强化：复述文章大意、阐述要领，或是用自己的话描述细节。这种训练常常是将孩子引导到生活的情境中去综合地应用，脱离死板和枯燥，在欢快的氛围中，提高学生语文阅读的整体素质，可谓在生活中学习，在生活中实践，在生活中应用。

运用生活情境，让孩子每天都留心自己身边一点一滴的变化，体验周围世界的新奇和美丽。孩子独特的思想和体会使作文变得生动有趣，这种情趣是孩子独有的。李吉林还重视应用文的训练：写便条、通知，书信、读后感，或是孩子自己办班级黑板报，写班级广播稿，这些都是寓于生活中常见的文体。我们可以看出，李吉林老师在训练孩子语言方面，减轻了孩子负担，增加了孩子感兴趣、乐于接受的方式来训练，使这种训练变成一种高效且有效的训练。

除了"读""写"，同样要重视"听"和"说"。儿童时期是语言发展的黄金时期，孩子当众发言也不会感觉到害羞和顾忌，乐于表现自己，表达自己的想法。如何使"听""说"也变得丰富有趣呢？李吉林老师通常结合课文的内容，让学生担当小记者、讲解员、小裁判、广播员等让孩子倍感亲切的角色，将他们的情感自然地带到角色中，情绪饱满地进行描述性、评判性的语言训练。

3. 在情境中结合感知

西方近代教育理论的奠基者，大教育家夸美纽斯曾说过："在感觉中没有的东西，在理智中也不会有。"儿童总是凭借他们的感官在认识周围世界的过程中获得语言与思维的源泉，语言的特殊性也决定了儿童要将语言和对世界的认识结合起来，拓展儿童的视野、丰富他们的语言，只有将儿童所观察到的世界的形象激活，激发他们的思维和想象，才能最大限度地训练和提高他们的语言能力。可以说"观察""思维""语言"三者是密不可分、相辅相成的。

李吉林在情境教学中将"感知"作为媒介，将观察、思维和语言整合到一起。"儿童的悟性都是通过感觉实现的。"在儿童感知世界、感知客观事物时，教师通过创设的美好情境，使儿童的思维有了具象化的基础，这种以感知为媒介的观察、感知和所结合的语言训练，会使儿童积极主动地投入其中。

无论是体会语感、加强应用还是结合感知，我们可以看出李吉林老师利用情境教学不仅使学生身临其境，还想方设法让学生用心体会到情境，获取真实的感受。如在《小脚丫亲大地》一课中，李吉林老师将所有学生带领到校园中，脱掉鞋袜，赤脚走在校园中的每一处，感受赤脚走在泥土上、草坪上、石子路上、石阶上的不同感受，亲身体会到双脚触碰到不同地面的感受，这种感受没有亲自实践是难以体会的，学生在这样的情境和引导下，真正地做到了放松身心去体会、感受和写作。

第二节　国外体验式学习的发展

体验式学习理论的主要思想是把学习看作是结合了体验、感知、认知与行为四个方面整合统一的过程。体验学习理论作为教育学理论，在卢梭的自然学习理论中就有所体现，杜威的"经验学习"更是体验式学习理论的重要来源，其他领域许多学者的研究也促进了它的发展，如哲学、心理学、社会学领域里有勒温、皮亚杰、埃里克森、罗杰斯、皮尔斯和马斯洛等❶。

---

❶　赵泽霖，韩文民.体验学习论——知识构建的科学向度[J].理论月刊，2010（07）：104-106.

一、卢梭的自然主义教育

伴随着第二次伟大的思想解放运动——启蒙运动在法国的兴起，一个批判的理性时代开始产生。卢梭（Jean Jacques Rousseau，1712—1778）作为一个启蒙思想家，高举民主、自由、平等的旗帜，反对柏拉图主义、新柏拉图主义和基督教哲学，反对封建王朝的统治，指出宗教蒙昧主义和神学思想对人理性的窒息，使人愚昧无知。从其"自然神论"的哲学观出发，卢梭提出他的"自然主义"教育主张，充分体现出教育人性化的本质特性。以行求知，体验中学，是卢梭自然主义教育思想的一个基本点。卢梭坚持感觉论立场，认为"我们真正的老师是经验和感觉"。感觉对认识起决定作用，"我的感觉既能使我感知我的存在，可见它们是在我的身内进行的；不过他们产生的原因在我的身外，因为不论我接受与否，他们都要影响我，而且他们的产生和消灭全都不由我做主"。可见，内在的感觉（思维）是产生于外在的实践的，通过实践和反思才能获得知识。例如，儿童不听告诫，有意打破室内窗玻璃，可让这个儿童经受北风刺骨的痛苦，他就知道不该打破玻璃的理由了。卢梭主张凡是儿童能从经验中学习的事物，都不要让他们从书本中去学。正是因为这样，卢梭笔下的爱弥儿15岁以前，都不学习书本，而是在"大自然原则指导下"锻炼。卢梭强调说："我们只主张我们的学习从实践中去学习，我们宁可让他们为人忠厚，而不愿他们有一肚子的学问。"❶ 可见，卢梭的教育思想重视的是孩子在自然的体验中学习。

二、杜威的经验主义教育

杜威（John Dewey，1859—1952）是当代教育史中极为活跃、影响最为广泛的教育家。杜威的经验理论批判地继承了卢梭的自然主义经验的思想。杜威认为："自然和经验是和谐并进的——经验表现为认识自然、深入自然奥秘的方法，并且是唯一的方法，而经验所揭示出来的自然，则使经验进一步发展深刻化，丰富化，得到指导。""经验"是杜威教育哲学的核心概念。在杜威看来，经验常与"生活"密切联系，生活可以用来表示

---

❶ 卢梭.爱弥儿［M］.李平沤，译.北京：商务印书馆，1978.

个体种族的全部经验，既包括物质的也包括精神的。个体在社会系统中总是暂时的，因为人总是要死的，但是社会系统团体的经验总是要持续的传递，而且社会生活也总是在不断地变化，所以社会经验中需要持续的改造和更新。那么，如何使经验持续地传递、改造和更新呢？杜威找到"教育"这个工具，他认为"不论对于学习者个人还是对于社会来说，教育为实现其目的，必须从经验及始终是个人实际的生活经验出发"。教育的作用就是传递、交流和发展经验，尤其是正规学校的教育。因为学校教育有专门的教材、专门的师资，它可以让儿童通过书本上的文字符号获取人类经验。但是"随着正规教学和训练的范围的扩大，在比较直接的联合中所获得的经验和在学校所获得的经验之间，又产生不良的割裂现象的危险"。因为人类经验总是与社会现实生活有一定的距离，再加之经验自身既是主动的又是承受性的，它原本就是实际的东西而不是理论性的，所以学校教育难免脱离社会现实生活。这是杜威不愿意看到的现象，杜威认为这种学校教育教给学生的不是真知。人类的经验都是用来处理现实问题的材料，这些材料只有被运用之后才能成为个体经验中的一部分，只有经过改造而又适合现实需要的经验才是真经验。这样，个体要获得真知，就必须运用、尝试、改造，必须去"做"，经验都是由"做"得来的，思维或反思是使经验具有意义的一个关键性因素，这便是杜威的"做中学（Learning by doing）"理论[1]。这一理论体现了"从经验中学"的思想，也是我们所提的体验式学习的思想：通过"做"让学习者充分主动活动，通过活动丰富经验，通过反思使经验具有意义，最终促进学习者的发展。

三、皮亚杰的认知理论

皮亚杰（Jean Piaget，1896—1980 年）一生在生物学、逻辑学、心理学、哲学等方面都有较深造诣。皮亚杰从 20 世纪 20 年代开始逐渐创立了一套完整的发生心理学理论体系或称结构主义的发生认识论。皮亚杰认为，认知发展受三个基本过程影响：同化（Assimilation）、顺应（Accommodation）和平衡（Equilibration）。所谓"同化"就是主体把外界刺激整体纳入个人

❶ 赵祥麟，等.杜威教育论著选［M］.上海：华东师大出版社，1981.

的正在形成或已经形成的认知结构之内，只有外界的刺激被主张同化于他的认知结构之中，主体才能对客体做出反应。而"顺应"则指那种具有同化作用的结构受到它所同化的刺激的影响而发生的改变。"平衡"是指主体通过自我调节机制使认知发展从一个平衡状态向另一个较高平衡状态过渡的过程。皮亚杰认为，个体的认知图式通过同化和顺应而不断发展，以适应新的环境。如果原有图式无法同化环境刺激，个体便会作出顺应，即调节原有图式或重建新图式，直至达到认识上的新的平衡。同化与顺应之间的平衡过程，也就是认识上的适应，也就是人类智慧的实质所在。在皮亚杰的认知理论中，人类智慧的发展是通过人类主体的认知结构与社会环境和物理环境的经验之间的"同化"与"顺应"的相互作用（即活动）而实现的❶。皮亚杰的学习模式描述了智力是如何由经验发展的，他认为学习的结果是在经验顺应与经验同化之间的平衡状态中产生的。以此种原理来解释体验式学习，就更能说明体验式学习对学习者认识的发展过程了。

四、罗杰斯的意义学习

罗杰斯（Carl Rogers，1902—1987 年）是具有重大影响的人本主义人格理论家和心理治疗学家。罗杰斯认为，可以把学习分为两类，他们分别处于意义连续体（continuum of meaning）的两端。一类学习类似于心理学上的无意义音节的学习。学习者要记住这些无意义音节是一项困难的任务，因为它们是没有生气、枯燥乏味、无关紧要、很快就会忘记的东西。所以，它们一方面不容易学习，另一方面又容易遗忘。另一类是意义学习（significant learning）。所谓意义学习，不是指那种仅仅涉及事实累积的学习，而是指一种是个体的行为、态度、个性以及在未来选择行动方针时发生重大变化的学习。这不仅仅是一种增长的学习，还是一种与每个人各部分经验都融合在一起的学习。例如，当一个刚起步的小孩的手碰到取暖器时，他就学会了"烫"这个词的意义，他同时也学会了以后对所有类似的取暖器要当心，他会以一种不会马上就遗忘的、有意义的和投入的方式保留所学到的内容。又如，如果一个五岁小孩迁居到另一个国家，让他每

---

❶　施良方.学习论［M］.北京：人民教育出版社，1994.

天与新的小伙伴们一起自由地玩耍，完全不进行任何语言教学，他在几个月内就会掌握一种新的语言，而且会习得当地的口音。因为他是用一种对自己有意义的方式学习的，所以学习速度极快。倘若一个教师去教他，在教学中使用对教师有意义的材料，那么学习速度将会极其缓慢，甚至停滞不前。罗杰斯认为，意义学习主要包括四个要素：第一，学习具有个人参与（personal involvement）的性质，即整个人（包括情感和认知两方面）都投入学习活动；第二，学习是自我发起的（self-initiated），即便在推动力或刺激来自外界时，但要求发现、获得、掌握和领会的感觉是来自内部的；第三，学习是渗透性的（pervasive），也就是说，它会使学生的行为、态度，乃至个性都会发生变化；第四，学习是由学生自我评价（evaluated by the learner），因为学生最清楚这种学习是否满足自己的需要、是否有助于获得他想要知道的东西、是否明了自己原来不甚清楚的某些方面。罗杰斯的意义学习与奥苏贝尔的意义学习（meaningful learning）内涵是不同的，前者关注学习内容与个人之间的关系，而后者强调新旧知识之间的联系。罗杰斯的意义学习是需要每个学习者将各部分的经验都融合在一起的，因此他的意义学习就接近了我们所说的体验式学习❶。

五、哈恩的体验学习

将体验学习作为一种独立的学习方式来开发是毕业于牛津大学的哈恩（Kurt Hahn）博士，这位在西方教育界大名鼎鼎的教育家说过："我把教育的最主要的任务当成是生存的品质：富有进取心、好奇心、永不言败的精神、韧性、自我判断的能力。尤其是同情心。"他深刻地认识到学校教育的局限，认为学校教育早已不能完全提供学生平衡成长的机会与空间，学生普遍缺乏自信，不懂得对人感恩，缺乏体谅。为了帮助学生平衡他们的智力和体力成长，他研究了一套用于弥补这些缺失的教育方式，提供学生亲身体验挑战、突破和冒险的成长经验，来提高学生的体能，强调发扬健康的生存，反对竞争行为。例如，团队形成及进阶游戏、人际互动沟通协调游戏、突破创意思考游戏、野地探险体验、绳索冒险挑战，还有探

---

❶ 李梅. 体验学习——21世纪重要的学习方式［D］. 广州：华南师范大学，2004.

险、溯溪、攀岩、沙漠等活动，激发个人在群体活动中的动力。为此，他于1920年在德国成立了Salem寄宿学校来推行他的教育计划，但由于德国当时特殊的政治气候，他的自由主义教育哲学受到越来越多的批判。特别是他对纳粹坦率直言的反对，使身为犹太人的他处境非常危险，曾遭到希特勒的逮捕，而不得不放弃刚刚开始的事业，于1933年流亡到英国。正是在这里他发现了用武之地，因为大西洋船队屡遭德国人的袭击，许多年轻海员因为缺乏临战经验葬身海底，而逃生回来的不一定是身强力壮的，但都是意志力特别坚强、求生欲望特别强的人，这些人有着丰富的生存经验，如团队的协调和配合。当时，英国的海军要求怯恒博士运用他的"冒险教学"理论和经验发展一套短期、有效的计划来训练海员，如登山、健行、野地定向、溯溪、攀岩、独木舟、马术等训练活动课程。因此，哈恩于1934年创办了Outbound School，用来训练年轻海员在海上的生存能力和海船触礁后的生存技巧，明显提高了海员的生存率。战争结束后，体验式训练的独特创意和训练方式逐渐被推广开来，训练对象从海员扩展到军人、学生、工商人员等群体，训练目标也由单纯的体能、生存训练扩展到心理训练、人格训练、管理训练等。

Outbound School引起了美国人的极大兴趣，早在第一次世界大战期间，哈恩就结交了不少在美国政界有影响力的朋友，为了将怯恒的工作介绍给美国，他们成立了美英欧洲教育基金。1950年米纳（Josh Miner）专门前往英国和德国考察怯恒所建立的学校，回国后狂热地加以推广。19世纪60年代，哈恩的体验学习在美国更是得到了奇迹般的发展。1962年夏，美国的第一所户外学校在科罗拉多（COBS）开办，1964年培契（Robert Pich）开办了北明尼苏达户外学校，不久米纳建立了美国户外学校中心（OBUSA）来指导全美的户外学校。后来，他们将此计划提供给了联邦政府的教育部门，经过一连串的辩论与说服，终于获得了政府的肯定与推广。因为校园教学课程与军事训练之间应该是有所差异的，他们又逐渐研发出了一套更加适合校园活动的课程。这套课程的设计都与野外山林树木及绳索、攀岩有关，受到学生们的热烈欢迎，"体验学习"的概念逐渐成熟并被广为采用❶。

---

❶ 王灿明.体验学习解读［J］.全球教育展望，2020（12）：14–17.

六、库伯的体验学习圈

教育学家杜威描述了刺激、感受和具体经验的动机如何能转变到更高规则的目标行为。发展心理学家皮亚杰认为，体验、观念、反思和行动四个维度构成人基本的连续性发展思维。社会心理学家勒温的实验室训练与行为研究发现，通过一个完整的实验过程——以学习者的即时具体体验开始，继而搜索、观察学习者的体验实践，之后对这些资料加以分析，再将分析结论反馈给学习者，继续为他们的实践所用，以修正他们的行为并选择新的体验——将有效地促进学习者的学习、变化与成长。美国教育学家库伯（David A. Kolb）总结了勒温、杜威和皮亚杰等在各自领域中对学习模式的研究，提出了"体验学习圈"的概念。"体验学习圈"所描述的学习系统是由具体经验、反思观察、抽象概括和主动应用四个基本环节构成。具有如下本质特征 ❶。

1. 体验学习是一种过程，而不是结果

体验学习强调过程的重要性。库伯把学习描述为一个起源于体验，在体验下不断修正，进而形成观念的连续过程，表现为教学不是知识的存放，学习不是被动地接受、记忆和重复，学生通过体验过程，质疑体验过程中产生的问题、将体验的感受付诸实践，成为主动发展的主体。知识是在学习的过程中完成了个人主观生命经验的积累与人类文明文化经验的客观积累间的转换，体现了学习是一个积累体验、引出顿悟的过程，其结果只是过去的记录，而不是知识本身。

2. 体验学习是以体验为基础的持续过程

知识并不独立存在于个体之外，而是在不同的情境中建构起来的。学习者以原有经验、心理结构和信念为基础来建构知识，在知识经验积累的基础上体验个体的生命过程。体验学习为此强调学生体验的介入，强调知识的内化与构建。此外，知识是不断扩展的，只有通过学习者的反思性行为才能得以扩充和生成。学习发生于意义的建构过程中，学习不是简单的

---

❶ D. A. 库伯. 体验学习——让体验成为学习与发展的源泉 [M]. 工灿明，等，译. 上海：华东师范大学出版社，2008.

信息积累，更重要的是包含新旧知识经验的冲突，以及由此而引发的认知结构的重组。因此，知识的内化与迁移是"理解"的重要表现，而对知识的运用和创造则是"理解"的最高表现。在此，可以说明知识是在学习者的体验中连续地发生并被检验的过程，这一事实具有重要的教育含义，它意味着所有的学习都是以体验为基础的持续过程。

3. 体验学习是运用辩证方法不断解决冲突的过程

学习本身充满紧张与冲突，学生既要积极体验，又要反思观察；既要经历具体体验，又要实现抽象概括。学习者要进行有效的学习就会遇到各种各样的问题、困难以及相互之间的认识差异，也就是认知冲突，即原有的知识经验不能对新的观点、现象进行解释，原有的方法无法解决新的问题，进而难以得出正确的结论，从而打破了原有的心理平衡。当心理失衡后学习者就会本能地产生一种平衡的需求，即新的学习需求。学习者会主动地、全身心地通过各种方法、途径来满足自己的需要，实现内心的平衡，当内心平衡的需求得到满足的时候，就会产生关于学习方面的积极体验，从而产生快感——一种对未知探究的自我实现感。体验学习就是引导学习者如何辩证地将已有知识经验和生活经验运用到获取新知识和化解冲突的过程中去。

4. 体验学习是一个适应世界的完整过程

教育与当下的生活世界紧密关联，如何让学习的内容回归"真实世界"，体验学习为我们描绘出了一个适应社会环境与自然环境的过程。库伯认为：学习是人类适应现实世界的主要过程，与一般学校或课堂的概念比较，这是一个相当宽泛的概念。体验学习关注的是人如何在生活中以理解、体验的方式认识自然、社会和人生，通过人与他人、人与自我的交往来达到人格的自我建构，强调人在生活世界的实践活动，让学习者以自己的生活来感悟知识，运用所学的知识去关照真实生活，表达自己对自然、社会、人生的独特感受和真切体验。

5. 体验学习是个人与环境之间连续不断的交互作用过程

体验学习是个人与环境之间连续不断的交互作用过程。学习是凭借经验与相应的环境相互作用，在其头脑内部积累经验、构建心理结构以适应环境变化的活动，并通过行为或行为潜能的持久变化表现出来。学习与环境的外在表现可以归纳为：①学习是个人与环境的交互作用；②学习可以通过相应的行为变化而得以体现；③行为变化并非全部源于学习，同样，学习也并非都通过行为变化表现出来；④学习者必须学会适应环境的变化，并与之保持动态平衡；⑤人与环境的交互作用是学习得以发生和延续的前提条件。

从上述归纳中可以看出，个体之所以能适应环境，是因为在与环境相互作用的基础上获得了有关经验，这种交互作用反映了客观条件与主观体验之间互相渗透的关系，它体现了个人、环境及行为在相互决策中的作用，体验学习恰好就体现在相互决策的过程之中。

6. 体验学习是一个创造知识的过程

知识是人类的认识成果，来自社会实践。这个概念包含了两个层面的含义：首先，个体知识与社会知识之间的关系。社会知识是前人类文化经验的总和，个体知识是个人生命经验的积累。其次，个体知识与社会知识的转换关系。人类在获取社会知识经验的过程是依赖人的感觉、知觉、记忆、思维、想象、注意及科学方法等，通过一定的情景实践与体验内在地将社会知识转换成个体知识。与此同时，这也是在连续不断地创造与再创造知识的过程。

任何学习既是一个获取知识、提升能力的过程，也是一个情感体验、人格建构的过程。体验学习重在学生自主的感悟体验，要求学生充分运用已有知识与生活经验，在对新情景感知的基础上，通过感悟或体验，获取新的知识或技能。体验学习的关键在于能够实现社会知识与个人知识之间的转换并完成创造知识的过程。

总之，体验学习是一种强调学生体验的一种学习方式。体验学习既重视具体经验、亲力亲为，又强调反思内省，元认知与自我调节。体验学习的过程包含了感知与情感，直觉与想象，反思与辨别，意图与行动。体验学习把认知、行为和情感整合为一种具有优势的学习方式。通过对体验式学习思想的溯源，对体验式学习本质特征的反思，为完善当下的教学和学习方式提供了启迪与思考。

第二章　体验式学习内涵与意义

第一节　体验的内涵

一、体验的一般语义

"体验"一词的语义在汉语中最早出自《淮南子·氾论训》："故圣人以身体之。"《荀子·修身》："好法而行，士也；笃志而体，君子也。""体验"在《汉语大辞典》中有三个含义：①在实践中认识事物；亲身经历；②体验生活；③体察；考察。《辞海》中，"体验"的解释为"亲身经历、以认识周围的事物"；《教育大词典》将"体验"解释成"体验、体察、考察，在实践中认识事物"。在英语中，与体验相对应的单词是 experience，可译作经验、由经验获得的知识或技术，还可译作经历、阅历等。在《牛津字典》上，"体验"被定义：①有意识地成为一种状态或情境的主体；②有意识地受到一个事件的影响；③被主观看待的一种状态或情境；④个人受到影响的一个事件；⑤从真实观察或个人经历中获得的知识。这些定义无不强调了行动和对于行动的感觉和思考之间的联系。

二、哲学家眼中的"体验"

在哲学中，对体验论述较多、较深入的是狄尔泰、海德格尔、伽达默尔等生命哲学家。狄尔泰认为体验是生命存在的一种方式，体验不是一种外在的、形式性的东西，它是指一种内在的、独有的、发自内心的，和生命、生存相联系着的行为，是对生命、对人生、对生活的感发和体悟。在狄尔泰看来，世界的本体不是理性，不是客观外在的实在，而是活生生的感性的生命。任何世界观的终极根基乃是生命本身，而生命是一种不可抑制的永恒的冲动，它处于不断生成的流变之中。人们不能用抽象的概念来表达，只能依据内在的体验加以把握，体验是生命自身的直接经验。在体验中，体验者所感受到的是一个凝聚着的、统一的感知整体，这种感知是和人的生命、个体的生活紧密联系在一起的。只有体验才能把握生命，因为生命存在于体验表达的本质中。

狄尔泰把体验作为整个人文科学方法论的基础，提出人文科学依赖于体验、表达和理解的关系，只有当体验、表达和理解的网络随处成为一种特有的方法时，人文科学才真正存在。他一直致力于合理区分自然科学与人文科学，认为与一切自然科学相比，人文科学有它的特点，"它的对象不是在感觉中所给予的现象，不是意识中对某个实在的单纯反映，而是直接的内在的实在本身，并且这种实在是作为一种被内心所体验的关系"。自然科学关注的是物体因果关系的知识，目的在于描述和了解人所意识到的某个对象或外部经验，而人文科学关注的是活生生的、整体的人，目的在于体验生活世界、表达自我意识、理解人类历史。两者存在着两种不同的"经验方式"。自然科学是让人感觉到某个对象，获得外部经验，而人文科学让人在意识、感知对象的过程中，含有一种喜欢、厌恶、惊讶的心理"态度"，这种态度内在于人，为人自己所亲身体验。因此，自然科学总是和人的认识、知识联系在一起，而人文科学则与人的亲身体会、深入体验密切相关。狄尔泰反对把自然科学的研究方法直接移植到人文科学领域，认为人文科学是人的王国，如果丧失了对意义和人的自我体验的关心、丧失了适应于研究对象本性的方法，便会出现精神上的危机。他指出，在自然世界中，一切都是机械运作，而人文世界是一个深入人的精神的、自由的和创造的世界，是"经验世界"的最高现象，自然科学对物体原因的解释和控制，无法解决人生体验和生活意义问题。人文科学关注的是人的自我认识与意义等问题，而解决问题的途径是通过体验获得人的生活及其意义的理解。

海德格尔认为体验是"领会"，而领会是存在的展开状态，人是在领会中并通过领会把握存在的意蕴的，领会始终关涉"在世界之中"的整个基本状况。领会是对于存在的领会，"领会的筹划性质实际组建着在世的在"，存在的状况决定于领会，离开了领会，存在是不可思议的。在海德格尔的存在哲学中，"存在"是一种最根本、最原始的状态和体验，它先于主体与客体、思维与存在、理论理性与实践理性之分化。他认为，在纷繁的物质世界、形形色色的经验科学以及各种形而上学的抽象体系的掩盖下，存在被遗忘了。然而，存在是强有力的，它只是暂时被遗忘，它终究会显现，会"在场"，会"澄明"，但存在的彰显所需要的不是知识的累加和认识的深入，而是不断感悟与体验。而体验需要穿透一切知识，摆脱一切抽象概念，超越主客关系，不把世界设置为客体进行物质交往，而是置身于世界之中与世界融为一体，达到"物我两忘"之境。因此，体验不是一种单纯的智力活动，从根本的生存上说，所要体验的不是这件事那件事，而是体验生存本身，生存就是有所体验地存在。体验并不是通过感知、察觉和静观一个对象，"而是贯透在世的所有本质环节来领会掌握在世的整个展开状态"❶。

海德格尔还认为体验是非规定性的思，这种非规定性的思消除了主体与客体、主观与客观的二元对立，思之经验对象不再是人之外、与人对立、为人所认识和改造的对象，而是人的存在经验、人的生活方式的一部分。"也许有这样一种思，它超越了理性和非理性的区别，比科学技术更清明；它不计事功，但具有自己的必要性。当我们问及这种思的任务时，那么不仅这种思本身，而且关于这种思的追问，首先就是成问题的……思的任务将是放弃以前的所思，把真正应该思想的事情决定下来。""思在，绝不是仅仅在我们头脑里反映某种实在之物，然后把这被反映之物作为唯一真实之物陈述出来。思在，就是对在的到场的召唤做出回应。回应此召唤又向此召唤释放自己。"在海德格尔看来，思是体验的思、存在的思。而体验的"严格之处"，不同于诸科学的严格，它不仅仅在于它的认识性，即不仅仅在于概念的精密度。体验并非由认识而是由存在而发生，体验属于存在。

伽达默尔认为可从分析"经历"一词的意义来获得对体验的理解。经

---

❶ 海德格尔.存在与时间［M］.陈嘉映，王庆节，译.三联书店，1999.

历是指"发生的事情还继续生存着"，具有一种用以把握某种实在东西的"直接性的特征"，即在经历中，人们对事物的认识和体会都是在自我的直接感受和亲身经历中展开的。当我们说一个人曾经"经历"过的时候，那么他所知道的东西就不是从他人那里获得的，也不是道听途说的，更不是被推导、想象或是猜测出来的，而只能是由他自身所亲历过的体会中得来的。而且，"所经历的东西"通过某种形式得以继续存在。据此，他认为"体验"一词的构造是以两个方面意义为根据的：一方面是直接性，这种直接性先于所有解释、处理或传达而存在，并且只是为解释提供线索、为创造提供素材；另一方面是由直接性中获得的收获，即直接性留存下来的结果。"如果某个东西不仅被经历过，而且它的经历存在还获得一种使自身具有继续存在意义的特征，那么这种东西就属于体验。"亦即体验不仅是指人经历过了某件事，而且在这种经历中获得了某种体悟、有了某种深切的感受；否则，便只是有了某种经历而非获得了体验。

伽达默尔认同狄尔泰对体验的理解，承认体验与生命整体关联。体验"这个概念的作用并不全是扮演原始所与和一切知识基础的角色。在'体验'概念中还存在某种完全不同的东西，这种东西要求得到认可，并且指出了一个尚未解决的难题，即这个概念与生命的内在关系"。伽达默尔认为，生命和体验的关系不是某个一般的东西与某个特殊的东西的关系。由其意向性内容所规定的体验统一体更多地存在于某种与生命的整体或总体的直接关系中。体验不仅是认识的基础，而且成为生命过程本身的要素。每一个体验都是由生活的延续性中产生，并且同时与其自身生命的整体相连。这不仅指体验只有在它尚未完全进入自己生命意识的内在联系时，它作为体验仍是生动活泼的，而且也指体验如何通过它在生命意识整体中消融而"被扬弃"的方式，根本地超越每一种人们自以为是的意义。由于体验本身是存在于生命整体里，因此生命整体也存在于体验中❶。

德国现象学大师胡塞尔用体验来把握"生活世界"，反抗独霸人类生活的"科学世界"。胡塞尔说"唯一真实的"世界就是我们日常经历的生活世界，它是一个没有被物理学公式及在其基础上对自然现象做出的预判

---

❶ 伽达默尔. 真理与方法［M］. 洪汉鼎，译. 上海译文出版社，1994.

所规范的模型化的日常世界，是人们丰富多彩的实践活动之总和，是人类一切有意义的活动的发源处。要想获得真知、洞悉世界的本质需要回到"生活世界"，回到对内心精神世界的静观体验。他提出对现实世界和自然世界的"悬置"，通过"悬置"来超越自然世界和科学世界，实现对人的精神生活世界的"体验"和"直觉"，在精神世界中获得意义和价值。每一个人作为自己精神世界的建构者，时刻都在与外界、与他人交往的过程中形成自己独特的体验世界。

存在主义者用体验作为"下定义"的方式，认为在世就是通过一种原始的直觉或内在的情绪体验，如"烦、畏、死"来实现的。海德格尔认为，人人具有"独一无二的个体性"，因而个人的主观性具有绝对的意义。他认为，"体验乃是一种在场方式，也即一种存在方式。通过体验，显现着的意识本身大于其本己，在场寓于自身而在场。体验把意识聚集于它的本质的聚集之中"。在认识论上，存在主义者反对对理性的过分重视，而强调自我的"内心体验"，把人当作造就自我和决定世界的基础，因而无所谓理性认识过程。人依靠对个人情感、意志的内心体验去规定自己；也靠内心体验和直觉去把握认识对象。存在主义使人越来越多地认识到自我尊重、自主学习、自主发展、自主体验的重要性，告诉人们利用有限的时间体验生命。

三、心理学中的体验

体验在心理学中的一般意义，是指一种由诸多心理因素共同参与的心理活动。体验这种心理活动是与主体的情感、态度、想象、直觉、理解、感悟等心理功能密切结合在一起的。体验中有认知的参与，但仅有认知还不能称其为体验。在体验中，主体不只是去认知、理解事物，而且因发现事物与自我的关联而产生情感反应，并由此生发丰富的联想和深刻的领悟。也就是说，体验是在与一定经验关联中发生的情感融入和态度、意义的生成。

在众多心理学流派中，存在主义心理学对体验有较多论述，主要观点如下。

1. 主体内在体验

主体内在体验认为人是自己现实生活的主体，人的存在具有不同于其他存在的独特性，其关键就在于人是有意识的，它能使人在与外界的交往中产生特有的内在体验。人能以多种不同的方式体验自己的生活经验，使自己成为开放的有更大自主选择性的存在。人的内在体验是通过人的每一次选择和行动引起的，而人的行动是对自己过去的一种新的超越，意味着个体在克服主客二分、克服个体与其世界分裂的基础上对所有存在的全面认识和理解，从而超越自己先前之所是，重新塑造一个新的自我。

2. 本真（authentic）体验

本真是指个体在世界上的存在与他自己的本性协调一致的状态，这种状态不是个体对外部世界的顺应或适应，而是人的潜能和创造性得到最大限度的实现。尽管本真状态中包含着许多对未知世界的预测和想象，但并不玄虚神秘，它立足于我们所熟悉的世界基础之上，这个世界既包括外部的物质世界，也包括人的内心世界。本真体验和一般的内在体验不同，是个体对自己人生的一种独特的体验状态，是个体在世界生活着、存在着的一种方式，具体是指个体不仅能够认识到自己存在的有限性，而且认识到自己是一个有巨大潜能的存在、有自由选择能力的个体，并以此为基础，在自由选择和采取行动中，在与他人、与社会的相互对话和联系中实现自己的潜能，成为一个"自然发生的人"。

3. 高峰体验

这种高峰体验"可能是瞬间产生的、压倒一切的敬畏情绪，也可能是转瞬即逝的极度强烈的幸福感，或甚至是欣喜若狂、如痴如醉、欢乐至极的感觉"。这种体验出现的一刹那是短暂的，但由于其让人感受极深而难以忘却，因而其影响和作用可能长期存在。这种体验是一种终极体验、目的体验、存在体验，在这种体验中，个体的认知特性和认知能力发生了根本的变化，个体挣脱了功利取向的羁绊，超越了缺失性认知的偏狭，获得了对宇宙万物的独特的、具体的、整体的存在认知，领悟到了事物的存在价值。与此同时，个体的自我特性也发生了深刻的变化，人获得了最高程度的同一性——人的可能性与现实性趋于一致，自我与非我的界限已消除，人最接近于他真正的自我；人也获得了最大程度的特异性或个体性、唯一性——他成了他独特的、个别化的自我，和其他人不再是可替换的了。马斯洛指出，高峰体验状态即"存在状态"，这种状态并非源于某种神秘的、不可思议的外界秘密，而是活生生地存在于普通人的日常生活之中，或来自爱情、审美感受、创造冲动，或来自母爱、来自于大自然的交融。马斯洛通过其研究认为高峰体验是自然产生的，不能命令，不能逼迫，但也并不意味着人在高峰体验的产生中无能为力，高峰体验的产生与人格的成熟、与自我实现之间有着密切的相关，因为人格的成熟是改善人对外界认知的先决条件。

四、美学中的体验

在美学中，体验即审美体验。审美体验是对生活、生命更为本质性的经验和感受，它以一种全身心的方式来感知、体会对象，体验的过程总是和生命、生活、生存联系在一起。审美体验"不仅是一种与其他体验相并列的体验，而且代表了一般体验的本质类型。正如作为这种体验的艺术作品是一个自为的世界一样，作为体验的审美经历物也抛开了一切与现实的联系。艺术作品的规定性似乎就在于成为审美的体验""在艺术的体验中存在着一种意义的丰满，这种意义丰满不只是属于这个特殊的内容或对象，而是更多地代表了生命的意义整体。一种审美体验总是包含着某个无限整体的经验"。因此，审美体验是一种生命体验，在审美体验中，人所感受到的是一种生命的激越和飞扬，一种生命的领悟和升腾，人的每一次审美体验，给他带来的总是难以忘怀的生命张扬。

审美体验是直觉的"思"，这种直觉并非原始的感性直觉，而是对原始直觉的超越。审美体验是超越概念思维的更高一级的直接性，它不同于一般的概念思维或逻辑推理，也不同于一般的形象思维，审美体验是思想认识在人心中沉积日久后转化为直接性的东西，是"感性现象和超感性意义的合一状态"（伽达默尔），是直觉的思。

审美体验是情感的"思"，这种情感是"人的生命的激荡，人因这种激荡，特别是这种激荡得到适当形式的表现和抒发而获致一种精神上的满足感"。这种满足感不是处于低级感性认识阶段的快感或痛感，也不是处于高级理性认识阶段的完善或不完善，而是它们的超越或升华，是一种优美感或崇高感。审美体验是一种渗透着优美感、崇高感的思，是一种"情思"。这种"情思"是感性与理性的统一。在审美体验中，"思想被材料化了，而所用的材料不是由这种思想自外面来决定，而是本身自由地存在着；这就是说，自然的、感性的事物以及情感本身具有尺度、目的和和谐，而知觉与情感也被提升到具有心灵的普遍性，思想不仅打消了它对自然的敌意，而且从自然里得到欢欣；这样，情感、快感和欣赏就有了存在的理由而得到认可，所以自然与自由、感性与理性都在一个统一体中得到了保证和满足"。

审美体验是自由的、创造性的。康德说"诗使人的心灵感到自己的功能是自由的"，黑格尔说"审美带有令人解放的性质"，而解放"就是重新恢复在那种徒劳于永无休止的竞争活动中不可能存在的感性的审美性能，正是这些审美的性能揭示出自由的崭新性质"。审美体验超越主客关系，超越事物的有限性而进入万物一体的境界。审美体验不是必然性的认识，也不是关于必然性的知识，它超越必然性的认识与知识，从欲念、利害以及整个认识领域里逻辑因果必然性的束缚下获得解放和自由。审美体验也是创造性的，人在审美体验中能超越周围事物之所"是"，发现其所"不是"，能超越周围事物之长在不变性，发现其异常的特征。每一次审美体验总是新的，都与以往不同，是不能重复的。❶

五、教育学中的体验

德国著名哲学家狄尔泰也是一位教育学家，他将体验作为教育中教与学、人与我、人与人之间关系的纽带，力图为教育脱离传统的知识教育模式寻找一条新途径。他尖锐地批判传统的教育学是无人的教育学理论，只重视知识教育，不重视情感教育，没有把人看作是知、情、意不可分离的整体的人。具体到教学问题，狄尔泰认为在教学过程中，科学的客观立场和冷静方法是需要的，但却未能触及人的精神生活深处，而是停留在一般的浮泛表层，只有通过融入了感情的心灵体验达到心灵相通、相互理解，才能真正而完美地理解生命的意义。

美国实用主义哲学家、教育家杜威从经验自然主义的哲学观出发，认为教育的本质之一是经验的不断改造或改组，是有机体与环境、人与自然

---

❶ 辛继湘．体验教学研究［D］．重庆：西南师范大学，2003．

相互作用的结果。尽管杜威没有用"体验"而使用"经验"这一概念，但他所说的经验与一般的经验意义不同。他认为经验不仅仅是一种认识，还是人对环境的欣赏、崇拜、体验、喜悦、感伤、探究、认识的整合，人的情感、意志等是经验的更重要的内容，因而经验既具有理性成分，又含有非理性因素。杜威反对把经验认识与理性认识对立、现成的真理与具有认知官能的心灵的对立、理智与情感的对立、知与行的对立、理论与实践的对立、身与心的对立等，主张主观与客观的连续性、有机体与环境的统一性、目的与手段的内在统一、认知与情感的统一。杜威认为，教育的本质是让儿童在主观与客观的交互作用中获取经验，在教育过程中主要不是教给儿童既有的科学知识，而是让儿童在活动中自己去取得经验（不仅是认识），他提出教育不是强迫儿童或青年去吸收外面的东西，而是要使人类"与生俱来"的能力得以生长。他指出儿童的生长总是在生活过程中展开的，教育的开展及过程就是眼前生活的本身，而不是为未来的生活作准备，学校教育应该利用现有的生活情境作为其主要的内容，应该与社会实际生活相联系，让学生参与到社会生活中接受熏陶，获得深切体验。

美国当代人本主义教育家、心理学家罗杰斯是从人本主义心理学的角度来论述教育教学中的体验。罗杰斯认为人是作为一个完整的人格而成长的，人的存在是认知与情意的统一，脱离了感情的智慧是空虚的、无意义的，单纯地着眼于智力活动，人格不能获得健全的成长。为了全人格的发展，认知学习必须同情意相结合，心智发展必须同情绪发展相结合，教学内容与方法只有当它植根于情意基础时，才能发挥最好的作用。罗杰斯还强调教学要重视学习者的个人经验，认为学习活动一旦与人的生活经验相联系，那将是卓有成效的。他提出教育的价值在于人的自我发展、自我实现，而"自我"是个体的一种体验，包括"个体整个儿地去知觉他的机体，他体验到的所有知觉，体验到的这些知觉与所处环境中其他知觉以及整个外部世界发生关系的方式"，是对自己的能力、态度、情感以及生理方面等的认识（不仅是理性的认识，而且是体验的认识）。

英国数学家、哲学家、教育理论家怀特海在《教育的目的》等论著中主张教育应该充满生气与活力，反对向学生灌输知识，而应让学生躬行实践、解决实际问题，使其获得积极的体验，使学生心智发展不囿于被动和消极，而趋向生气勃勃、灵敏、富于接受性，进而形成一种高尚的目标——对优美结构的欣赏和具有一种取得成就与忍耐克制的品质。英国另一位教育家罗素在其教育论著中认为教育的目的是培养人的"理想品性"——活泼、勇敢、敏感、理智等，而要使儿童的这些品格得到普遍、完善的发展，必须对他们进行情感的陶冶和智力的启迪。教育应保留儿童的独立思想和创造性冲动，应让儿童在自由、自主的活动中体验愉快和幸福，获得智力与品性的成长。

德国存在主义哲学家、教育家卡尔·雅斯贝尔斯认为教育不能无视学生的体验性，教育活动关注的是人的潜力如何最大限度地调动起来并加以实现，以及人的内部灵性与可能性如何充分生成，教育是人的灵魂的教育，而非理智知识和认识的堆积。教育的过程是让受教育者在实践中自我练习、自我学习和成长，而实践的特性是自由游戏和不断尝试与体验。

近年来，教育中的体验问题也引起了我国越来越多的教育学研究者的关注。朱小蔓把教育中的体验与人的生命意义联系在一起。她认为教育教学应充分利用学生的一切生命感官，使生命的意义与语言的符号相结合，在教符号时让学生能够联想起他的生活经验，与他的经验融在一起，让学生全面发挥各种感官的作用，满足生命的各种需要，使学习成为深化个人体验的学习，成为学习者的生命方式。朱小蔓强调体验的情感性、主动性，认为只有情感才是真正属于个体的，它是内在的、独特的；是人类真实意向的表达。一个人对某种价值认同、遵循，乃至于形成人格，虽然需要以一定的认知为条件，但根本上是一个人情感的变化、发展，包括内在情感品质与外在情感能力提升和增长的过程。

另一位研究者叶澜从生命的高度用动态生成的观点探讨课堂教学中情感体验、生命体验的重要意义。她认为教学应被看作师生人生中一段重要的生命经历，是他们生命的有意义的构成部分，课堂教学过程应该是师生全身心投入、感受生命的涌动和成长的过程。课堂教学目标应全面体现包括情感目标在内的培养目标，而不是局限于认识方面的目标。教学应让学生获得丰富的经历和体验，使学生获得多方面的滋养，在发展对外部世界的感受、体验、认识、欣赏、改变、创造能力的同时，不断丰富和完善自己的生命世界，体验丰富的学习人生，满足生命的成长需要。

　　张楚廷在其著作和论文中对体验有较多阐述。主要观点：①体验是在与一定经验的关联中发生的情感融入与态度生成，它是包含认知在内的多种心理活动的综合。体验与认识不同，体验之中不仅有认识，还有态度、情感的广泛参与，深度的体验需要有态度、情感和认知共同的深度参与。②体验的价值在于使人在必然的行动中超越行动，在不可缺少的物质基础上达到精神，在永远存在的变化之中感悟到永久。体验产生的不只是观念、原理，也产生情感、态度与信仰。③人的良好素质是一种内在之物，它的形成有一个内化过程，既有认知心理也有非认知心理在起作用，必须经过体验才能到达人的心灵的最深处，经过体验才真正谈得上素质。④教学过程不仅仅是一个特殊的认识过程，还是一个特殊的认知、感受和体验过程，教学不仅要使学生认识到，而且要让学生感受到、体验到。⑤学校及教育者的责任不仅在深入认识到体验的作用，而且在于创造良好的条件，以便于学生体验，便于他们的体验朝着积极的方面发展。

　　张华从课程哲学层面提出"体验课程"概念，他认为体验作为一种价值取向，是立足于精神世界，立足于人、自然、社会的整体有机统一，是意义的建构、存在的澄明、价值的生成，是对世界的理解与超越。体验课程以个性发展为依归，是一种个性化课程，存在心理学是其心理学基础。体验课程的终极目的是人的自然性、社会性、自主性的健全发展，其开发向度是自我、自然、社会，作为有机整体的科学、艺术、道德是体验课程的文化之维。

　　钟启泉从"整体教育"的层面指出体验能使学习者增长能力，能揭示出世界所蕴含的丰富含义。活生生的体验是不断成长的，教育的目的就是通过体验，促进健全的、自然的成长，而决不能把限定的、片段的、预先嚼烂的"经验"作为课程天经地义地塞给学生。教育必须向学习者提供"生命"世界所渗透的经验，必须把教育同社会实际生活联系起来，使学习者能够借助实际体验同充满奇妙和惊异的世界进行沟通。

　　此外，还有一些研究者认为，体验是产生情感且生成意义的活动，是个体素质形成与发展的核心环节；体验是主体内在的历时性的知、情、意、行的亲历、体认与验证，具有自由创造性、自主选择性、情感通融性、形象直观性和操作实践性等特征，对培养学生的自主性具有重要意义；体验在道

德教育、学科教育以及课程与教学等方面起着不容忽视的作用。❶

综合上述观点，教育学视野中的体验主要有以下几层含义：①体验本身是教育所要达到的目标。教育不仅是让学生获得各种知识的滋养，而且要丰富他们对世界的感受和体验，发展他们对生命意义的深切感悟。教育最根本的目的是培养人不断地体验和领悟世界的意义和人本身存在的意义，是充分关注人的生命体验，关注人的全面发展，使学习者成为自我生命的体验者和创造者。②体验是教育过程的本质之一。教育过程不仅是一种对客观世界认识的过程，而且是学生在教育情境中不断体验的过程，是学生体验生命成长的历程。学生的学习活动是学生主体知、情、意的全身心地投入，是其生命的全部展开。知识、经验以及其他教育影响只有通过学生自己去体验才能真正走进学生的内在精神世界，成为学生生命的一部分。③体验是达到教育目标的方式和手段。借助体验这种方式能更好地达到素质教育、审美教育、学科教育等目标。教育应通过创设开放的、个性化的情境，让学生通过各种体验方式，对自己的潜能和周围的世界有深切的体悟，并通过多种体验渠道发挥自己的潜力，使学生的心灵得以充分发展❷。

第二节　体验式学习的内涵

一、体验式学习之"体验"与经验

（一）经验

1. 传统意义的经验

传统的"经验"有两层含义：一是指由实践得来的知识或技能，二是指体验。并且人们习惯把经验划分为直接经验和间接经验。直接经验是指

❶ 辛继湘.体验教学研究［D］.西南师范大学，2003.

❷ Linda Campbell，Bruce Campbell，Dee Dickinson. Teaching & Learning through Multiple Intelligencxs[M]. Cambridge：Harvard University Press，1999.

个人通过亲自活动获得的经验，间接经验是指他人的知识成果。从概念和分类可以看出，以往更多的是从结果和静态的角度看待"经验"，更多的是指从实践中体验已经获得的知识、技能或某种成果。

2. 杜威的"经验"

经验在杜威的视野中有着丰富而系统的内涵。中国绝大部分学者将其著作中的"experience"译为"经验"，但是通过阅读这些著作发现，将其译为"体验"或许更为贴切，因为杜威著作中的"experience"已远远超过经验的内涵。归纳起来，杜威的"经验"有如下特征：

（1）"经验"具有动态和过程属性。杜威的"经验"既指经验的结果，也指经验的过程；既指经验着的事物，也指经验着的感受。而且杜威更多是从动态与过程的角度来解释经验。在经验过程中，他看重的不是"结果"，而是"尝试""承受"等行动与实践。在此过程中，经验是主体作用于事物，事物也在作用于主体的互动过程，而且在这个互动过程中，不是主体对于环境的被动"印象"，而是一种主动"契入"事物的感受性获得。此外，主体能够利用以往的经验去接受新的经验，形成"经验的不断改组和改造"。概括地说，经验就是实践与认识相统一的过程，是连续互动的过程。

（2）经验是社会知识和个人内部经验的融合。杜威说："社会知识是先前人类文化经验的客观积累，而个人知识是个人主观生命经验的积累。"知识是社会知识与个人知识之间相互转换的结果。人类传承下来的社会文化知识，我们通常称之为间接经验。个人知识是个人直接的感受，是个人内部的经验。杜威说："内部经验的现代发现是人类一次伟大的解放。内部经验是一个纯属个人行为的事件，它永远在个体的掌控之中，是个体在危急、紧迫和恐惧时留下的，尽管不值一提，但却是独一无二的经历。基于经验，我们可以看到人类个性的尊严和价值。人依靠经验对自己的命运做出贡献，经验使人类的秉性、灵感和创造力在现代科学中得到充分施展。经验也让个性在政治、艺术、宗教和工业领域中有了展示的空间和动力。相反，陈旧意义上的经验却把个体牢牢地束缚于其既定秩序的经验结构和模式。"

（3）经验就是行动与结果的联结，以反思为手段。杜威认为经验的实质为，主体与环境之间相互作用时环境反作用于主体，相互对对方产生影响，主体对环境施以行动产生影响，同对主体产生影响。在这个过程中，主体既经历着行动，又承担行动后果。"经验包含一个主动的因素和一个被动的因素。在主动的方面，承受经验就是尝试；在被动的方面，经验就是承受结果。"在杜威的经典案例中，小孩将手伸进火焰是尝试，是主动的方面，小孩感到疼痛是承受结果，是被动方面，小孩获得的经验就是将手伸进火焰会痛，这是主动与被动的联结，行动本身与行动结果之间的联结。"从经验中学习就是指我们对事物有所作为和我们所享有的快乐或痛苦这一结果之间，建立前前后后的联结。"行动意味着一次寻找世界真相的实验，而承受的结果就变成教训——发现事物之间的联结。

（4）经验具有连续性。杜威说："有了生长的积累，经验才具有了生命力。"我们碰到很多使人感到快乐或痛苦的事情，但是因为这些事情并没有和自己过去的或将来的活动联系起来，所以对于我们来说，这些事情只是偶然的事情。因为这种所谓的"经验"没有前没有后，既无回顾，又无展望，缺乏连续性，因此它是没有意义的。严格地说，这些经验不能称为"经验"。经验要具有连续性，"估量一个经验的价值的标准在于能否认识经验所引起的种种关系或连续性。在某种意义上，每种经验都应该提供某些东西，使人做好准备去获得未来的更深刻、更广泛的经验。"这正是经验的生长、经验的连续性的含义。

（5）"经验"含有理性思维的成分。杜威的经验反对理性与经验的对立，他提到的经验是思维着的经验，经验中包含着理性，"没有某种思维的因素便不可能产生有意义的经验""所谓思维与反思，就是识别我们所尝试的事和所发生的结果之间的关系"。经验的形成要求尝试和所经受的结果之间进行"联结"，而这种"联结"正是通过"思维"或者"反思"完成的，通过"思维"找出某一行动和某一结果彼此关联的事实，思考它们是怎样联结的。而经验的价值高低取决于这种经验是否是"反省的经验"，即是否是"有意识地努力去发现我们所做的事和所造成的结果之间的特定的联结，使两者联系起来"。任何思维过程的出发点都是正在经历中的事情，思维是深化下去的经验，经验的意义便是思维。❶

---

❶ 约翰·杜威.经验与自然［M］.姜文敏，译.北京：人民教育出版社，2004.

（二）体验与经验

由于"体验"一词的出现，经验又慢慢回归了自身静态的本体论属性。现在的体验与经验既有联系又有区别。

1. 体验与经验的联系

在英文中，体验与经验是同一个词（experience）。从词源学的角度看，体验与经验之间具有内在一致性：第一，经验和体验都蕴含着人类的理性思维。经验和体验的结果都是人类或个体理性思维的结晶，过程掺杂着经验或体验主体的理性反思，这种理性反思指引其后续经验或体验的方向。第二，经验是个体体验的基础，体验是对经验意义的反思、创造与超越。个体的体验并非凭空产生的，它依赖于一定的具体经验，体验以主体在认识和心理过程中所积累的经验内容为对象，是对经验带有感情色彩的回顾和反思。第三，体验促进经验的转化和生成。在体验的世界中，所有的客体都被生命化了，体验是一种诸如生命意识的动态的、生成的经验，体验最终将会转化为个性化经验甚至是类似的经验或者是人类共同的经验；个体之间通过相互的体验交流，将共同的体验，以经验的形式形成较为固定的理论。

2. 体验与经验的区别

体验不同于经验，体现在以下几个方面：

经验一般是一种科学化、理论化的认识，指向真理世界；而体验则是一种价值性的认识和领悟，指向价值世界。伽达默尔说："如果某个东西不仅被经历过，而且它的经历存在还获得一种使自身具有继续存在意义的特征，那么这种东西就属于体验。"这句话就把经验和体验做了区别。

经验或经历是直接性的，而体验是内在于人的身体并与人的身体存在不可分割的经验。体验的对象不再是人之外、与人对立、为人所认识和改造的对象，而是与人不可分割的或者说是人的肉身形态的存在，是经验中现出深意与个性色彩的一种形态。体验与深刻的意义相连，它把自己置于价值世界中，去寻求、体味、创造生活的意义。

经验是有限的，体验是无限的。一个人的经验受时间和空间的限制，在数量上是不可能无限增长的，但是由于体验的作用，在质量上却可以有所变化。同样一段生活经历，在不同的时期由于体验所产生的情感和认识的不同，当它被表现出来时，其意义就会发生变化。

体验与直觉密不可分，直觉是在体验中的直觉，体验是在直觉下的体验。因此，它既关系到价值世界，又是一种"知"，即所谓"体会""体知""体察"。但体验更具有情感色彩，与人的情感心理、情感活动、情感态度及评价有直接关系。体验是心灵的自我"感受"，但又不完全是感性的。一个经验系统贫乏的心灵，体验是肤浅的。经验是认识的门径，是理性认识和理论思维的基础。没有经验就没有认识；没有经验，理论思维就成了无源之水、无本之木。但是，经验主义则是狭隘的、有害的，是我们所要摒弃的。

二、体验与学习

威尔逊将学习定义为"知识、态度和行为的一种相对持久的改变，是正规教育和培训的结果，或非正规体验的结果"。泰勒在其著作中将"学习经验"（learning experience）定义为"学习者与使他起反应的环境中的外部条件之间的相互作用"。库伯认为："学习是一个根植于体验的连续过程。知识不断从学生的体验中产生，并且在体验中加以检验。"巴德、科恩和杰尔克指出："我们发现撇开体验来谈学习是没有意义的。体验不可能被绕过，它是所有学习的核心。学习建立在体验之上，并且是体验的结果。无论有多少学习的外部线索——教师、材料、有趣的机会，学习只能在学生有卷入体验时才发生，至少要在某种程度上卷入。这些外部影响只能通过转换学生的体验而发挥作用。"农里斯说"体验会调节我们对于事物如何发生的预期，并强化我们的个人理解系统"，但他也指出"毫无疑问，被同化的假设可能扭曲我们的认知方式"。"拥有更多经验同样也有潜在的负面效果。当我们累积了经验后，我们倾向于形成思维惯性、偏见、假设，致使我们拒绝新观念、新感知和其他思维方式。"这与杜威的观点是一致的。杜威也认为："相信一切真正的教育是来自经验的，这并不表明一切经验都具有真正的或同样的教育的性质。"由此可见，体验和学习是相互交织、不可分割的。从某种角度来看，体验和学习指的是同一件事情，学习可以被看作是通过有意识或无意识地内化我们自身或者观察到的活动而获得的学习，这些都建立在我们过去的知识和体验的基础之上。另外，虽然体验是学习的基础，但它并不总是导致学习。学生要探索并且反思的并非是简单的体验，而是丰富的、结构性、具有新意义的体验。学生必须投入体验中，并且反思发生了什么，它是怎样发生的，为什么会发生，学习才会产生。否则，体验将和其他刺激背景混杂在一起，就失去了学习的意义。

基于以上分析，我们不难发现体验学习中"体验"的内涵：学习主体身临其境或心临其境；主体体验过后会给认知或心灵留下影响；体验是自觉自发的生命状态和运动；体验的感知方式具有整体性和不可分割的复杂性；体验更强调精神世界的成长与超越；体验源自学习主体的生活且绵延不绝。

三、体验的基本特征

尽管不同的学科从其自身的特点出发对体验有不同的阐释，但我们还是可以从分析、比较中得知体验具有以下特征。

1. 体验的本体性

体验是和生命共生的，和生命有着一种共生性。也就是说，体验是和生命不可分离的。当我们说一个人在体验着的时候，也就意味着说他在体验着生命。如果说体验是一种经历，那也是一种生命经历，其间包含了一种不可调换、不可替代的与主体生命整体的关联。体验是被融化在生命运动的整体中，而且持续不断地伴随着这种生命运动。完整的生命总是通过体验才能把握，因为在体验中，人投入的不仅仅是认识，还有情感、态度、意志、领悟等更能代表生命特质的因素，体验总是在多种心理因素的全面演进中揭示生命的内涵、彰显生命的力量、展现生命的意义。可以说，人不仅通过体验将对象融入自己的生命意识之中，用自己的整个生命去参悟和体会，而且通过体验把握自身的生命特性，感受生命的意义与价值。

2. 体验的亲历性

体验作为一种和生命、生存密切相关的行为，总是和主体的自身经历联系着。当我们说一个人对某种生活有了体验的时候，并不意味着他是从外在的旁观的角度了解了或认知了此种生活，而是指他曾经亲身经历过这种生活，并且在生活的过程中产生了对人生、生命的深切理解和感受。没有经历过这种生活的人是无法体会到这种感受的。只有当一个人对某种事情、某种生活经历了，并且在经历的过程中有了某种感悟，他才能形成体验。即使有时不是此时亲历某件事而产生体验，那也是主体以前经历过相关事情，在受到某种触动后把自己所经历过的情景加上想象、移情而形成体验。如果主体过去和现在都没有深刻的经历，那么就很难产生体验。

3. 体验的情感性

体验虽非单一的情感活动，却是带有浓厚情感色彩的心理活动。在体验的整个过程中，情感总是相伴相随。"体验的出发点是情感，主体总是从自己的命运与遭遇，从内心的全部情感积累和现在的感受出发去体验和揭示生命的意蕴；而体验的最后归结点也是情感，体验的结果常常是一种新的更深刻地把握了生命活动的情感的生成。"体验的产生离不开情感，而通过体验又能生发更深厚、更具意义的情感。体验的这种情感性使体验与生命相连，因为情感更紧密地关联着生命存在，更具体、更深刻、更内在地呈露着生命的状态。通过体验生发的情感不同于由单纯对事物的感受而产生的"感性情感"，而是超越感知与经验，对生命情致与意义有着深切领悟的"意义情感"。❶ 当一个人体验着的时候，他的内心深处必定充盈着绵绵不断的情感，这种情感的升华，又使他获得对生命存在的真切感悟。

4. 体验的整体性

体验是基于个体已有的认知与情感，投入个体的整个身心，对体验对象的总体把握。体验中有认知，但这种认知是对对象的整体认知，而不是把认知对象分解为若干片段来加以分析、比较。体验的方式并非阶梯式的、包含着一系列清晰步骤的归纳和演绎，而是跳跃性的全面领悟。体验的过程并非只有认知在起作用，而是包括认知在内的多种心理因素整体发

---

❶ 陈佑清．体验及其生成［J］．教育研究与实验，2002（2）．

挥作用。体验的结果不只是形成认知、观念，还产生情感、态度乃至人的素质与精神。

5. 体验的生成性

体验是一种伴有情感反应的意义生成活动。体验的生成性不仅表现在主体与外部世界发生联系时通过想象、移情、神思等多种心理因素的交融、互汇，使外部世界在主体心灵中被激活、唤醒，生出新的意义，而且表现在主体自我生命感的增强及精神力量的超越与提升。一切体验不会很快地被忘却，对它们的领会是一个不断生成的过程，而且它们的真正存在和意义正是存在于这个过程中，而不只是存在于原始经验的内容中。"因而我们专门称之为体验的东西，就是意指某种不可忘却、不可替代的东西，这些东西对于领悟其意义规定来说，在根本上是不会枯竭的。"

6. 体验的自主性

体验总是主体自己去体验。体验不是一种被动行为，不是行为心理学中的刺激—反应。在体验中获得的感受、领悟、情感和意义，都是主体通过自主的活动自觉地产生的，而不是靠谁督促、逼迫、强制而产生的。体验离不开主体自身的能动性，体验的过程是主体获得新的自我认识、自我建构、提升其主体性的过程。因此，体验的产生一方面需要主体的自主性，而体验的结果又会使主体性得以充分的张扬。体验的自主性要求给予体验以足够的自由，主体只有在自由的状态下，自然而然地发自内心深处的体验，才是真正的体验。体验只能去唤醒、去激活、去感动，而不能去传授、去指教、去命令。

7. 体验的个体性

由于体验是和个体生命联系在一起的，而每个人的生命都是独特的，不可替代、不可重复的，因而体验也是个体性的。体验总是与每个体验者独有的认知结构、情感结构、价值取向、人生经历发生联系，因此，即使面对同样一件事情，不同的人会形成不同的体验。体验的个体性意味着体验不是被抽象的、普遍性的概念规定着，而是和种种独特的、生动的、具体的、自我的情境紧密联系在一起。如果以为不同的人会获得完全一致的体验，那么此时的"体验"已经不是体验了。

体验不同于认知。体验具有十分明显的情感特征，是包含了情意在内的综合性心理活动。体验中有认知，但体验不是单一的认知。尽管体验也并非单一的情感，但体验中的情感成分是单纯的认知所没有的。认知的出发点是了解、掌握客观事物，而体验的出发点是事物对于主体意义及与主体的关系的感发与体悟。认知的过程遵循客观性原则，认知主体必须意识到自己是独立于对象的，意识到客体是与自己主观意识无关的存在，并努力维持这种存在，使自己不受情绪、情感、喜好等心理因素的影响。在这一过程中，认知主体与认知对象是主客两分的关系，两者始终保持着一种距离，认知主体以一种隔离的目光来审视着对象，认知对象很难进入主体的内心深处内化为主体自身的素质。而体验的过程是主客相融、物我两忘的过程。体验中的客体不是同主体的主观意识、情感态度无关的客体，体验中的客体是一种注入了生命意识的客体，"在体验世界中，一切客体都是生命化的，都充满着生命的意蕴和情调"。在体验中，主体不是同对象拉开一定的距离，而是以一种强烈趋近客体、与客体同一的心态亲近客体、感受客体，这时的客体，已不是一件冷冰冰的、搁在那里让主体去认知或征服的对象，而是作为一种有生命、有情感的存在进入主体的生命意识之中，成为主体生命的一部分。从认知与体验的结果来看，认知的结果是对客体的普遍性、客观性形成准确而一致的观念，而体验的结果是形成对生命、对人生、对生活的具体、深切而独特的感悟，它产生的不只是观念、原理，还产生情感、态度、精神与信仰。两者的区别十分明显。不过认知与体验并不是没有联系的，体验的过程中有认知的参与，认知的全面性、深刻性可能会增强体验并使体验难忘，而体验的生成又会进一步加深主体对客体的认知，并改善主体的认知心理品质。

　　体验也不同于经验。经验属于认识论的范畴，主要是指客观世界在人的头脑中留下的印象或形成的知识，它指向的是真理的世界。而体验具有生命本体论的内涵，是指个体对生命意义的深切感受和领悟，它以生命为根基，直接指向生命世界、价值世界。经验的获得主要是认知心理的参与，而在体验中，主体调动全部的心理机制，进入一种比经验更深刻、更热烈、更活跃、更生动的心理状态。经验可在亲身经历与实践中获得，也可通过他人传授来掌握他人的经验，因此经验可以是共同的。但体验不同，体验不能单纯靠别人来传授，而必须通过个体自己去经历，或有过亲身经历才能形成，因此，每个人的体验都是独特的、与众不同的。当然，体验与经验也存在着联系，体验基于经验，没有经验的积累也就很难有体验；而体验则是经验的超越与升华，"是一种在经验的基础上所生成的发现了诗意和价值的特殊的经验形态"。经验的积累对体验的形成是有利的，而体验的形成可以使经验进入一个更高层次的境界。

四、体验式学习的界定

美国学者金德利认为："体验式学习是在一个贯穿的背景中、一个情境或一个社会结构中发生的学习。"美国学者柯尔保和费里认为："体验学习是一种适合于具有不同学习类型的学生，通过体验、观察、反思、概括和应用等环节学习实用有效知识的方法。"加拿大学者 Malina Askin 认为体验学习"强调人在背景中的活动和在真实生活场景中的学习，它促进在真实情景中获得有意义学习"。体验学习是教师引导学生参与各种体验性活动并在活动中获得各种感受、体味、领悟的一种学习方式❶。

李国娟将体验式学习视为人的最基本的一种学习方式。她认为体验学习过程一般是指个体在亲身经历过程中，通过反复观察、感受、实践、探究，对认知、情感、行为和认识的内省体察、心灵感悟，最终认识某些可以言说或者未必能够言说（意会）的事物，掌握知识和技能，发展能力，养成某些行为习惯，形成某些观念、情感、态度乃至心理品格的过程❷。

库伯认为体验式学习是通过创造一定的情境，将学习者带入真实情境之中，让他们"身临其境"进行的体验学习。他提出学习是一种社会过程精心设计的体验，并分析了体验学习理论的基本内涵。体验学习并非是第三种学习理论，但是它既区别于传统理性主义的教学方法，又区别于行为主义学习理论。库伯总结概括了体验学习的六个基本特征：第一，体验学习是一种过程，而不是结果。库伯把学习描述为一个起源于体验并在体验

❶ 孟庆男.基于体验学习的课堂文化建设［J］.课程·教材·教法，2008（6）：19-23.

❷ 许亚锋，王周秀，马健.基于体验学习的未来课堂的设计与应用［J］.电化教育研究，2013（5）：75-81.

下不断修正并获得观念的连续过程。第二，体验学习是以体验为基础的持续过程。学生都是带着一定的经验进入学习情境的。作为教育者，要适当地处理或修正学生的原有经验。第三，体验学习是运用辩证方法不断解决冲突的过程。在库伯看来，学生需要积极体验，也要反思观察，既要经历具体体验，又要实现抽象概括。第四，体验学习是一个适应世界的完整过程。第五，体验学习是个体与环境之间连续不断的交互作用过程。传统教育将学习局限于书本、课堂以及教师，而体验学习则是强调个人与环境关系的"交互作用"。第六，体验学习是一个创造知识的过程。体验学习注重实现社会知识和个人知识之间的转换，并把学习定义为"体验的转换并创造知识的过程"❶。

综上所述，我们这样界定体验式学习：在一定的情境中，学生通过亲身经历各种活动，在活动体验、观察内省、分享交流、迁移应用等基础上，获得知识、能力、态度等的学习方式。有如下基本特征：

1.情境性

体验学习强调学习者通过实践而获得具体的经验，最终又在实践中检验知识，学习者的实践必定是在具体情境中的实践，因而体验学习是具有情境性的。而传统的学习方式，是以书本为媒介，以符号和图表为主体的，是很难进行实践的。体验学习强调要根据学生的心理特点创设一个情境来开展教学活动，这个情境可以是真实的，也可以是模拟的，使学生可以置身于实践环境中，以其亲身的感性认识产生丰富真切的体验，又以情感为动力，深化和升华理性知识。体验学习还根据学习目标、内容和学生学习方式的差异而创设不同取向的学习环境，灵活根据活动情况变化而改变这些环境，以满足不同学生的需要，通过观察、反思、抽象、概括，最后把体验和获得的经验运用到新的情境中解决问题。

2.亲历性

南宋诗人陆游有一句诗："纸上得来终觉浅，绝知此事要躬行。"这说明学习不能停留在理论上，只有亲自经历实践，化知为行，知行合一，才

---

❶ 库伯.体验学习—让体验成为学习和发展的源泉［M］.王灿明，等，译.上海：华东师范大学出版社，2008.

能使学生形成真正的能力。体验学习正是一种需要基于学习者的基础知识并结合具体环境中与他们的生活、学科、社会等密切联系的主题或问题进行观察、探究、实践或讨论，经过反思，最后得出他们认同的结论的一种学习方式。整个过程都需要学生亲身参与、经历和体验，需要他们自己在行动中进行概括总结。它注重的是行动的过程。体验学习的学习成果不一定是具体的、有形的知识技能，它可能是一种对学习方法的见解、产生一个方案、设计一个行动、策划一次活动。而且体验学习强调反思，这种反思是基于学生实践基础上进行的反思，因而是不能离开学习者的行动来谈体验学习的。

3. 主动性

体验学习的基本形式是学生在自主的学习中，获得身体活动和心理活动的感受。活动是以学习者为中心的，关注学习者自己的感受、价值取向以及学习方式，需要学生自己的观察、反思和总结，学会在不同的环境中学习、思考和解决问题。在传统的学习方式中，教师是学生学习的主导，是教学的中心，学生只需专心听讲、认真做笔记即可。但体验式学习则要求学习者发挥主动精神，对自己的学习负主要责任，真正成为学习过程中的主体，它强调学习者积极主动地参与，认为没有这种参与，就不能产生任何体验，更谈不上学习过程的完成。

4. 反省性

所有学习的精髓，归根结底无非就是我们如何处理和看待自己体验或经历的方式方法。我们无论采取什么方式学习，最终都要通过自己的体验反思、提炼、升华，才能有质的飞跃。因此，与以记忆为主的机械学习不同，反思是体验学习的关键，它要求学习者有意识地关注所学的东西并设法巩固之，常常用"为什么""如何""是什么"来反思学习内容的价值、学习方法的适当性、每个阶段的收获以及与以前知识的联系、生成性、需要调整的环节等。所以，学习者既可以反思内容，也可以反思过程；既可以反思主体（自己或老师的行为），也可以反思客体（学习的对象及其方法）。学习者对自己在学习过程的亲身经历进行反思，最后整理、抽象、概括和提炼以升华成新的知识，并形成自己的理念和价值观。

5. 创生性

创生性是指在已有事物或认识基础上的创造和生成。创生性反映了生命与生俱来的能量与活力。伯格森认为，生命是创造的进化。西美尔也指出，生命过程是不断超越、发展自身的过程。它不仅创造更多的生命来时时更新自己，而且从自身创造出非生命的东西。关注学生生命在场的体验学习的创生性，体现在学生对学习内容所蕴含的意义的创造和生成上。体验学习是一种伴有情感反应的意义的生成活动。在学习过程中，学习者作为主体与要学习的内容发生联系，通过想象、移情、神思等多种心理因素的交融、互汇，使外部世界在主体心灵中被激活、唤醒，生出新的意义。这一创生过程不仅带来学习目标的达成，还使学习者主体自我生命感的增强及精神力量的超越与提升。学习者只有凭借创造性才能使自身具有完整性，才能使人从本能中解放出来并获得生存的权利，创生性这一过程也包含了学习者的反思。学习的精髓归根结底，无非就是我们如何看待和处理自己体验或经历的方式与方法。

我们无论采取什么方式学习，最终都要通过自己的体验反思、提炼、升华，才能有质的飞跃。学习者对自己在学习过程的亲身经历进行反思，最后整理、抽象、概括和提炼以升华成新的知识，而且形成自己的理念和价值观。这正如杜威所说："每种经验不受愿望或意图的影响，每种经验都在未来的种种经验中获取生命力。因而，以经验为基础的教育，其中心问题是从各种现时经验中选择那种在后来的经验中能够丰满而具有创造性的生活经验。"

6. 持续性

持续性是指连续不断相互交织的特性。关注学生生命在场的体验学习的持续性表现在以体验为手段的学习过程持续不断地发生量变和质变。这种持续性表明体验学习是一个螺旋上升的过程。正如杜威所说："体验的持续性原理意味着每一种体验既开始于过去经历的一些事情，也包括将来修正一些方法的特性……"学习者进行一次体验学习所产生的印象具有即时性，是当下的，即学习者此时此刻的所思所感。体验学习的当下性、即时性体现在学习者对学习内容的理解，在此时此刻是这样的，而彼时彼刻又变成那样的。这正如杜威所言："经验的连续性原则意味着，每种经验既从过去经验中采纳了某些东西，同时又以某种方式改变未来经验的性质。关注学生生命在场的体验学习是反复循环的，之前习得的经验会影响以后的经验学习，而以后的经验建构又是建立在之前的学习经验基础之上的。"经验就在这样持续的过程中不断地发生量变和质变，不断地补充和完善。"人不能两次踏入同一条河流。"生命总是"现在"的、"当下"的，因此，就算是同一种体验，同一个人在不同的情境下也会赋予其不同的意义。因为关注学生生命在场的体验学习注重学生的独特性，注重学生对学习内容的个性化解读。而学生的个性化理解又是建立在自身不同的经验背景基础上的。随着学生生活经历的丰富，赖以建构学习内容的经验背景不断变化和丰富，学生对于事物的理解自然也会与以前不同，或许程度更深，或许范围更广，或许又换了一个角度。而这些全部依赖学习的反复不断地进行才可以发生。杜威也认为体验的持续性表现在"他在问题解决中获得了知识与技能，也可以说是在某种情境中形成了一个对将来问题的理解和有效解决的手段。只要生命和学习延续下去，这一过程就会持续下去"。因此可以说，关注学生生命在场的体验学习具有持续性的特点。

第三节　体验式学习的意义价值

体验学习就是让学生"在亲身经历中学习"或"在亲身经验中学习"。"亲身经验""亲自操作"原本是人类最原始的学习状态。这个原始的学习状态虽然"简陋""费力"，但却隐含了"有效学习"的基本秘密。当班级规模过于庞大时，人们逐渐发展出一套"集体讲授"的教学方式以及"集体听讲"的学习方式。"集体听讲"也可能是有效的，但它隐含了学生对自己的学习项目不感兴趣并因此不负责任的危机。当学生对所学的项目普遍失去兴趣、普遍放弃责任时，"回归体验式学习"就成为教学变革的基本路径❶。

---

❶ 许亚锋，王周秀，马健.基于体验学习的未来课堂的设计与应用［J］.电化教育研究，2013（5）：75-81.

一、回归知识与身体的本原关系，让学生"亲身经历"

"体验学习"实质上是一种"全身心运动""在经历中感悟"。体验学习强调的是用"整个身心"去接触知识、去"与知识打交道"，而不是记忆某些孤立的词语与规则。知识学习固然需要必要的记忆与接受，但更需要整个身体的"投入"与"浸入"。就此而言，体验学习可以称为"身体学习"。体验学习是对"身体"的重新确认，它让学生"亲身"尝试错误，而且是在真实的生活情境中尝试错误。

1. "亲身"尝试错误

学习并非记住某些简单规则或知识结论。有效的学习是个人自愿卷入知识的形成过程，是个人自愿参与知识的构建。只有亲身经历了认知的过程并亲自获得最后的结论，学习者才有望获得有意义的知识。

有效的学习必须从面向简单规则和知识结论的接受与记忆，转向直接"面向复杂本身"。"面向复杂本身"意味着学习者亲自进入丰富的、复杂的真实情境中，在丰富的、复杂的真实情境中"心领神会"。过于重视现成的知识材料与现成的知识结论的提供与讲解，容易使学习者对知识失去探索的兴趣和激情。

卓越的教师总是亲自从知识的"一团乱麻"中"理出头绪"。他们总能从复杂、混乱、犹豫、错误、痛苦中走出来，然后形成自己的"教案"。

经过亲身探索之后，教师以"简单结构""知识线索"形成自己的教案。可是，教师一旦掌握了"简单结构"和"知识线索"，就容易误以为这些"简单结构"和"知识线索"就可以让学生因此而不再因重复知识的探索而"少走弯路""重复浪费"。在教师群体中，容易流行一种"过来人"的导师心态，这种导师心态让教师怂恿学生不再浪费时间去重复探索，而只需要记住教师提供的结论，就可以让自己"站在巨人的肩膀上"。

体验式学习提醒教师必须重新审查那些"习以为常""见惯不怪"的世俗概念，如"少走弯路""站在巨人的肩膀上""多、快、好、省"等。

体验式学习的基本使命是恢复学生的原始的"探索者"的形象和地位，让学生在亲身经历、尝试错误、迷茫困顿中学习。教师的备课及其教案、讲授当然需要简洁、简单和概括，但教师的简洁、简单与概括并不能代替学生本人的亲自探索与尝试错误的过程。教师的讲解可以追求简洁、简单、概括，但学生本人必须亲身经历知识的原始粗糙的样子，学生本人必须像教师备课那样从知识的一团乱麻中理出头绪。

2. 在真实的"问题情境"中尝试错误

真正有效的学习不仅需要让学生亲身"尝试错误"，而且需要进一步让学生在真实问题情境中尝试错误。而真实的问题情境实际上是一种"准生活情境"。所谓"准生活情境"，是说这种情境既可能是完整的真实的生活本身，也可能是对完整的、真实的生活场景的某种模拟。

在这个意义上，体验学习既可以理解为"身体学习"，也可以理解为"生活学习""在生活中学习"。学校任何科目的教学法应尽可能保持必要的开放，而不是成为封闭的、学院式的苦役。"最好的一种教学，牢牢记住学校教材和现实生活二者相互联系的必要性，使学生养成一种态度，习惯于寻找这两方面的接触点和相互的关系。"某种教学方法之所以有效，全靠它们返回到校外日常生活中引起学生思维的情境。它们给学生一些事情去做，不是给他们一些东西去学；而做事又是属于这样的性质，要求进行思维或者有意识地注意事物间的联系，结果他们自然地学到了东西。教师需要做的只是为学生提供真实的、有意义的问题情境，让学生置身其中，通过亲历、探究、感悟、体验等方式与知识打交道，让学生成为学习的操纵者和掌控者。

这样看来，教师需要做的事情并不多，他的基本责任只是鼓励学生主动地投入到知识的建构过程中，并认可学生对知识做出个人化的理解和创见。成功的知识学习应该是学习者整个人格及其全身心投入的结果。

二、回归知识与情感的本原关系，让学生"热情求知"

儿童原本充满了无休止的好奇心和探究欲望，按照亚里士多德的说法："求知是人的本性。"学生的学习热情之所以在学校教育中不断降低、衰败，主要受两个因素的影响：一是教师的精致备课和苦口婆心的讲解，以至于学生失去咀嚼知识的权利和功能。二是科学家的简单规则和定律，让学生失去了探索知识的原始经历。当科学研究者经由亲自探究所发现的"简单规则"(如"牛顿定律")进入课程之后,科学研究者当初探究的热情与艰辛乃至整个探究的过程看不见了。学生面对的是一堆由"简单规则"组成的符号体系。学生直接"接受"这些简单规则固然因走了捷径而显得更有效率,但是由于学生少有科学研究者所具有的探究热情和必经的探究过程,教学对效率的追求,使学生在直接"接受"简单规则时也付出了对知识失去热情的代价。

1.使学习活动本身有意义

人们对有效学习的研究集中在两类人身上:一类是专家的学习,专家往往是那些对本领域表现出巨大的求知热情,能主动探求知识又卓有成效的人。另一类是婴幼儿,年龄越小,学习欲望越强。儿童既是问题的解决者又是问题的生成者。"儿童试图解决呈现给他们的问题,他们也在寻找新的挑战。他们不但要面对失败,而且通过对先前成功的建构,精心推敲并改进自己的问题解决策略。他们持之以恒,因为成功及理解是自我激发的。"从婴幼儿的学习中可以看出,他们是自我学习的指导者,表现出全身心投入学习的强烈愿望,他们并不是为了得到反馈或奖赏,而是在没有外部压力和纯自足的情境中学习。

儿童之所以表现为"全身心投入"的主动探究,主要是因为他们并不把自己所从事的活动(如游戏)看作是外界强加给自己的看不到意义的事情,这些活动本身就对他们具有内在的、真实的意义。他们总是全身心地投入到活动过程中,并且伴随着积极的情感体验。

需要思考的问题是,婴幼儿时期的这种主动探究、主动挑战自我的动力去哪儿了?在学校情境中,知识学习常常与学生生活和学生兴趣脱节,教材内容不能使学生的冲动和习惯取得有意义的结果,而只是专供人学习的东西。既体会不到知识学习的价值,也体验不到知识学习的乐趣。在杜威看来,"这种情况最难唤起学生活跃和专心致志的反应"。因为比较好的学习方法应该使学生从事各种活动,在活动的过程中获得学习的结果,就像儿童学走路、学说话一样。儿童一开始并不是有意识地学习走路或说话,而是先有表达自己的冲动以及与别人更充分地交往的冲动,他从他直接活动的结果中学会了走路或说话。

长期以来,我们一直认为情绪与我们的思维方式无关。但是,最近的研究表明，情绪是学习的一个关键的信息来源。"好的学习过程不应该回避情绪，而应该包容它。"我们总是记得那些承载了最多情感的事情。这是因为所有的情绪事件都得到了优先的加工，当强烈的情感发生的时候，大脑总会处于过度的激活状态。情绪给予我们一个更活跃，更容易受到化学刺激的大脑。而积极的求知热情来源于对有意义的活动的全身心投入。

情感不是凭空产生的，也不能靠理性的告诉和讲解，更不能靠强制和命令，因为那样产生的只能是虚情假意。情感伴随着师生共同探究、亲自经历的求知过程，从中享受到求知的乐趣和知识本身的魅力。

2.让学生成为"当事人"

任何知识总是起源于求知者个人的热情。没有科学家纯粹的科学兴趣，没有科学家充满热情的参与，没有科学家毕生精力的投入，任何具有重大意义的科学发现（知识）都不可能取得。"我要表明种种科学热情绝不仅仅是心理上的副产品，它们是具有逻辑功能的，它们给科学贡献了一个不可缺少的因素。它们相当于一个科学命题中的一种基本性质，并可以相应地被认为是正确的或错误的，随我们承认或是否认这一性质的存在而定。"英国哲学家波兰尼从"个人知识"的视角认定，这种性质就是知识中蕴含的个人参数："求知热情。"

"热情地求知"总是使科学研究的过程充满了发现新知识与创造新知识的欢乐。阿基米德从澡房冲到街上大叫"发现了"的故事就是这样的一个见证。任何东西，其本身并不是一个问题或发现。它之所以成为问题只是因为它迷惑和困扰着某个人，而它之所以成为发现只是因为它把某个人从一个问题的重负中解脱出来。

出于同样的理由，杜威也强调了求知"兴趣"的问题。在杜威看来，真诚热情的态度是一种理智的力量。一位教师若能激发起学生的热情，就能取得成功。当任何人沉溺于某些事物和事件时，他便会全身心地投入，他这样做，就是"专心致志"。如果一个学生真正被课业所吸引，这门课业就会引导他前进，而不需要外在的压力和强制。他自然而然地能提出问题，种种假设会涌上他的心头，进一步的研究和阅读也就相继出现。他再也用不着花费力气控制心思专注于课业（因为精神分散削弱了用于课业本身的力量），教材就能抓住他的心思，鼓舞他的心智，给予其思维行进的动力。"兴趣"实际上取决于人"参与"问题解决的程度。一旦人作为"参与者"（agent，或称为"代理人""当事人"）解决问题，人总会对求知过程本身发生某种"兴趣"。简单地说，"兴趣就是一个人和他的对象融为一体"，后实用主义者罗蒂称之为"当事人思维"。

这种当事人思维意味着：真理性知识并不是一个寄存在某处等待学生去"发现"的过程，而是一个需要学生亲自参与的"创造"的结果。学生在认识真理的同时就是在创造真理。学生在与环境"互动"的进程中领悟了真理性知识。学生的求知过程是富于热情的"主动探究和独创性"过程，是"亲历"知识并获得对知识的个人化理解和坚定信念的过程。也就是说，真正的知识学习，需经过个人亲自探索、实验、研究，用自己的眼光重新打量知识，以此种方式获得的知识，将显露其情绪化、行动化的特征，最终落实为"个人知识"。

可见，求知兴趣本身就具有知识价值，缺乏求知兴趣不能获得真正的知识。能够进入教科书的知识总是前人甚至几代人的"热情求知"的结果。前人作为求知者在求知过程中总是投入了个人的热情因素。这种个人参与的热情曾经推动了求知者发现问题并持续地寻找问题的解决方案。而进入教科书之后，知识的个人"热情"成分却被遮蔽了。学生是否能够有效地获得这些"知识"，取决于教育者能否恢复那些被遮蔽了的知识背后的"求知热情"。这也正是教育中不断提出"重新发现"的教育口号的一个基本缘由。

三、回归知识与"活动"的本原关系，让学生"在做中学"

学习的理想状态显示某种"活动"，而活动的理想状态显示为"做"。学生在"做"中不仅实现了全身心投入，而且获得了整体体验。"做"之所以能够让游戏者全身心投入，可能在于两点：其一，任何活动总是为活动者提供及时的反馈。一个好的活动规则让每一个活动者在过程中清晰其目标以及目标的达成度与基本方法。其二，设计得好的活动总是让活动者乐在其中，整体感悟。活动本身往往自成目的，具有内蕴的奖惩和乐趣，没有过多外加的目的和企求。一旦人们开始关注外加的目的或企求时，活动就会变形、变味。

　　儿童玩耍本身就是一种重要的"体验学习"。在玩耍与游戏中，孩子们忙于体验自己的作品与操作过程，他们很自然地生活在"这一时刻""此时此地"中。孩子在玩耍时，常常表现为两点：一是"乐在其中"，二是"全身心投入"。这两点恰恰构成有效学习的最高境界。真正的专家能够把兴趣和工作结合起来，玩耍则把孩子的兴趣和要做的事结合起来，孩子常常把要做的事当作游戏，而不是当做工作。"他们会完全投入到学习的过程中去。学习、娱乐、工作、休闲密不可分。它们既是生活的全部内容，也是生活的自然过程。"有创造力的人会把工作视为玩耍。当一个人不能清楚分辨所做的事情是工作还是娱乐时，他就已经在自己的领域中获得了成功。从最广泛的意义上说，探险和"玩"可以成为释放年轻人和成人巨大学习潜力的非常成功的方式，它比正规的学校教育有效得多。

第三章 体验式学习一般教学模型的建构

第一节 体验式学习生态圈的建构

一、体验式学习与传统接受学习的区别

体验式学习是体验主体的身心与外部世界产生交往并生成反思的认识与实践活动。体验是对自身存在的反思，体验是对自身存在及其过程的透视和评价。体验优于一般的观察学习以及传统的接受学习之处，就在于它具有一种对人自身的存在及整个生活世界的巨大穿透力。主要区别如表 3–1 所示。

表 3–1　体验式学习与传统接受式学习的区别

内容	体验式学习	传统学习
学习目标	面向解决真实世界问题所需要的核心知识、思维能力、情意、态度	关注解决书本问题所需的基本知识和技能
学习内容	与真实生活世界相关联	书本知识
教学方法	合作、对话、探究为主	讲授为主
学习动机	内在的、满足求知乐趣的自身需求	适应非自身需求的外在压力
学习形态	全身心投入、自我建构知识、迁移应用及问题解决	被动接受、简单重复和机械记忆
思维层次	高水平思维（创新能力、问题求解能力、决策力和批判性思维能力）	低水平思维（知道、记忆、背诵等）
迁移能力	灵活运用所学知识和能力，将其迁移到实践中，解决实际问题	只限于机械解决问题，不能综合、灵活运用所学知识
建构反思	逐步加深理解，批判性思维、自我反思（元认知）	学习过程中缺少反思

由表 3-1 可知，相对于传统的讲授式学习，体验式学习具有如下优势。

1. 体验式学习是"情感"和"认知"在学习活动中的统一

罗杰斯认为情感和认知是人类精神世界两个彼此融为一体的组成部分，教育的根本目的就是培养能够把"躯体、心智、情感、精神、心力"融为一体的人。他曾把学习分为认知学习和体验式学习两类。其中，认知学习的大部分内容只涉及心智，而不涉及感情或个人意义，是一种"在颈部以上"发生的学习，因此是一种无意义学习，与"完人"无关。体验式学习和有意义学习相关。体验式学习以学生的经验生长为中心，以学生的自发性和主动性为学习动力，把学习与学生的愿望、兴趣和需要有机结合，因而成为有意义学习，有效促进了个体的发展。换言之，体验式学习做到了"认知"与"情感"的融会贯通而成为有意义的学习。体验式学习的培养目标所关心的不仅是人可以经由教学而获得多少知识、认识多少事物，还在于人的生命意义可以经由教学而获得彰显和扩展，也就是促进学生情感、态度、价值观的发展。

2. 体验式学习与传统接受学习相比，更加关注学生的心理特点和规律

体验式学习与华生、斯金纳等人的行为主义理论只关注行为结果有着本质的区别，也与信息论的知识传递不同。学生的认知心理是有一定的规律可循的，学生在进行认知时往往会不自觉地结合自身已有的经验，在此基础上同化或顺应新的学习内容。体验式学习自身有一个完整的过程，注重学生的心理过程。过去，我们认为所有的学习都是重新学习，或多或少都把学生的大脑当作白板一样来设计课程。然而实际并非如此，每个人都或多或少带着某种态度倾向进入每一个学习情境的。体验式学习就是让学生利用直接经验和生活世界在具体情境中的感知，去思考和理解问题，通过观察、反思、抽象和概括，最后把体验运用到新的情境中去解决问题。体验式学习的知识观源自建构主义，是一个创造知识的过程。学生亲自参与知识的建构，亲历过程并在过程中体验知识和情感。在亲历的过程中，认知、行为、情感三个要素缺一不可。

3. 体验式学习以学生为中心，给学生的自由发展提供了空间

根据学生的身心特点和兴趣爱好安排学习内容，一改传统以教师为中

心的灌输式学习方式。这一方式的转变也带来了师生角色的极大转变，尤其是教师角色。教师成了一个只是为学生的学习提供方便的人，而非权威者。

体验式学习在学习内容方面有三个显著的特点：①体验式学习立足学生生活实际，重视直接经验，而传统的学习方式过于强调书本知识和间接认识，忽视学生的生活经验。②体验式学习不仅让学生学习到显性知识，也让学生领悟"默会知识"，而传统的学习只注重显性知识的掌握。知识有两种类型：一种是显性知识，是以文字记载的文本知识；一种是缄默知识，指存在于我们周围，能够理解，却无法言说，即"只可意会不可言传"的知识，而且这种知识要比显性知识多得多。学习实际上是熏染式的、潜移默化的。经历过某一活动，人们可能会有某种无法用言语表述的喜乐或悲伤，这只有体验的主体自身才明白。通过体验式学习，学习者就能感受到这种留存于知识深层的"个别化"甚至"个性化"的缄默知识，从而更好地理解那些社会知识。③体验式学习看到了学习过程的复杂性，关注整体学习，而传统学习常常是将复杂知识简化为简单的规则进行学习，做过于简单化的处理，知识被分割为一个个小的要点，离开了整体任务和相应的问题，在抽丝剥茧中人为地舍弃了很多重要的内容。

4.体验式学习注重主动探索，属于一种有意义的学习

通过真实活动或情景直接参与知识、情感的形成，做中学，做中思，做中悟，注重个人理解，在思维方式中直觉与逻辑并用。罗杰斯认为，凡是可以教给别人的知识，相对来说都是无用的；能够影响个体行为的知识，只能是他自己发现并予以内化的知识。总之，有意义的学习实现了逻辑和直觉、理智和情感、概念和经验、观念和意义之间的有机统一。而传统学习仅仅是被动接受定论的东西，机械记忆呈现的是教师预设的内容，学习浮于知识的表层，并不理解知识的真正意义。学习是一个顿悟的过程。体验式学习注重结果的生成，而传统学习方式注重完成既定的学习目标。

在个体进行学习的心理过程中，体验式学习认为学生的学习有一个完整的心理过程，学生必须经历这样的过程才能不断成长与发展。当一些经验通过我们的身体发生作用之后，它就开始在身体里储存起来，并在需

要的时候为我们所用。教师只有在教学过程中设计出更多的让学生亲身参与的主题活动，才能让学生有收获。因为领悟力不是老师教出来的，而是学生自己从亲身经验中体会出来的。而传统的学习并不关注学生的内心活动，简单地把学生的大脑当作一块"白板"。

另外，体验式学习是以学习为主要任务的学生的一种生命活动过程，是个体与环境交互作用的结果。进行体验式学习时，意味着主体的觉醒及心灵的唤醒，是外部世界与自我生命存在状态的一种交融过程。因此，体验式学习的结果是身心活动与直接或间接经验产生的情感和意识，以及产生的行为变化。❶

二、库伯的"体验式学习圈"四阶段模型

虽然经验学习的理念来自于怡恒，但完整地提出体验式学习理论的是美国凯斯西储大学的组织行为学教授大卫·库伯（David Kolb），他从多学科对体验式学习做了系统的研究，率先提出体验式学习是由体验、反思内省、归纳及应用并再回到体验所组成的"体验式学习圈"（Experiential Learning Cycle）❷。

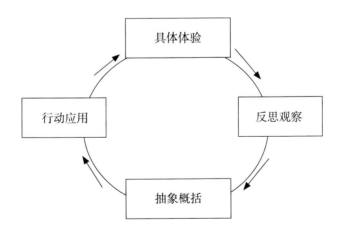

图3-1　库伯的体验学习图

以图3-1为例，在体验学习过程中，具体体验应该是反思观察的基

---

❶　张瑜.体验式学习：关注学生生命在场的学习方式［D］.扬州大学，2011.

❷　王灿明.体验式学习解读［J］.全球教育展望，2020（12）:14-17.

础（如一个儿童手碰到针尖，会疼痛或受惊），由于疼痛感会引发此体验者的思考（为什么会疼痛呢），此时的情境就会同化形成一种概念或理论（尖的物体会伤人），再经由演绎推理产生到新认识中去（假如以后遇到类似尖的物体，它刺到我会令我受到伤害），这些认识或假设要经由未来行动应用的检验，并产生新的体验（如果我接触到刀片时，会不会也受到伤害）。这个事例说明，体验学习圈继承了杜威的经验连续性的哲学思想，循环过程促进了学习者经验的改造与重组。因此，需要注意的是，体验学习圈不是经由具体体验到行动应用一个阶段就结束了，它不是一个单纯的"平面循环"，而是一个"螺旋上升的过程"，到行动应用又意味着下一次或新的体验的开始。从具体体验开始再到新一轮的体验循环，是一个持续性的过程，发生的时间可能是数秒，也可以是几分钟、几小时或更长时间，但此时的体验与前一次的体验已经大不相同，从这个意义上讲，所有的体验学习都是全新的学习 ❶。

从具体体验、反思观察、抽象概括到行动应用四个相适应的学习阶段，学习者经历从感知者、观察者、思考者到实践者之间的角色转变，反映出体验学习本身要经历非常本性的紧张与冲突解决的过程。如循环过程既要感知又要思考，既有反思还要行动。这样，具体体验/抽象概括、反思观察/行动应用就形成了辩证对立的矛盾关系，而正是在解决自身冲突的过程中产生着有意义的学习。这两个维度的冲突能够反映出体验式学习的过程机制，即学习过程中经验获得与意义转换的方式，厘清了体验、学习和知识建构的内在关系。

1. 经验获得方式

人类经验的获得来源于两种对立的看待世界的方式，即直接经验和间接经验。但在传统教学领域内，直接经验与间接经验、个人经验与学科知识之间一直存在着僵硬的对立。这是二元思维人为割裂的结果，其实质是经验与理性的对立。在体验学习过程中，具体体验是通过依靠真实具体的觉察来获得直接经验的，库伯称之为感知（apprehension）；而抽象概括是

---

❶ 严奕峰.体验学习圈：体验与学习发生的过程机制［J］.上海教育科研，2009（4）：54–65.

使体验深入内心并依赖概念解释
或符号描述的认知过程，库伯称
之为领悟（comprehension），它获
得间接经验（图3–2）。

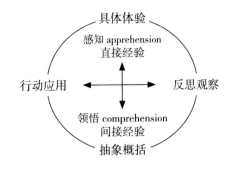

图 3-2 **体验学习过程机制——感知与领悟**

因此，我们应清楚地看到体
验学习不仅是重视具体体验所获
得的直接经验，也同样重视抽象
概括所获得的间接经验。体验学
习的过程，通过感知的经验和通过领悟的认识处于平等的地位，知识正是
从两种形式的认识辩证关系中出现的。因为，直接感知带来的体验是即时
的，而间接领悟是通过定义、概念或原理来解释因果关系。就好比头脑无
法单纯地依赖经验来弄懂事件与事件之间的因果联系，我们通过感知所知
道的是 B 事件紧随 A 事件之后，在感觉印象中并不会出现为何 A 事件导
致了 B 事件。因果关系的判断是以我们所领悟到的 A 和 B 事件的推论为基
础的。

体验学习通过学习者经历感知与领悟辩证冲突及其解决的过程，形成
了两种类型的知识结构（knowledge structure），可以反映知识的本质和体
验学习的关系。经验感知是一个个体的主观过程，除非和其他人交流其用
来描述经验的东西，否则这一过程无法由其他人所获知。因此，具体体验
感知的知识通常属于个体知识（personal knowledge），体现着知识的默会意
义，属于直接经验感知和用来解释个人经验和指导行动的默会类知识。另
一方面，领悟是一个客观的社会过程，是一个文化工具，领悟性知识属于
社会知识（social knowledge），它是显性的，是建立在领悟基础上所抽象出
的独立的、社会的及文化传播的词汇、符号和图像网络等显性知识。

2. 意义转换方式

体验学习过程中，学习者必然要经历对认识对象的意义转换，或者说
建构学习的意义。这个过程同样包含着两个相对的意义转换方式：一是通
过对个体的体验进行反思和观察，这是缩小内涵（intention）的过程；二
是通过将个体的抽象概括的结果进行应用（或者进行迁移），这是扩大外
延（extension）的过程（图3–3）。

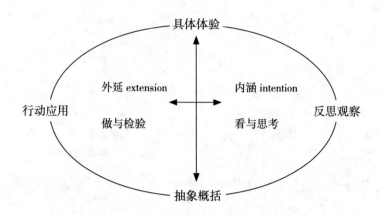

图 3-3 体验学习过程机制——内涵与外延

内涵和外延是两种基本的意义转换与学习迁移的机制。建构主义学习理论认为，任何一个知识都具有一定的内涵和逻辑外延（应用范围）。体验学习中的反思观察所形成的意义要通过行动应用来验证和理解，这说明学习离不开应用。体验学习的意义就在于，学习者在体验学习过程中，经历着知识的内涵及外延的变化，透过"看"与"做"的交替，形成学习迁移的能力，并不断地验证着周遭的世界。

杜威在论述"思考性的经验"（experience on re-elective）时，曾经举例说，一个小孩把手指头伸进火焰里，光是这样的动作并不能构成经验。他要把伸进火焰里的动作与被火灼伤的痛苦后果联结在一起，如此才算是得到了经验，他才知道把手伸入火焰里会被灼伤。同样的，他如果只知道手被灼伤了，而不知道烧伤乃是把手伸到火焰里的后果，那么就无法构成经验，手指烧伤对他来说就跟木头燃烧一样，只是一种物质的变化罢了。由此可见，体验者本人在体验之后必须有所作为，才会使体验产生意义，这就需要经历内涵缩小的反思——将火焰、手的灼伤、疼痛等观察转换为"火会烧伤人"的内涵意义，内涵缩小的转换表明形成了体验的意义，并可作为今后继续尝试或改变行为的参考。而所形成的意义还要经由外延扩大的过程去检验，使得体验学习产生了迁移——以后碰到类似的场景时（如燃烧的火柴、点燃的打火机、高温的热水壶、烧焦的木炭等），在行为上能否以顺应的方式来调节自己的行为。因此说，体验学习中，如果没有内涵的缩小，体验就会稍纵即逝；如果没有外延的扩大，体验就会停留于此时此地，体验学习就会失去它应有的发展效应。

三、体验式学习生态圈的构建

我国新一轮课程改革非常强调体验学习的重要性。《基础教育课程改革纲要》要求"各学科课程标准结合本学科的特点，加强过程性、体验性目标，引导学生主动参与、亲身实践"。《科学（3—6年级）课程标准》将"体验"解释为：学生在参与科学学习与探究活动中获得的情绪感受，并融入自身的经验之中。它强调学生亲历活动，伴有情绪反应，并对原有经验发生影响。体验使学习进入生命领域，因为有了体验，知识的学习不再是仅仅属于认知、理性范畴，它已扩展到情感、生理和人格等领域，从而使学习过程不仅是知识增长的过程，同时也是身心和人格健全与发展的过程。

关于体验式学习，国外学者因研究兴趣及研究方向的不同，出现多种模式。比如，一阶段、二阶段、三阶段甚至六阶段等。其中一阶段模式认为体验本身就足够激发学习，只要架构与组织学生喜欢且乐于从事的活动，便能产生学习；二阶段的模式以体验——反思形成体验学习圈，该模式认为体验之后应安排反思来催化学习；三阶段模式将体验学习划分为体验—反思—计划，这个模式认为在体验与反思之后，应增加计划的环节，以促成学习在未来的应用；多阶段的模式则界定体验学习要经历体验（experience）—诱导（induce）—概括（generalize）—演绎（deduce）—应用（apply）—评价（evaluate）的环节。但最终这些学习圈的影响却没有超过库伯的四阶段模式，因为一、二、三阶段相对比较简单，一阶段模式容易导致对体验学习理解的泛化与形式化；而二、三阶段模式，在体验后反思究竟如何进行，学习意义的转换及知识建构方式看不到解释；而多阶段的模式的理论根基正是来源于四阶段。所以在体验教育领域内，被引用最多，最为经典的体验学习圈却属于库伯的四阶段模式。

但是，"体验学习圈"更多关注的是方法论层面的指导思想，而非具体的操作方法，这可能带来几方面的影响。首先，这一基本设计框架具有高度概括性和灵活性，从而在为经验丰富的教学者提供指引时也留下了足够的发挥空间；其次，该模型只涉及学习机制的探讨，而教学是一个系统，缺少了系统中其他要素的支持，学习是难以发生的；最后，这种"元模型"并没有在操作性层面提供一定的方法或工具，这可能使得经验不足的教师面临某种困惑而难以具体应用。故而在此基础上探索某种切合中国教育教学实际状况，更利于一线教师进行课堂操作的设计方法及工具，也就显得合理而必要了。综合已有研究，在教育生态系统论指导下，构建了如图所示的体验学习生态圈，包含了教学系统的要素学习环境建设，学习主题整合，教师教学活动和学生学习活动，如图 3-4 所示。

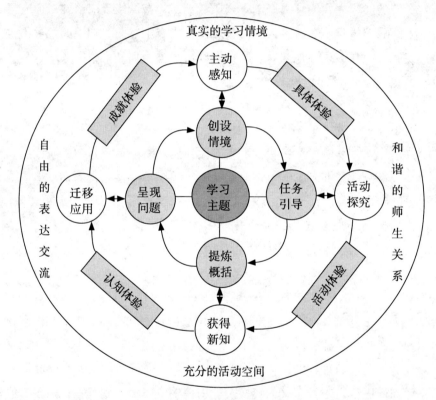

图 3-4　体验学习生态圈

（一）核心：学习主题

杜威指出"儿童的生活是一个整体"，在入学以前他总是"快速地、欣然地从一个主题到另一个主题"，"它具有儿童自己生活的统一性和完整性"，但遗憾的是"儿童一到学校，多种多样的学科便把他的世界加以割裂和肢解"。因此，以主题为单位组织体验教学，将有助于"儿童的现有经验进展到以有组织的真理系统为特征的被称为科目的东西"，在一定程度上缓解"儿童和课程之间这些明显的偏差和对立"。众多研究表明，情境化的主题认知与学习的确可以有效促进儿童日常生活经验和课堂认知概念的整合。倡导"围绕着知识诞生的原始情境中发生的问题来构建课程"的"Intel 未来教育"，正是这一思想应用于教学实践的成功范例。

（二）. 外围：学习环境

皮亚杰和英海尔德等人的研究证实，人的认识"决定于认知者和物体之间（有机体和环境之间）的交流或相互影响"，知识是由主体与外部环境相互作用而逐步建构的结果。乔纳森在研究了构成学习环境的各种理论基础后总结道，"学习既是内部的，又是社会的协商""人们不可能脱离自己进行活动的境脉去建构知识"。各种建构主义倾向的学习理论虽然存在不同的侧重点，但却明显具有两个共同点：首先，学习不是知识的传递，而是自我意义建构的过程；其次，建构需要一定的环境。这种环境既可能是某种客观性的，也可能是某种社会性的，但都关注提供某种以学生为中心的学习环境。

人与环境是一个不可分割的整体。在人类社会发展的漫长历程中，人与环境形成了一种相互对立、相互依赖又相互作用的辩证统一关系。体验学习正是发生在个体的主观体验与环境不断的交互作用过程之中。个体通过对环境的感知与思考，形成了对环境与情境适应的连续性。学习是长期情境的熟悉过程，发展是一个人全部生活情境的终身适应。需要指出的是，体验学习理论中的"环境"包括主观内部环境和客观环境，因为人本身也是环境的一部分。人的发展不仅会对外部环境产生影响，更重要的是改变自身的内部环境，如认知和思维。学习总是发生在一定的社会文化情境之中，个体的认知和观念往往受到所处环境的影响。"人与环境的交互作用是学习得以发生和延续的前提条件，学习者必须学会适应环境的变化，并与之保持动态平衡。"个体在与环境持续不断的交互作用过程中获取有关经验，从而逐渐适应环境和世界 ❶。

---

❶ 李梅 . 体验学习——21 世纪重要的学习方式［D］. 华南师范大学，2004.

（三）内圈：教与学融为一体

围绕学习主题这一核心，教师（学生）经历情境创设（主动感知）、任务引导（活动探究）、提炼概括（获得感知）、呈现问题（迁移应用）的教学过程，学生在具体体验、活动体验、认知体验及成就体验等多种知、情、意的体验中获得发展。

1. 设计真实的具体体验

要形成完整的学习圈，最佳状态是开始于"做"的活动体验。但现实各学科教学中，要想在任何一次课或任何一个主题都设计出具体的活动不太现实。在策略上，大概有两种取向：一是设计体验活动；二是设计体验情境。但不管是真实的活动，还是置身体验情境，都不能随意而为之，需要从学习者"第一手"（firsthand）的经验出发，考虑怎样充分调动学习者的眼、耳、口、鼻等感官的参与。若在最近发展区上，能进入一些矛盾事件的体验，就容易促发学习，因为学生会感受到好奇与挑战，能享受到有价值的乐趣，就会调动积极的情感参与。当然，理想境界还可参考米哈里·契克森米哈赖（Mihaly Csik-saentmihalvi）的"流畅体验"（flow experience），流畅体验能让人产生"强烈的指向活动本身的内部动机，与行为主义的外部强化不同，内部动机对行为的驱动作用比外部强化的作用更为稳定和持久，能让人产生浑然忘我的状态"。评估具体体验的真切性，可以观察学习者在参与体验时，是否有兴趣，是否专心致志，是否有愉悦的感受，是否有自我探索、追求学习目标的动机。

2. 引导体验后的反思观察

引导反思起催化经验与学习关联的效果，不是生硬的解读，而是对话。作为教者，切忌用成人口吻帮学习者去解读体验，体验一旦被教师用成人话语做出解读，事实上产生的是"假体验"，也必然导致学习者的抗拒心理，失去了体验的本来面目。所以，教师在教学中要经常反思，在学生体验之后怎样产生有意义的问题和对话策略。只有问题才能开启体验、经验及知识联系的通道；只有对话，才能诱发学习者进行自我探索，才能拥有自主的学习，才能培养问题意识与思维习惯。在体验之后，"刚才发生了什么于我听到、看到了什么？我听到、看到、观察到的与以前有什么不一样的地方"等问题就必须及时给出。也可从不同角度，采用不同的问题策略（见表3-2）。

表 3-2 教师引导反思的问题策略

目的	问题形式
透过感觉、事实等评估体验情况	刚才的活动感觉有趣吗？ 你们小组是怎样开展工作的？
关注学习者的体验过程	你（们）有详细的计划吗？ 在完成老师的任务时，其他同学采取了什么行动？
引导学习者诊断与分析情况	你觉得观察不一样的原因在哪儿？ 你觉得怎样解决这个问题更好？
寻找特殊内容以提供反馈	在活动中到底发生了什么事？ 你（们）有什么特别的发现吗？ 有特别不一样的感觉吗？
提供如何解决问题的想法	如果换一种做法，会不会更好？ 你们有了这样的发现，还有没有其他不一样的观点？

3. 关注抽象概括的内在思维

体验教学不是花哨的样式，抽象概括意味着体验教学最终要导向学习目标。因此，要给学生预留时间和机会来充分表述他们对问题的认识和理解，甚至展开研讨或辩论；也可以通过自我分析和反省思考的过程予以具体的表述；或提供静默与沉思的时间将独我经验（solo experience）进行归纳。这样才有助于学习者去发现各种与原始观念不一致的地方、自相矛盾的地方、解释不通的地方（激发学习者现有观念中的认知冲突），从而能产生突破，以形成科学的概念。教师在抽象概括阶段的目的就是提供一个描述与澄清概念的机会，如果在教材中有相关的书面信息，也应该在这一阶段提供给学习者，但一定不是在抽象概括之前。如果在交流或讨论中出现了歧义，也需要教师帮助解决。经由这个过程才能发展质疑、判断或推理的思维品质，更能够内化与迁移其学习经验。

4. 创设迁移应用的问题情境

主动检验意味着将抽象概括的原理运用于新的情境，以经历意义的外延转换。在某个概念或知识抽象理解后，能否再创造一个紧密联系的情境或活动非常必要。事实上，也可以作为教师的一种评估手段，以检验对概念的理解程度。深入一步思考，学科教学还须有这样的思维：怎样才能让学习再次回归真实的生活世界？它意味着将获得的经验、知识、技能或态度在现实生活中得到验证。对此，可以整合不同学科，设计与生活联系密切的主题探究任务，启迪学习者在进行探究性活动任务中，使各独立的教学内容产生有机联系。也可以将教学活动空间拓展，不限于教室环境，要到校园中或延伸至社区，从而突破教室或学校围墙的界限，可以去体会人与社会、人与自然的关系，可以有更实际的生活感受与新的体验。从这点上讲，也会启示教师，传统教学中囿于书本的习题或练习，强调训练和巩固的策略，必须进行变革，因为它只解决知识复现与记忆提取，怎样更好地促进知识的内涵与其应用外延的意义转换，需要学生体验与实践的支撑。

当然，"体验学习圈"不是一种简单的"如何控制教学实践的处方"。体验教学不是在一节课上"机械套用四个阶段"。学习圈顾名思义是环形的过程，而非线性的，实际应用时就有改造与创新的空间。如学习者抽象概括困难时，可以再生成一个具体体验，以使学习圈得以迂回和反复；学习者也可以从任何一点进入学习圈，如已经有了相关的经历，就可直接从问题引导开始，不一定非得有具体体验，以免浪费教学时间；有时针对学习个体，一节课中甚至有可能会发生多个学习圈……总之，在教学实践中，一切皆视学习者学习的需要进行调整。

第二节　体验式学习的基本理念

一种学习理论都需要回答有关学习的三个基本问题：学习的实质是什么？学习的过程是怎样的？促进学习的条件是什么？这三个问题对应的分别是知识观、学习观和教学观。关注学生生命在场的体验学习背后隐藏着默认的基于建构主义的知识观、学习观和教学观。这三者是相互关联、不可分割的。

一、知识观：知识是个体对社会知识的主观生命体验

知识观，简单而言，就是对知识的看法。它要解答的基本问题：什

么是知识？知识的形态特征如何？个人是如何获得知识的？知识和认识对象、认识主体的关系如何？对以上问题的不同解答形成了不同的知识观。体验式学习认为，知识是个体对社会知识的主观生命体验。

（一）知识分为个人知识和社会知识，个人知识来自社会知识

知识按照所属的主体，分为社会知识和个人知识。正如杜威所言："社会知识是先前人类文化的客观积累，而个体知识是个人主观生命经验的积累。知识就是在被称为学习的过程中实现客观经验与主观经验之间的转换。"

由此可见，我们一般所言的"知识"其实就是社会知识，在实际生活和学习中，我们个人所掌握的应该叫作个人知识。社会知识从何而来呢？不外乎是由成千上万个个体知识抽象概括而来，需要一定时空的积累。换句话说，"社会知识"是人类认识成果的社会承认，是社会成员在某一问题的认识上已经达成的共识或约定俗成的规定。然而，关注学生生命在场的体验学习包含着学习是个体行为这一观点，所以学生所习得的知识只能是个人知识。但是个人知识并不是凭空产生的，而是立足于已有的社会知识的。知识由普遍性向个体性和情境性转变意味着，公共知识只有综合进个体经验，才能成为一个人的个体知识。换句话说，个人知识是个人立足社会知识进行自主转化的产物。在关注学生生命在场的体验学习中，学习者最直接的目的就是将社会知识转化成自身的个体知识。

（二）个人知识的获得途径是主体进行体验

社会知识对整个人类来说，具有一定的恒常性和客观性。但是，社会知识是不能简单地移植的，所以它在每个学习者头脑中的意义不是客观的，而是每个学习者通过主动参与认识活动而主观创造出来的，是每个学习者的一种主观生命体验。在体验式学习过程中，个体获得知识，并非只是简单地记忆社会知识来获得现成的结论，而是立足自身经验进行调整，再内化为自身知识。这个过程就是体验，体验要求主体自身的身心参与。个人不经历体验，就无法获得真正的个人知识。

另外，英国哲学家波兰尼根据知识能否被表达，将知识分为显性知识

和默会知识。其中，显性知识是指可表达、可记载的知识；默会知识是指无从表达，"只可意会不可言传的"知识。默会知识要比显性知识多得多。由此可以推断，并非所有的社会知识都可以提供给学习者，所以学习者必须亲身参与社会知识的转化，在此过程中体验那些不可言传的默会知识。

知识是什么？按照辩证唯物主义认识论，知识是人脑对客观世界的属性及其联系的能动反映。但是，在实际生活中，我们经常漏掉"能动"二字，由此使以传承人类文化经验为目的传统教育一度秉持着公共知识是终结性的、客观的、静止的观点。这正如杜威所言："所教的内容被视为本质上是静止的。它被当作已经完成的产品来传授，而几乎不顾及它原来是怎样被建立起来的，或者将来会发生什么变化。它在很大程度上被假定为未来同过去都是十分相像的社会文化产品……"然而，关注学生生命在场的体验学习却认为个体习得的知识，即个人知识，具有主观性，是不断动态生成的。在学习过程中，个人知识的获得渗透着学习主体的主观意趣，是基于学习者的经验、立场、需要、趣味和眼界等实现的。人脑不是电脑，同样一段程序在不同电脑中运行的结果可能是一致的，但同样一段以语言文字为载体的社会知识在不同个体的头脑中意义却是不一样的。不同个体看到的是事物的不同方面，不存在唯一的、标准的理解。个人知识不是对现实的准确表征，而只是个体的一种主观理解或假设。随着个体知识的不断积累，这种理解或假设也许还会被否定或抛弃。而且，学习主体在对社会知识进行理解和假设的过程中是具有自主创造性的，这种创造性带来的是对社会知识新意义的生成。另外，个人知识的主观性还表现为个体在转化社会知识的过程中包含了个人的理性思维和感情色彩。

二、学习观：学习是个体通过体验转化社会知识获得全面发展的顿悟过程

学习观回答的问题是人类和个体如何学习的问题，是对学习发生过程的实然性的描述，主要是一个科学的问题。体验式学习认为学习是个体以体验的方式将社会知识转化为个人知识获得全面发展的顿悟过程。

（一）学习是个体解读社会知识的过程

体验式学习认为，学习是学习者主动建构知识的意义，生成自己的

理解、经验或假设等。传统教育观认为学习者的大脑是一块白板，学习者只要自己把学习内容刻进去即可。学生的学习任务就是往自己的头脑中复制信息，就是将课本中呈现的知识"拿过来、装进去、存起来、提出来"。换句话说就是，学生先是感知、理解信息，再将信息存储在大脑中，然后在课堂练习或者考试中将信息提取出来。学生不管怎么想，最后都要同课本上说的一样。然而，学习是一个积极主动转化社会知识的过程。学习者不是被动地接受外在信息，而是主动地根据已有认知结构解读外在信息，赋予其意义，从而获得个人化的知识。由于事物存在的复杂多样性，学习情境的特殊性以及个人先前经验的独特性，每个学习者对事物意义的解读都不是完全相同的。

社会知识转化成个人知识的这一过程是双向性的。一方面，学习者通过使用先前知识，赋予当前事物的意义，以便超越所给的信息，衍生出更多的信息；另一方面，被当成媒介用来转化的先前知识不是从记忆中原封不动地提取，而是本身也要根据具体实例的变异性而受到新的意义解读。由于要进行这种双向作用，学习者必须积极参与学习，必须时刻保持认知的灵活性。

关注学生生命在场的体验式学习认为，学习者在学习过程中有自主性。学习者对新信息的思考，是利用已有的知识经验进行自己的解释，生成自己的含义。学习者不是被动接受信息，而是主动根据过去的知识经验，自主进行的信息编码，并决定意义。有研究表明，即使是婴儿也是积极的学习者，而不是在被动地接受刺激。他们所走进的世界不是一个"乱哄哄的地方"，而是一个任何刺激都可能具有意义的场所。他们的头脑优先接受特定的信息：语言、数概念、自然界的特征以及物体的运动等。学习者一旦遇到新信息，感到好奇和困惑，而且有化解好奇、消除困惑的需要，那他就自然而然地充分激活和联想过去的知识经验，进行高层次思维，尝试作出各种解释，生成自己的理解。

为了使大家切身体验一下知识的解读过程，请大家阅读下面一段文字。"有一个小孩，坐在自家门前，看见＿＿＿＿＿＿，突然想起春节时爸爸给的压岁钱，猛地冲进屋内……"如果空格处填上一辆卖雪糕的车开过来，那么省略号处也许可能是这个小孩猛地冲进屋内拿钱准备买雪糕。如果空格处填上一辆"希望工程"捐款车开过来，那么省略号的内容可能会理解为这个小孩猛地冲进屋内拿钱准备捐款。"省略号"所代表的意义是从哪儿来的，来自这段文字吗？不是，是来自我们的顿悟。这说明，学习不只是印上和复制信息，而是调动、综合、重组甚至改造头脑中已有的知识经验，对所接收到的信息进行解释，生成个人的意义或者自己的理解。个人头脑中已有的知识经验不同，调动的知识经验相异，对所接收到的信息的解释就不同。

（二）学习是一个漫长而又循环往复的心灵顿悟过程

关注学生生命在场的体验学习强调学习是一个漫长而又循环往复的顿悟过程。知识在学生头脑中的意义是不断根据学习情境进行调整的。格式塔心理学解释，顿悟就是对问题情境的突然理解，它导致了迅速地学习，突然地理解了目的物和取得目的物的途径或者条件的关系。

学习产生顿悟是对问题思考的量的积累、外界情境的触发等要素的综合作用的结果。思考的过程很重要，且过程越长越深入，转变的冲击也就越强。顿悟还需要有一个触发的情境，在学习中注意结合学习的内容，积极创造一个相应的学习环境，对于激发顿悟的感觉十分有益。而且，顿悟完全是一种个人体验，与个人的领悟力有着紧密联系。此外，顿悟也是观念的接受和转变。观念的接受必然带来行为的转变，因为观念接受不是最终的目的，转变行为才是最终的结果。

顿悟这一过程也说明个人知识与社会知识的转化并非是刺激与反应之间的直接联结，而是需要以意识为中介。如果一个人的知觉场被打乱了，他马上会重新形成一个知觉场，以便对被知觉的东西仍然有一种完好的形式。学习过程都是由于对情境中事物关系的理解来实现的。有机体不断发生组织和再组织时，就会不断出现一个又一个解释。通过顿悟获得的理解，不仅有助于迁移，而且不容易遗忘。顿悟将成为我们知识技能中永久的部分。用现代认知信息加工心理学的术语来说，顿悟的内容进入了长时记忆并将永远保留在学习者的头脑中。顿悟学习的核心是要把握事物的本质，而不是无关的细节。由顿悟获得的问题解决方法能在记忆中保留较长的时间；由顿悟而掌握的学习原则有利于适应新的情境，解决新的问题。

个体学习依靠体验循序渐进、知行合一。对学生来说，学习本身就是一种生命存在方式，是一种生活，而不是生活的准备。在这个过程中，学生通过体验与反省，使知识与自己的生活境遇和人生经验融合在一起，不仅感受到了知识的内在意蕴，也获得了精神的丰富和人格的发展。这里的体验与单纯的认识不同，体验不单是知识的累积和认识的深入，还需要穿透一切知识，超越主客关系，置身于情境之中并与情境融为一体，达到"物我两忘"的境界。也就是说，体验不是一种单纯的智力活动，所要体验的不是这件事或那件事，而是体验生存本身，生存就是有所体验的存在。事实上，学生作为完整的生命存在，不只有认知成分，还有非认知成分。学生生命的发展不仅需要知识、能力的获得与提高，还需要观念、情感、态度、意志等多种要素的协调发展。

（三）学习的终极目标是学习者自身的全方位发展

体验式学习的终极目的就是使学习者自身获得全方位的发展，获得人生幸福并学会感受幸福，它包括个体的身心和谐、有创新精神、有智慧等。我们努力学习是为了什么？归根结底，人的需求归结为物质与精神两类，无论物质还是精神，都在追求着幸福，而学习则为这种追求提供更加开阔的视野与多样的方法，来让我们自己创造幸福，感受幸福。学习者在学习的过程中实现人的价值，认识自己，知晓自己的不足和长处，妥善地运用自己的优势，克服自己的劣势，逐渐建立平和的心态、乐观的精神、自信的态度、得体的行为和与人相处的技巧。情商要逐渐增高，学会洞察他人的心思和体谅他人，学会赏识他人，学会感恩，既要独立，又要懂得与人合作并欣赏团队成果，学会激励他人，要明白人是有情感的，要会控制自己的情绪，学会沟通，学会有鉴别性地听取别人的意见，学会分析事物的利弊，知道苦中作乐是一种人生境界，在实践中学习，在学习中实践，将独立学习的精神延续一生。

传统教育注重培养学生的抽象逻辑思维，可能导致学生身心不一，知行不一。抽象的感知方式给现代人带来的问题恰如席勒所描述的那样，"爱抽象思维的人往往具有一颗冷漠的心，因为他把印象分解了，而印象只有作为一个整体才能打动人的心灵；专业的人具有一颗狭隘的心，因为他的想象力限制在他的职业圈子里，而不能扩大到陌生的表现方式中"。法兰克福学派的代表人物马尔库塞，把工业社会中的人称为"单向度的人"。他指出，在工具理性占统治地位的社会中，人原本具有的理性和感性两个方面，现在感性受到理性的压抑。人成为"理性"的动物，也就是没有精神生活和情感生活的技术性动物和功利性动物。世界被程序化、符号化，在理性的重压下，感性几乎荡然无存。随着人的感官的日益迟钝，生命失去了源头活水，生活日益变得枯燥和贫乏。

学习的意义就在于能把逻辑与直觉、理智与情感、概念与经验、观念与意义等结合在起，是一种使个体的行为、态度、个性以及在未来选择行动时发生重大变化的过程。关注学生生命在场的体验学习调动了学生对意义的主动追寻和把握，让学生感到学习原来是这样生动有趣，自然会喜欢学习，自然会在不断的学习中获得全方位的发展。

三、课程观：学科世界与经验世界的整合

对象世界是相对于意义世界而言的。对象世界把世间万物看成是与人处于彼此外在的关系之中，并且以我为主体，以他人他物为客体，主体凭着认识事物的本质、规律性来征服客体，使客体为我所用，从而达到主体与客体的统一。对象世界具有如下特征：一是外在性。人与世界万物的关系是外在的。二是对象性。人为主，世界万物为客，世界万物只不过处于被认识和被征服的地位。三是以认识为手段，即通过认识使彼此外在的主、客体之间建立起外在的联系。

而意义世界把世间万物看作是与人彼此融合的关系，这种关系的特征：第一，内在性。人与世界万物的关系是内在的，人是一个寓于世界万物之中、融于世界万物之中的聚焦点，世界因人而成为有意义的世界，人与世界"天人合一"。第二，非对象性。人与物的关系不是对象性的关系，不是认识与被认识、征服与被征服的关系，而是相互依赖、互动共处的关系。第三，人与天地万物相通相融。人不仅仅作为有认识的存在物，而且作为有情、有意、有下意识等在内的存在物而与世界万物构成一个有机的整体。这个整体是具体的人生活于其中的世界，此世界不同于对象性关系中通过认识建立起来的外在统一体，而是人与万物彼此内在关联着的整体。

对象世界把世界万物看作是被认识的对象、被使用的对象，注重对象世界的课程关注的是学生通过课程学习掌握多少知识、形成多少技能、技巧。意义世界把世间万物看作是"精神"的存在、"生命"的存在、"内在关系"的存在，注重意义世界的课程关注学生整体精神与生命的成长。现实中的课程过多地执着于对象世界，课程中的知识只是用来记忆、解题、应试，或是像可以流通的货币，在社会上具有兑换价值，是考入重点学校或将来谋职的通行证。把知识的价值局限在对象世界，知识只能是被认识、被使用，被拿来应试、求职，而内在于知识的更深刻而丰富的意义便荡然无存。

体验式学习的课程是对象世界与意义世界的融合。就文科课程来说，它呈现给学生的就不只是字、词、句、段、篇的知识、听说读写的技能技巧以及沟通交往的能力，它还呈现出人的精神、情感、志趣、心向、态度、价值，让学生受到一种人性的、人文的、人情的教化，使学生整体的人格精神得以生成生长。就科学课程来说，它不只是让学生认识各种各样的概念、术语、公式、定理，还让学生"看到"这些概念、术语、公式、定理背后蕴含着的人在科学活动中表现出来的科学意识、科学态度、科学理想、科学情怀、科学伦理之类的人的精神，让学生通过科学课程来涵育追求真善美的精神。

学科世界中，知识的主要特点是普遍性，理论的适用范围广泛，无论在什么样的情况下都可以适用；逻辑一意性，强调知识的前后一贯性，很少有多义的暧昧性；客观性，不管你是否承认，它都是客观存在着的，而不以个人的主观意志为转移。生活世界中，知识的主要特点是特殊性，强调知识是一个有机性的秩序，具有广阔的领域，站在个人的立场看问题是重要的；多义性，事物不是一义性的，具有多样的方面，应该从多种视角认识事物；交互性，知识是通过表现活动和与对象交互性作用的活动而获得的。

与"学科世界"相对应的是学科理性课程观。这种课程观把课程视为"学科"，视为"科学知识体系"，注重学科体系的完整性、逻辑的严密性、内容的简约性与准确性，认为课程的价值在于把人类千百年来积累下来的文化科学知识传递给下一代，而这些文化科学知识的精华就浓缩在课程设置的各门学科里。教师的任务是把各门学科的知识通过传授交给学生，学生的任务是通过接受掌握预先为他们准备好的各门学科的知识，为他们的未来生活提供充足的理性准备。课程的实施注重目标性、计划性、预设性，在程序上注重演绎，课程评价看重结论准确无误、标准客观统一。

与"生活世界"相对应的是生活经验课程观。这种课程观主张把学生的活生生的生活纳入课程，认为课程是学生的生活经验，是个体"履历经验"的重组，是学生生活世界独有的东西。学校课程要使学生获得个性的自由与解放，就不能局限于系统化的书本知识，而应关照个体作为"具体的活生生的存在"的生活经验，因为"人的生活的深刻性只有在独立个体的生活领域中去寻找，而不能从个体生活以外去探求"。课程应把生活世界的东西提供出来让儿童去理解和体验，而不是把事先规定好的学科知识让学生去接受，不能用概念化的东西掩盖学生的真实体验。课程实施反对封闭的计划性、预设性，不主张机械的演绎而倡导鲜活的归纳，课程评价不追求结论的同一，而关注过程中的独特体验和思想。

体验教学的课程是学科世界与生活世界的整合。这种整合的课程更充分、更深切地关注人，关注人的生命，课程的价值在于去成就更丰富、更实在、更高尚的生命，而不只是让学生拥有一门门知识。学科世界是重要的，但学科世界应该是人"生活"于其中的科学世界，不应只见学科不见人，或者说只见简单化、贬低化、片面化、物化的人，而不见丰满的、高贵的、完整的、具有人之特性的人。目前，课程中的许多问题源自对人的生命特性的轻视，"把人的丰富多样的内涵视为单一的了，把人近乎无限的潜能看狭小了，把人的无比奇妙极端地平淡视之了，对人的万物之灵地位认识不足，对人的独立性不够尊重，对人的崇高意义有所忽视"。而体验教学的课程把学科世界与生活世界整合是为了给人以应有的关切与尊重，人高于学科而非从属于学科，学生学习各门学科的目的不只是习得各种知识与技能为将来作准备，而是让各门学科进入学生当下的生活世界与其生命特性相遇、相通、相融，从而内化为学生的精神素质，使学生的生命价值得以拓展与提升。

四、教学观：教学是创造条件促进学生进行独特生命体验的过程

教学是指教师引起、维持或促进学生学习的所有行为。教学观是指

对教学本质及其特征的一般性的主体认识。教学观可以通过教学行为表现出来，同时也是在教学实践经历中形成的。教学观基本是一个实践的问题，是要探索与知识观或学习观相一致的教学实践方式。关注学生生命在场的体验学习的教学观认为，教学是创造条件促进学生进行独特生命体验的过程。著名教育家叶澜教授指出："要从生命的高度、用动态生成的观点看课堂教学。课堂教学应被看作是师生人生中一段重要的生命经历，是他们生命的、有意义的构成部分，要把个体精神生命发展的主动权还给学生。"

（一）教学要创造条件引导学生进行体验

关注学生生命在场的体验学习强调创造条件引导学生进行体验。传统教育强调学生外部行为，而很少关注学生内心在学习中的作用。这正如保罗·弗莱尔对传统灌输式教育观的形象比喻。他称固定内容传输的教育为一种"银行"式的教育："教育因此成了一个存放的行为，学生是仓库，教师是存款人，教育中没有交流。教师的工作只是关注正式教材并实施存放，学生的学习是容纳、接受、记忆和重复……但是，在将来的问题解决中，他们自身的能力被磨灭了。在这种普遍误导的体制下，儿童的创造力、改造力和知识都缺失了。所以说，个体只有通过质疑、实践，才能成为真正的人。"关注学生生命在场的体验学习将彻底颠覆这一"银行"观念。

而在关注学生生命在场的体验学习中，教师只需要提供或者创造有利于学生进行学习的经验即可，不必多费口舌，正如杜威所说："以个人经验为基础的教育使得未成年人受到别人的指导更多了……"这样一来，问题就在于：怎样建立这些接触而又不违反通过个人经验来进行学习的原则。"教育者不必强迫性灌输指导儿童的经验。教育者的主要责任是不仅要通晓环境条件所形成的实际经验的一般原则，而且也要认识到实际上哪些环境有利于引导生长的经验。最为重要的是，他们应当知道怎样利用现有的自然和社会的环境，并从中抽取一切有利于建立有价值的经验的东西。"

为了促进学生进行体验，教师需要了解学生的情况，以便选择恰当的有利于学生体验的内容或情境。如果他是一位教育者，他必须对每个人作为个体有同情的理解，使自己知道正在学习的儿童的心灵的真实情况是什么样的。为了教学的有效性，教学需要更好地切入、激活、丰富和提升学生的经验，更好地创设情境，设计活动。没有活动，就没有经验。杜威曾说："除非教育同独立于他们之外的儿童具有创造力的某种行为相联系，否则教育就成为外在的压力。这种压力确实可以产生某种外在的结果，但不能称之为真正的教育。"割裂了种族经验与个人经验系统之间的联系的教学，是无效甚至是负效的。"每一个学习者的确是一个非常具体的人，他有他自己的历史，这个历史是不能和任何别人的历史混淆的。他有他自己的个性，这种个性随着年龄的增长而越来越被一个由许多因素组成的复合体所决定。"没有个体经验的认同，任何被个体的智慧拒之门外的知识体系都是盲目的。没有智慧就缺乏眼光，就缺乏鉴赏力。缺乏眼光，我们就会迷失在知识和信息中，找不到前进的方向。

（二）教学是帮助学生进行意义编码，而非直接灌输

关注学生生命在场的体验学习的学习观已经说明学习是由学习者自己解读意义的过程，是无法通过直接传递而实现的。因此，关注学生生命在场的体验学习的教学不是传递东西或者产品。非要说教师传递的话，教师充其量只是传递了语言文字符号信息，至于这些信息在学生头脑中是什么意思，最终还是由学习者自己建构、解读。这好像收发电报一样，邮局作为接收方接到电报源代码后，不能直接获得汉字，而是必须利用已有的解码规则转换成汉字。接收方没有接受现成的"意义"，而是对接到的代码信息进行了解读，"解释"这些信息，生成了"意义"。人与人之间的交流也是如此，学生接收教师的信息，则要根据自己已有的知识经验，将信息转换成自己的语义。但是，人际交流与电报交流还存在不同。在电报中，两方邮局所用的代码转换规则是一致的，故而能够成功获得一致的汉字。但在人际交流中，讲者和听者头脑中已有的知识经验不同，对同样信息的转译结果将是不完全一致的。

传统教学观认为教师的责任就是传递人类已有的文明成果；教师的工作就是先把书本上客观存在的、绝对正确的、确定无疑的东西复制到自

已的头脑中；教师的目的就是使学生头脑中所接收到的东西与自己头脑中的、书本上的东西一模一样，正如教师将手中的茶杯传递给学生一样——茶杯在教师手中是什么样的，在学生手中也应当是绝对相同的。通过练习、考试等活动，教师就能知道，学生头脑中所得到的东西与自己头脑中的东西是否一致，基本不关注这些信息在学生的头脑中是如何解释的，又生成了什么样的意义。

然而，关注学生生命在场的体验学习的教学是教人发现真理。真理不是独立于认识主体之外的客观的、实体性的存在。麦克尼尔认为，"知识是可以建构的，知识作为有根据的陈述、结论或真理，是根据特定学科或认识形式的探究系统创造出来的"。知识虽被赋予了一定的外在形式，学习却是学生根据已有的经验背景，建构自己知识的过程，而不是被动地吸收。建构主义真理观、知识观为强调发展儿童自主性提供了理论依据。教师所要做的，就是将学生内部积累与外部学习材料联系起来，在情境创设、角色互换、激发回忆等条件作用下，学生已有的与新的学习材料相关的知识、感受和人生体验便被激活与催化起来，在多种形式的活动中进行多次地思考、创造，不断地冲突、顺应、融合，从而累积新的体验。

在关注学生生命在场的体验学习中，教师不仅要让学习者知道什么，更可贵的是要让学习者感受到什么，知识的意义不能直接传递，对知识的情感就更不能传递了。教师不是关注如何呈现、讲解、演示信息，而是要创设一定的环境，促使学生自己主动建构知识的意义，时刻关注、了解、探知学生头脑中对知识意义的真实建构过程，并适时提供适当的鼓励、辅导、提示、点拨、帮助、支持，进一步促进学生的建构活动。

（三）教学是为了丰富学生的生命

关注学生生命在场的体验学习中，教师的教学就是为了丰富学生的生命。传统教学方法侧重于教师的传授和学生的接受，而不关注受教育者对知识的参与、理解等内在过程。学生常常是在不自主的状态下进行记忆式的学习，较少有社会生活实际方面的学习。虽然知识一天天增多，但内心却一天天空虚起来。我们常常成为不能活学活用的书呆子，唯唯诺诺的精神奴隶，面对纷繁多变的现实世界无所适从，成了"戴着镣铐"的舞者。

德国教育家第斯多惠说过："教学的艺术不在于传授的本领，而在于激励、唤醒、鼓舞。"教学不是知识的堆积，而是一种"唤醒"。"唤醒"是德国文化教育学的一个核心概念。德国著名文化教育家斯普朗格首先提出唤醒即顿悟，"教育的最终目的不是传授已有的东西，而是要把人的创造力诱导出来，将生命感、价值感'唤醒'"。博尔诺夫的"唤醒"则从本体论的角度出发，他认为，唤醒，不仅要唤醒沉睡的潜质，而且要解放人的心灵。生命的潜在性要求教师要更多地关注生命个体所蕴含着多样性的潜在可能。教学本身就意味着"一棵树摇动另一棵树，一朵云推动另一朵云，一个灵魂唤醒另一个灵魂"。如果一种教学未能触及人的灵魂，未能引起人的灵魂深处的激荡，它就不能称为教学。教学中，教师通过特定的教学方法，循序渐进地激发学生的潜能，关注学生的内心世界、情感态度和精神境界，使学生在教师的引导和启发下，增加自我意识，真正实现人生的意义。

关注学生生命在场的体验学习的"唤醒"教学，要求课堂教学充满思想，充满活力，充满智慧，充满人文精神，这是一种围绕"意义"所进行的全面的、深刻的唤醒。在这个过程中，教学过程中的教师、文本和学生不断进行着生命对话，而学生在这种生命对话中会惊喜地感受到思维的跳跃，探索的愉悦和一股难以遏止的激情与冲动，学生内在的自主性、能动性、创造性被不断唤醒、生成、张扬与提升，从而不断领悟到自身的存在和内在心灵的需要，不断丰富自己作为"人"的内涵，这是一种对人性的唤醒、充盈与放飞。教师在树立唤醒意识的同时，要选择回归生活、贴近学生生活实际的教学内容，因为只有感性的、生动的、丰富的生活世界，才能满足人在情感、理智、意志等方面的需要。当然，这其中不免要采用有利于唤醒的教学方法和手段，能够让学生的思想和创新精神得到充分的张扬。如启发诱导、质疑等，这样学生的生命才能得以丰富。

五、学生观：关注学生整体生命成长

人是一个整体的存在，每个人无论什么时候做出什么反应，都是作为"整个有机体"或"整个人"来做出反应的，个体的任何一种行为都既有认知的成分，也有非认知的成分。认知与非认知是密不可分的，它们构成了一个整体，它们是相互伴随、相互渗透的：认知中有非认知的成分，非任知中有认知的成分。例如，记忆，虽然它大体上是一种认知行为，但是这种行为本身必然包含个体的种种非认知因素，如记忆的动机、兴趣、态度等。如果一个人对某一对象非常喜爱，并很想记住它，那么很可能记得又快又好；反之，很可能记得很慢，差错也多。又如态度，虽然它属于非认知的范畴，但它总是包含有认知的成分，即包含个体对态度所指向的对象的属性、这些属性与个体需要之间相互关系的认知。个体对某一对象认识越深刻，态度会越明朗、越坚决。在绝大多数的情况下，情感（非认知）过程中总是渗透着认知过程，认知过程也总是伴随着情感过程；情感过程激发、推动、维持着认知过程，认知过程则深化、发展着情感过程。它们互为因果，相辅相成。

教学的弊端之一是对非认知系统的忽视，学生认知与情感发展的不均衡成为学生在人格方面的主要问题。由于我们过去较多偏重对学生逻辑认知层面的开发，偏重知识的学习，忽视了学生的情感体验，学生的情感品质不能很好地形成，人格发展出现裂痕。具体表现：①学生感受力下降。学生日益获得了那种对其所获取信息进行描述、推理与编码的能力，而同时也许渐渐失去了对人对事件的感受能力。②认识兴趣的泯灭和扭曲。认识兴趣不仅是认知学习的动力，更是人的情感特征。可是在沉重学业负担和心理压力下，学生缺少对事物的探究欲和好奇心。③从自尊心的丧失到社会责任感的淡漠。学业欠佳、屡遭失败的学生得不到成就感，自尊心受到打击，而自尊心的丧失是社会责任意识淡薄的最大情感原因。显然，如果忽视了学生的非认知心理因素，会导致学生人格难以健康发展，甚至连学生对知识的习得和认知能力的提高也难以保障，因为"认知的目的不是停留在知道客体是什么，更根本的是要将这种知识内化到主体自身的情感体系和个性之中；只有成为了主体自身的价值、态度、信念的知识，才能达到安顿自身情感的目的，也才是主体真正获得的知识。一切停留在情感、个性之外的知识对个体来说只是假知识"。

对此，体验式学习所持的理念：人是作为一个完整的人格而成长的，单纯地着眼于认知活动与智力发展，人格是不健全的。有效的学习需要认知与思考，还需要赋予感情、作出判断。学生如果丧失了学习的热情与喜悦，单纯地停留在语言符号、概念、逻辑上，学习就不能有效地开展，更难以形成良好素质，因为外在的认知对象只有内化到人的情感个性之中，才能变为人的素质，那种没有情感渗入的认知活动很难进入人的深层心理结构，很难融入人的生命之中，也就很难形成素质。在教学过程中，教师和学生都既要进行各种认知活动，又要进行丰富多彩的情感活动，既把教学过程作为一种知识的教与学的过程，又把它作为一种情感体验过程。在这个过程中，教师应该以富有情感的方式教，学生应该以富有情感的方式学。因为教学是教师与学生的一种生活，而对完整的生活来说认知与非认知是同等重要的，缺乏其中任何一个方面，生活都将是畸形的；必须同时进行各种认知活动和情感活动，才能有效地达到教学目标，不管是认知目标还是情感目标都是如此：认知与非认知和谐发展关系到学生整体生命的成长，忽视任何一方，人格将不能健全。

体验式学习善待生命的自主性。它所追求的不只是学生通过自主而非被动的学习以更好地获得知识和能力，即重视学生的自主性并不只是把自主性作为达到教学目的的手段，自主性本身就是教学的目的。体验教学中的教师懂得每个学生都有自己的感官、自己的头脑、自己的意愿、自己的性格，教学只有给学生足够自主的空间、足够活动的机会，让学生自己去感受事物，自己去观察、分析、思考，自己去询问、发现、欣赏，才能使学生在探索世界、探索自我的过程中增强自主性，在自我不断超越的过程中体验到生命的力量与意义。

体验式学习关注学生当下的学习生活中的生命状态，相信每一个学生生命中都潜藏着巨大的发展能量，每一个学生都在不断地更新、变化，不断地获得新的生命。体验教学着力于为学生创设一个有助于其生命充分生长的情境，让他们在不同的学习阶段有着不同的生命体验，激发他们的生命力量，使学习过程贯穿学生生命成长的过程。

体验教学注重的是，儿童不但要生活在成人的世界中，还要生活在自己的世界中，他们在成人的世界中接受教育，获得更快的成长，但也要在自己的世界中获得自己的自由，感受生活的乐趣，体验世界的美和人生的美。"正是在他自己的世界中，他才能形成和发展他自己接受成人教育的独立的心理学基础，并在这样一个虽稚弱但却独立的心理基础上自然地而非被迫地接受成年人的教育并不断充实和完善自己的内部世界，使自己渐渐成长起来并不失或尽量不失童年美好的心灵状态。"这并不是说要完全排斥成人世界的影响，而是说当儿童在接受成人的教育时，成人应尽可能地尊重儿童自己的世界，让儿童尽可能在自己的世界中打开心灵，感受到如鱼得水般的身心愉悦。

体验式学习尊重每一个学生的独特性，关注每一个学生在学习活动中的独特风格，让每个学生都有属于自己的成功体验。体验教学并不否定让学生成为社会的人，但它也注重让学生成为他们自己，成为一个独特的自己，而不是成为"别人"。当一个人只是成为"别人"的时候，他的生命便消失了。当教学只是用"别人"的标准、"别人"的方法对待学生的时候，教学也就失去了它根本的意义。

六、师生关系观：平等对话关系

体验式学习是以人的生命发展为依归的教学，它所关心的不仅是人经由教学而获得多少知识、认识多少事物，更在于在此基础上人的生命意义的彰显和扩展。基于此，体验教学中的师生不是单纯的知识传递的关系，不是"我—他"关系、"独白"关系，而是生命的相互拓展、相互提升的关系，是"我—你"关系、对话关系。

教学中师生单纯的知识传递关系，是一种教师话语高高在上的独白关系。在这种关系中，教师与学生是一种主从关系，而不是平等的对话关系。学生的一切都是教师预设好的，并且最终指向教师的思想观点。所有学生的意识都是从属的、暂时性的意识，只有教师的意识才是控驭全局的、主宰整个课堂的终极意识。当然，在独白关系中，学生也会有与教师不同的思想观点的存在，但这些思想观点最终要被教师的思想观点所统一。学生在教师的统领意识中，其地位、结局和评价都是早已被预设好的，他们都按照教师最终思想的安排而承担着各自不同的功能、完成各种活动。对与错、好与坏、美与丑的二元对立模式是评价学生观点的基本模式，所有学生的观点都在这个模式里被做了简单化的分类和单维性的选择，所有的对立性的思想观点，都被做了肯定与否定的分类和判断，而决定这种分类和判断的终极意识，就是教师的思想观点。在独白关系中，与教师对立的学生的话语和思想不能作为肯定的对象。一切观念思想，在这个关系里都分裂为两种思想：一种是正确的、有价值的思想，代表着教师意识的需要，是教师力图形成的统一的思想；另一种思想，即不正确的或无关紧要的思想，或不容于教师自己的思想，它们不会受到肯定，而是在交流中因遭到否定而丧失自己的价值。教师在对自己话语的合理性进行确认的同时，是对与自己话语相异的其他话语的否定和压抑。教师并非不承认学生话语的存在，他只是不承认各种与自己相异话语的合理性。在独白关系中，教师只认定正确的唯一性，不承认正确的多样性；只承认一种"声音"的正确，而否认每一种"声音"都有发表的权利和某种正确性；这种课堂只允许独白单声，而压抑、限制对话和多音齐鸣。教师按一个统一的观念来组织教学材料，那些材料本身都不具有独立的意义，"它们只是从不同的方面和角度为了表达某个统一的观点而选择和设置的"。尽管在这种教学中，允许有不同的观点出现，但那些观点与教师统一的观点并不是互相平等和独立的，它们总是被教师从自己的思想观点出发做出正确或错误的判断，必须接受、服从教师的思想观点。独白关系中不会允许出现与教师平等的观点。

独白关系中的教师认定万事万物只有一个标准答案，只有一种正确的价值立场，只有一种真实的存在形态。"以这种认识来看待人类生活和精神世界，只能是唯我独尊、真理在握的，对话既无可能也无必要。"在这种教学中，有一个统一的思想观点控驭全局，所有人的言行、思想最终都要确认这一思想观点，而与这一思想观点相对立的另一种或多种思想观点不允许立足。教师不是与学生交谈，而是忙于下结论，而这些结论不会与学生的语言在同一个对话中相遇。在独白关系中，教师的意识就是最高意识，整个教学只有教师的独白，而没有对话。由于独白型教学中学生的意识最终都受到教师的控驭，因而学生意识在本质上都没有独立性，也没有充分发展和显现的可能性。作为客体的学生的意识，在教师意识里是早已被定位、被预设好的，学生们的内心世界在教师上课前备课时就已被定性、已被"完成"，不会允许他们有出人意料的言行举止。他们所呈现的不是丰富多彩的鲜活个性，而是鲜明的物化特征，师生关系成为"我—他"关系。

体验教学中的师生关系是"我—你"关系，是一种生命的、精神的对话关系。在对话关系中，师生是在相遇的世界里沟通、交流，教师不是以教者的身份出现，而是以完整的人格出现。在相遇的世界里，教师真正把学生当作活生生的、完整的人来看待。教师不把学生看作单纯的对象，而把他们看作和自己一样具有独立自主的人，相互尊重，坦诚相见，师生都是精神的体现，都有相互间的回应或语言应答。师生关系是心与心之间的关系，是两个人纯粹作为人的相遇。师生之间和谐共处，是一种人格对等的交往。"真正的教师与其学生的关系便是这种'我—你'关系的一种表现。为了帮助学生把自己最佳的潜能充分发挥出来，老师必须把他看作具有潜在性与现实性的特定人格。更准确地说，老师不可视他为一系列性质、追求和阻障的单纯聚合，而应把他的人格当作一个整体，由此来肯定他。这就要求老师要随时与学生处于二元关系中，把他视作伙伴而与之相遇。同时，为了让自己对学生的影响充溢整体意义，老师不仅须从自己一方，且也须从对方的角度，根据对方一切因素来体会这种关系……这当然取决于他能否激发学生，使其也对他执持'我—你'态度，把他也视为一特定人格，加以肯定。"对话关系不把活生生的人变成一个沉默无语的认识客体、一个虽不在场却完全可以完成定性的认识客体。因为"一个人的身上总有某种东西，只有他本人在自由的自我意识和议论中才能揭示出来，却无法对之背靠背地下一个外在的结论"。亦即对话关系的师生是有心灵者与有心灵者之间的关系。尽管教师与学生、成人与儿童差异很大，但儿童也是有心灵者，因而教师把儿童当作有心灵的人而非无心灵的物来对待，师生之间的交流是平等的、心与心的交流。

对话关系是一种师生相互依存的关系。"人实际存在于我和他人两种形式之中。我自己是人，而人只存在于我和他人的形式中"，进一步说，"我存在于他人的形式中，或他人存在于我的形式中""我离不开他人，离开他人我不能称其为我，我应先在自己身上找到他人，再在他人身上发现自己"，人应是相互反映，相互接受的。个人通过他人的反映而显示自己，而他人通过我的关照也才得以存在。对话型教学中的师生关系是一种双向扩展的、互相依存的、相互包容的关系。教师的积极的对话态度和学生开放性、未完成性特征的展示具有一种共生共灭的关系。对话而不是控驭、积极而不是消极、双向而不是单向，这些是对话关系的基本前提。

教师平等地与学生对话，认真地"听"学生说的"话"，把学生的话看成一种有同等价值的思想、观点。教师与学生进行内在对话的过程中，虽然教师的话与学生的话发生紧密的联系，但并不吞没学生的话，不强行要求学生听话，而是充分保留学生说话的权利。在对话的师生关系中，每一种意见都获得了相对独立的地位，每一种观点都获得了某种正确性的承认，每一种情感态度都具有相对的合理性。教师可以不同意学生的思想观点，但却不抹杀和压制那些观点，他只是同学生争论和对话。而学生也不必刻意揣摩教师的意图，强迫自己融入教师的意识，他们可以坚持自己的立场，可以不同意教师的思想观点并与之争论。

第三节　体验式学习的实施策略

体验式学习是一种以学习者为中心的学习方式，学习者在实践活动中不仅做某事，同时进行反思，通过实践和反思，获得新的知识、技能和态度。根据体验学习理论模型，学习者在具体情境中通过实践获得的具体的经验是进行观察和反思的基础，而观察到的东西就会同化到可能由于演绎推理所产生的新认识或理论中去。然后，这些认识或假设作为行动的指南指导将来行为，并产生新的体验。由此可见，一个有效的学习者，需要发展四种不同的能力，即具体体验能力，反思观察能力，抽象概括能力和主动实验能力。换句话说，这个学习者必须能够全身心地、开放并毫无成见地进入新的体验中，从不同的视野反思和解释这些体验，用逻辑性强的理论整合观察到的事物，产生新的概念，并运用这些理论在新的情境或新的体验中作出决策，解决问题。

根据体验的情境真实与否、体验内容的多寡和体验程度的深浅，体验式学习的实施可采取如下四种实施策略❶：

❶　张瑜.体验学习：关注学生生命在场的学习方式［D］.扬州大学，2011.

一、组织活动，直接体验

根据体验情境的真实与否，体验可分为直接体验和间接体验。直接体验要求学习者身临其境、亲自行动；间接体验则需借助虚拟或想象的场景进行角色体验，使学习者产生心临其境的感觉。

（一）真实活动中体验

1. 亲自参观考察

如果关注学生生命在场的体验学习强调个体体验，那么，体验的来源必然就涉及学习主体的方方面面。其中最直接的体验来源便是走出教室，走入生活，走进大自然，亲身进行实地参观考察，进行真正的体验。假如学习者是第一次接触学习内容，以前没有任何体验的话，且学习内容与生活息息相关，那么学习者不妨就走进生活，直接获取所需的经验。例如，科学课上第一次学习温度计的使用，学生就可以直接拿出温度计进行观察和试验。通过这种体验学习，学生不仅达到了预期的学习目标，而且很难再忘掉这种知识，以后再碰到类似的情境时，头脑里立马就再现和提取出这种经验。苏联著名教育家苏霍姆林斯基十分重视实地参观考察的教学作用。他说："我力求做到在整个童年时期内，使周围世界和大自然始终都以鲜明的形象、画面、概念和印象来给学生的思想意识提供养料……"他经常带领孩子们到大自然中去，让他们仔细地观察、体验大自然，从而使学生在轻松愉快的气氛中不仅学习到了知识，还激发了学习兴趣，发展了学生的想象力和审美能力。可见，亲自参观考察获取直接经验，在无形中就成了关注学生生命在场的体验学习且达到了目标。因此，学习者与教师要利用各种各样的手段和方法，直接到现实中学习，获取直接经验，以达到学习之要求。

2. 联系实际生活

除了直接参与进行学习之外，联系实际生活学习新内容也是关注学生生命在场的体验学习。联系实际生活也是学生主体体验最主要的来源。由于教学条件和时间的限制，学生不可能每次都亲身参与体验，而且对于有些常识性的经验也完全没有必要亲身参与。在实际教学中，假如学习者以前有过与新学习内容类似的经验，那么必然会不由自主地联系到自己的实际经验，据此来同化或顺应新的学习内容。当然，如果学生一时回想不起自身的经验，教师适时加以提醒、引导，也会收到出奇不意的效果。例如，数学课上学习路程公式 S=VT 的时候，教师就可以引导学生假设某个学生从家到学校要走 20 分钟，即时间 T，已知学生每分钟步行 30 米，即速度 V，那么从家到学校的距离就是 30×20=600（米），也就是路程 S。一旦将所学内容与学生的实际生活联系起来，学生不仅容易理解，还会对学习产生更浓厚的兴趣，说不定就会把这个公式运用到放学回家的路上。关注学生生命在场的体验学习要求学生联系实际生活，运用已有经验来促进学习新知。对于教师而言，不仅在课堂上要引导学生再现已有经验，还要善于激励学生多留心生活，积累生活体验。学生一旦有了丰富的生活经验，学习起那些立足生活实际的知识自然就更容易了。

3. 实物展示

实物展示也是直接获取新知的关注学生生命在场的体验学习方式。实物展示就是展示实际实物或标本图片的方法。在教学中，尤其是小学低年级教学中，实物展示也是一种常用的教学方法。俗话说："百闻不如一见。"这是人们认识客观事物的一种规律。教师运用实物展示来帮助学生进行体验学习也正是从这一认识规律出发的。如果说亲自参观考察是学生走出教室，那么实物展示则可以称为将教具带入教室。教学中的实物包括实物、标本、图片等。学生通过实物展示进行体验学习，产生的不仅是对实物面貌、特性的外部印象，也清楚了实物所具有的色、香、味等其他特点。例如，科学教师带领学生认识桃花的时候，可以采摘一些桃花带进教室，让学生认真仔细地从各方面进行观察，总结出桃花的特点。再如，一位语文教师执教《珊瑚》一课时，就直接展示"像鹿角""像菊花""像树枝"的三种珊瑚，或者展示菊花、树枝等这样的实物，使学生对珊瑚有真切感知，为教学所需要的体验埋下伏笔。有些实物无条件或者无法带进教室的时候，教师也可以向学生展示标本或者图片。例如，美术老师要求学生画蝴蝶的时候，可以将蝴蝶标本带入课堂，让学生仔细观察蝴蝶的形态，那么学生头脑中有蝴蝶的形象之后自然更容易画出美丽的蝴蝶。

（二）模拟活动中体验

模拟活动，就是与真实情景相似的活动。它与真实活动的区别在于模拟活动是刻意人为的，以实现预定目的为特征的。模拟活动所产生的直观体验也有助于学生进行体验学习。

1.动手操作

动手操作从其概念上看似乎是真实活动，笔者将其归入模拟活动是因为课堂中的动手操作一般都是利用模型或简易物品模拟现实中的那些无法直接进行操作的物体的活动方式。动手操作的特点是通过直观的动作进行形象思维，需要学生手脑并用，所以它也属于关注学生生命在场的体验学习。课堂上，学生通过操作简易的学习用具或者物体模型可使教师所讲授的许多抽象知识直观形象地呈现出来，从而更容易理解学习内容。例如，有一位教师在进行"平均问题应用题"教学时，先让学生把4根、6根、8根、10根四堆塑料棒分成每堆"一样多"，使学生通过直观的动手操作领悟"移多补少"的"平均思想"。然后，教师再要求学生将四堆合在一起后再很快地平均分成四堆，数一数每堆的数量，总结出求平均问题的方法。另外，实验也属于动手操作的体验学习。实验操作相对更为复杂，也能够呈现出各种丰富生动的直观形象。实验学习立足于对这些现象的感知和观察，会产生更加深刻的体验，对于所学习的知识印象更加深刻。因此，也可以说，实验的过程就是体验学习的过程。譬如，一个科学实验，从仪器装置到药品配制，从实验过程中复杂的物理化学变化到新物质生成，其中既有味、色、形、态的变化，又有气体的生成和沉淀的析出，或光、电、热等现象。学生通过实验不仅亲身参与了学习过程，而且在观察实验的过程中，知道和理解了各种物质的特点与关系。

2.现场演示

现场演示也是一种呈现直观形象的模拟活动。它主要是通过调动学生的视觉参与进行思考，进而体验学习内容特性的方法。当学习内容较为抽象或者难于理解的时候，可以通过现场演示，让学生在亲自目睹中通过体验，恍然大悟。例如，一位数学教师在教学行程类问题时，感觉到学生对"同时""不同地""相遇""相遇时间"等概念很难理解。于是，他便组织学生进行模拟竞走活动，力图通过活动帮助学生理解这些概念。他让班级学生分成两队分别在操场两边竞走，哨子一响，两人同时从两地对走。这时，老师让学生理解"同时"和"相向"的含义。两人碰上时停止，老师告诉学生这就是"相遇"。然后，老师又让同学们看在相遇时谁走的路程多，让其理解在同一时间内两位同学各走的距离。模拟活动后，老师在讲授这部分知识时，学生以模拟活动中获得的感性材料为支柱，进一步分析思考，便掌握了行程类问题的知识。这样的教学从学生的心理和思维特点出发，立足学生的生活背景，紧扣生活实践，十分符合关注学生生命在场的体验学习。

3. 角色表演

角色表演是最高层次的模拟活动，也是最具代表性的关注学生生命在场的体验学习。因为它不仅是教学内容的外观形象，而且展现了人物的内心世界。学生通过角色表演其实就等于是模拟参与了真实的生活情境。在角色表演中，学生自己的真情实感被激发出来。而且，学生所扮演的角色也赋予他们一个看问题的角度。不论这个角度与自己的真实心理是相同的还是矛盾的，都可以让学生获得深刻的体验。苏霍姆林斯基说："从本质上，儿童个个都是天生的艺术家。"实际上，中小学生不仅具有潜在的表演天赋，还有着爱表演的个性特征。表演能够有效地调动并发挥中小学生的积极性和创造性。譬如，语文教材中有些篇幅戏剧因素浓厚，语言的动作性强，教师要善于把它们改编成小品或课本剧，让学生走进课文，扮演课文中的人物，在"动"与"乐"中把握课文内蕴，理解人物的性格、语言、动作、神态及内心世界。例如，一位教师在教学《守株待兔》时，学生并不理解其寓意。教师灵机一动，扮成守株待兔者，倚在黑板下，让学生来"劝"自己。学生兴致大增，纷纷劝起老师来："老师，你等不到兔子啦！"……"老师，再等下去你会饿死的！"老师还模仿守株待兔者的口气和学生争辩。学生越劝说，兴致越高，就越深刻地理解这篇寓言的意思。再如，历史学习中，以历史人物的特定身份出现，再现当时的历史场景，从而体验历史人物当时的情感，模拟历史人物当时的表现，以加深对历史问题的理解。这种学习方式能给学生较深的印象，扮演角色的学生更会有深切的体验。

二、创设相似情境，间接体验

乔纳森在《学习环境的理论基础》一书中，对情境作过这样的描述："情境是利用一个熟悉的参考物，帮助学习者将一个要探究的概念与熟悉的经验联系起来，引导他们利用这些经验来解释、说明、形成自己的科学知识。"对于情境，德国还有一位学者有过一句精辟的比喻：将盐放在你的面前，无论如何你都难以下咽。但将盐放入一碗美味可口的汤中，你早就在享用佳肴时，将盐全部吸收了。由此可见，情境之于知识，犹如汤之于盐。盐需溶入汤中，才能被吸收；知识需要融入情境之中，才能显示出活力和美感。关注学生生命在场的体验学习注重激发出学生内在的情感体验。体验以情感活动为显著特征和核心。依据心理学观点，情感是最具有情境性的心理活动。人进入某一情境，甚至在头脑中想象情境，都能激起某种体验。因此，在体验教学中，为了引发学生相应的体验，教师要注息创设情境。

（一）借助语言创设情境

语言表达的形象性能够使听者的脑中呈现一幅幅鲜明而简洁的画面，而不是一些抽象的语义或信息代码。这种将抽象事物形象化具体化的语言，学生听起来必定是兴致盎然似三春，趣味浓郁如仲夏，犹似欣赏一幅画，观赏一幕剧。声情并茂的朗读、绘声绘色的描述和贴切精彩的比喻都可以将学生带入某种情境进行体验学习。

1. 声情并茂的朗读

声情并茂的朗读是人文课程学习常采用的学习方法。声情并茂的朗读能把学生带到作品的艺术境界之中，使学生如临其境、如闻其声、如见其人，在头脑中浮现出教师所描绘的情景。如语文教材有许多课文，描写的景物亲切宜人，表达的感情细腻温馨，可谓情文并茂，文质兼美。这些课文光凭教师讲解是不足以让学生领略文章的奇妙之处的。只有通过声情并茂的朗读，才能唤起学生对课文中美的形象的感悟，从而撩拨学生心灵的琴弦，在思想深处产生共鸣。例如，朗读"高粱乐红了脸，麦穗笑弯了腰"时，学生在朗读中就把自己当作高粱和麦穗，乐呵呵的，内心仿佛真地体会到了大丰收的感受。除有表情的朗读外，声音的模拟也具形象性，而且具有层次更高的形象性。比如，朗读《渔夫和金鱼的故事》等寓言和童话故事，朗读的表情与声音的模拟就是一种艺术。再如，特级教师于永正在执教《小稻秧历险记》一课时，学生朗读到杂草被喷雾器大夫用化学除草剂喷洒之后，有气无力地说"完了，我们都喘不过气来了"时，声音很大，力气很足，语感不到位。于是，于老师幽默地说："要么你这株杂草抗药性强，要么这化学除草剂是假冒伪劣产品。"说完，朝他做了喷洒的动作。在于老师创设喷洒情境的激发下，这位学生如亲历其境，有了真切体验，再读时，他耷拉着脑袋，真的有气无力了。

2. 绘声绘色的描述

声情并茂的朗读是通过直接传达感情而唤起学生内心的体验。而教师或学生绘声绘色的描述则是通过形象的语言将人带入某种情境，然后由学生自己感悟、体验。描述使用绘声绘色的语言也能够把抽象概念变得生动形象，营造出适合体验的情境。在理科类教学中，建立抽象概念时，往往需要形象的描述与想象。例如，有一位数学教师讲"点的轨迹"时，高高举起手中的一块蓝色粉笔头，别开生面地对学生说："我这里有一个刚从墨水瓶中爬出来的'小虫子'，在保持不定点 A 距离 30 厘米处不断爬行，爬呀爬，身后留下点点墨迹。你们看，这就是'小虫子'运动的轨迹。"学生听着教师绘声绘色的描述，人人发出会心的微笑。

3. 贴切精彩的比喻

比喻就是用某些有类似点的事物来比拟想要说明的某一事物，以便表达得更加生动鲜明。善用比喻，不仅会使抽象的东西变得具体，化平淡为生动，还能把难以理解的内容变得浅显易懂。有位化学教师特别善于运用比喻，从而在教学中收到了奇特的效果。例如，催化剂对于初中生来说，是个十分难懂的概念，在教学中他使用以下比喻：一个人要隔着一条河从甲地到乙地，共有两种走法：一种是先沿着河岸到很远处过桥，路远费时（比喻反应本身会进行但速度慢）；另一种走法是在甲地坐船到乙地，路近速度快（比喻催化剂通过改变反应途径使速度加快），而化学反应使用催化剂就像人坐船从甲地到乙地，路近速度快。这里的船相当于反应时使用的催化剂，它加快了从甲地到乙地的速度，参与了这一过程（比喻催化剂本身参与了反应），但船本身在人上船与下船后，质量和性质不变。对于负催化剂则可以反其意而用之。

通过运用大家所熟知的具体形象的比喻，使原来抽象的难以理解的知识变得通俗易懂，学生容易接受，理解深刻，而且把机械记忆转化为理解记忆，不易遗忘。

（二）借助体态创设情境

体态语是人们用表情和动作表达自己思想感情的一种无声语言，恰当地使用它不仅能淋漓尽致地表达自己的思想感情，也可使听话人更能心领神会。除了语言，教师的体态语在教学中也起着非常重要的作用。它可以配合教师的语言，强化情境的力度，也可以独立创设情境，引发学生的思考。在课堂教学中，正确灵活运用体态语，可以丰富言语行为，更准确地表达教师情感，收到事半功倍的教学效果。在体态语的示范中，教师要不怕出丑，要敢于去创设正面的或反面的情境。当然，教师也可以请学生上台用体态创设情境。如教"看"这个字时，教师请学生上台表演孙悟空往高处望的动作，然后引导学生观察他是怎么看的，通过观察让学生一下子就明白了"把手搭在眼睛上就是'看'"。这个"看"字是由"手"的变形和"目"组成的。通过体态动作演示来创设情境，不但使学生记清字形，还加深了对字义和用法的理解，学起来省时又省力。因此，可以说体态语也是促进学生进行体验学习的有效途径。

（三）借助音乐创设情境

达尔克兹有句名言："对音乐的理解，与其说是一种智力过程，不如说是情感过程。"音乐是一种诉诸人的听觉，启动人的联想和想象的一门艺术。音乐通过对乐音有组织的安排构成艺术形象，反映社会生活，表达人的思想感情。同时，在适当的情境播放适当的音乐所能调动人的情感，渲染情境、创造气氛。如果能把音乐语言与语言文字沟通起来，教学就能真正实现调动学生的听觉、视觉等器官，在这种联觉的通感中，收到意想不到的效果。长时间呆板的传统课堂教学忽视了这一点，学生常常因单纯的用脑时间过长而使大脑产生抑制状态，从而降低教学效果。因此，教师在教学中应采用现代化媒体技术，创设良好的意境也是能达到关注学生生命在场的体验学习的效果的。创设的音乐情景使学生处于一种积极、主动的学习状态，调动学生多种感官，积极主动地体验语感，激发创造性思维。如果说教师或学生的语调是以单一声音来渲染课堂气氛、创设情境的，那么音乐则是用节奏、旋律、和声、强弱等各种要素，在乐器或声乐上进行组合，作用于人的耳朵，陶冶听者的情操，促使人心临其境。当然创设音乐情境，除了利用多媒体，也可以采用录音。只要创造出适合学生进入当前学习情境的音乐，无论通过什么方式都是符合关注学生生命在场的体验学习的。

（四）借助图形图像创设情境

在教学中，尤其是随着多媒体的普及，借助图形图像创设学习情境既方便又普遍，当之无愧成为关注学生生命在场的体验学习创设情境时的首选。而且，图形图像因其直观、形象、有趣而备受学生欢迎。图形包括画图、插图、幻灯片等，图像包括录像、电影以及电脑等电化教学手段所制造出来的视频。借助图形图像可以使学习内容简化、具体化和形象化，收到"一图穷千言"的效果。在图形图像面前，学生看得清楚，也感受得真切。例如，一位教师教学《燕子》一文，为了使学生感知大自然的景色，一开讲就用放大的彩色挂图，让学生仔细观察图中有哪些景物？它们的色彩、动态又是怎样的？那起伏的山冈，如镜的湖水，翠绿的垂柳，轻飞的燕子，清澈的泉水，使学生在视觉上感知了美的画面，为深入学习奠定了基础。再如，一位数学专家给一位小学三年级的学生讲解下面这道算术题：在一个减法算式里，减数、被减数与差的和等于90，差是减数的两倍，那么差等于多少呢？题中概念太多，这位专家让孩子读两遍，学生还是把握不住，专家改用图来表达，根据减数、被减数与差的和等于90，有 $\triangle$ + $\triangle\triangle\triangle$ + $\triangle\triangle$ =90，就可知道 $\triangle$ =15，那么差等于30。这题中的图形是一种特殊语言，它给人以直观感和整体感，它比普通的语言描述要容易把握得多。

因此，美国数学家斯蒂思说："如果一个特定的问题可以被转化为一个图形，那么，思想就整体地把握了问题，并且能创造性地思索问题的解法。"当然，还可以运用图像来创设情境。例如，一位音乐教师播放乐曲《春》，请学生体验并说出感受，但学生感觉比较困难，于是教师改用一段关于春景的动漫视频，与音乐同时播放。学生们仿佛一下子就进入了真正的春天，谈论自己感受时就有很多话要表达，而且感受得非常真切。

三、分享交流，加深理解，丰富体验

分享交流是从拓宽体验学习的广度而形成的策略。众所周知，经验越多，进行体验学习越容易，所获得的体验也越丰富，越深刻，这也是关注学生生命在场的体验学习所期盼的。丰富体验可以采取如下两个分享交流的方式：

（一）交流讨论

交流讨论是分享丰富体验的方式之一。通过讨论，学习者可以听取其他学习者的体验感受，从而丰富自己已有的体验。在学习过程中，学习者个人的认知与发现总是有限的。因此，在学习活动中，学习者彼此间就各自的发现、体验进行交流，相互启发与借鉴，有利于他们更全面深入地体验。在一次学习中，每个人都发表自己的观点和看法，自然而然就增加了学习者的认识。学生纷纷说出个人的体验，思维更活跃了。交流是主体意识形成的重要条件。在交流中能促进学生的体验内化，加深理解，解决问题。

例如，在教学《詹天佑》最后一个环节时，教师总结全文后，让学生讨论詹天佑是一个怎样的人。

师：同学们，詹天佑的事迹一次又一次深深地感动了今天的我们，下面请同学们讨论詹天佑是一个怎样的人。

学生1：不怕困难，也不怕嘲笑，毅然接受任务的詹天佑，在他的主持下，胜利地完成了中国人自己修筑的第一条铁路。詹天佑是一个伟大的爱国工程师。

学生2：面对着高山深涧、悬崖峭壁，詹天佑以超群的智慧设计了"中部凿井法"和"人字形线路"，创造了铁路史上的奇迹。詹天佑是一个杰出的工程师。

学生3：当詹天佑发现工程人员用"大概""差不多"这一类说法时，马上对他们进行教育。詹天佑是一个工作认真、一丝不苟的工程师。

学生4：白天，詹天佑亲自带领学生翻山越岭；晚上，詹天佑伏在油灯下绘图、设计路线。詹天佑是一个以身作则的工程师。

……

通过讨论，学生更加深刻地体验到了詹天佑各方面的品格，从而为更好地理解詹天佑的个人伟大形象创造条件。

（二）阅读汇报

阅读汇报也是分享交流经验，促进体验学习的一条有效途径。学习者通过阅读大量的资料，获得更多的体验。但是，不同的学习者由于条件或资源的限制，阅读的资料不一定相同。这时候，组织学习者进行汇报，即可分享彼此的体验，从而丰富所有学习者的经验。阅读汇报最典型的例子就是学生将自己的读后感写下来张贴在班级的学习园地中。这样，每个学生都可以阅读其他学生的读后感，从而增加自己的体验。阅读主题相同的同学还可以比较自己与其他人的相同与不同，进一步加深印象和理解，丰富已有的感受和体验。

四、引导拓展，深化感悟，升华体验

引导拓展是从体验的深度来寻找实施策略的。关注学生生命在场的体验学习，体验越深刻，学习时的所得就越多。

（一）补充经验

某一个人的体验可能就是他人的体验，而别人的体验可能也正巧就是你自己的体验。现象学一直认为，任何现象都是可能的人类体验。教师也可适当补充经验，拓展体验。现代认知心理学研究表明，学生的认知活动与其原有的认知结构之间关系密切，只有学生原有认知结构中有适合于学习新知的观念时，有效的认知活动才能产生。体验学习就是如此。一般情境激发下生成的体验，主要是通过外界诱因，如声、乐的感染等，再借助学生自身的想象和联想而生成的。但是，学生如果完全不具备相应的生活经验，这些体验就无法产生。因此，当学生对学习内容的经验不熟悉时，教师可以补充或者引导学生补充相关的经验，以便使学生顺利地进行体验学习。最常见的例子就是，语文教师在教学新课文之前常常补充介绍作者、故事发生的历史及社会环境等背景，给学生进行体验奠定基础。时代背景有助于学生深入理解课文的内在含义。例如，教师在学生学完《凡卡》一课时，要学生谈谈凡卡受了哪些苦？为什么这么小的年纪受那么多苦？然后引出教师介绍文章的时代背景，使学生领会从小凡卡经受的悲惨学徒生活，看到受尽摧残的旧俄罗斯人民生活的缩影。

（二）引发想象

引发想象就是学习者利用原有的知识、表象或经验，进行再造或创造想象，从而使意境更丰富，获得体验。对于学生在生活中没有的体验，可以利用想象帮助产生类似体验。每个学生都有自己独特的内心世界、精神世界和内在感受，有着不同于他人的观察、思考和解决问题的方式。教师在教学中要善于引发学生的联想和想象。学生们通过心灵的感受，能够升华自己已有的经验。教师必须用情感激发学生的学习心向，这是有意义学习的情感前提。正如有的学者所指出的，从血管里流出来的是血，从山泉里流出来的是水，从一位充满爱心的教师的教学里，涌腾出来的是一股股极大的感染力。它可以使学生产生同样的或与之相联系的情感。一位小学语文教师在教"奶"字时，亲切地对学生说："看，左边是女字旁，右边像个驼背的人，这就是奶奶的'奶'字：奶奶年纪大了，走路时背弯弯的，还要拄个拐棍。"

这种充满亲情之爱的教学，把本来死板板的、不会动弹的文字，变成了有生命的东西，钻进了孩子的脑海里。再如，一位教师教学《月光曲》时，就引导学生通过想象月光下的大海，从而体验贝多芬的不平静的内心。叶澜教授说过，"让孩子们想象时，老师要注意倾听和引导，实现推波助澜，促成动态生成"。

在21世纪，世界各国教育界从重教走向重学，我国对学习方式的研究也日益重视起来。在本次课程改革中，学习方式的转变是其显著特征，改变原有单一、被动的学习方式，建立和形成旨在充分调动、发挥学生主体性的多样化的学习方式，促进学生在教师指导下主动地、富有个性地学习，成为这场教学改革的核心任务。将体验学习作为一种学习方式提出，是为了顺应我国课改要求转变学习方式的趋势，同时也是为了寻找有利于人们素质全面提高，有利于 21 世纪人才发展的新的途径。必须注意的是，体验不是教育和学习的唯一途径、唯一方式、唯一过程，它只是一种途径、一种方式、一种过程；体验不是万能的，况且不是一切知识和学习内容都可让学生去体验；体验也不是孤立存在的。因此，不能让学生的体验代替一切学习，它不可能解决所有问题。

实践篇

第四章　国家课程校本化实施实践篇

国家课程是学校课程的根本依托，学校在国家课程校本化的过程中，必须始终将学生的发展放在课程开发和建设的核心位置，而我校将"体验学习"作为鲜明的课程理念。这一理念以体验式学习为抓手，进行课堂教学的改革，创设体验式的学习环境，建构更加适合儿童发展的丰富的课程体系，努力建构儿童有意义的学习经历，为每一个儿童设计合适且多样的课程，让每一个学生都能在课程校本化实施的学习中自由舒展，是我们的价值诉求与研究旨归。

课堂是项目实施的主阵地。我校通过实践探索，根据各学科在体验式学习中的共性特征，从教师活动、学生活动、学习支持出发，建立了体验式课堂的基本范式——体验式学习圈。在体验式学习基本范式的指导下，每门学科都开展了针对本学科具体教学内容的体验式学习的教学研究与实践，形成了丰富的课堂教学样态，也成了让学校文化落地生根的重要载体。我们的课程为学而设，为儿童而创，儿童在课程中自由舒展，丰富成长体验，享受成长的快乐，成为更好的自己。同时，通过国家课程校本化实施的研究，有利于教师形成自己的课程观，提升教师开发、实施和评价课程的能力。

第一节　语文教学样态探索及典型案例

在学科教学中，体验的类型和形式是各不相同的。以语文课堂教学为例，又大致分为语文阅读教学、古诗教学、写作教学等。我们对语文教学实践中的课堂样态进行了探索，在不同的文本题材和不同的年段教学中，体验式学习的方式也是不同的。再以语文阅读教学为例，我们对阅读教学情境体验教学、角色体验教学、审美体验教学、意境体验教学、情感体验教学等多种样态进行了实践探究。

小学语文阅读体验式教学样态研究

阅读是运用语言文字获取信息、认识世界、发展思维、获得审美体验的重要途径。阅读是学生的个性化行为，在阅读教学中采用多种体验方式，引导学生自主钻研文本，使学生在主动积极的思维和情感活动中，激发阅读的兴趣，加深对作品的理解和体验，培养探究性阅读的能力。

阅读情境体验教学样态探索

一、理论含义

情境体验是指在阅读教学过程中，教师有目的地引入或者创设具有情绪色彩的、以形象为主体的生动、具体的场景，以引起学生一定的态度体验，从而帮助学生理解教材，并使学生的心理功能得到发展的教学方法。

情境体验强调把教师的情境创设与学生个人体验统一起来，学生通过预设的情境生成体验，并转化为自己的行为和知识。情境体验式教学的核心在于激发学生的情感。

二、理论基础

1. 认识的直观原理

捷克教育家夸美纽斯认为："一切知识都是从感官开始的。在可能的范围内，一切事物应尽量放到感官的眼前。"认识的直观原理即是根据客观存在对儿童主观意识的作用进行的，而世界正是通过形象进入儿童的意识的，意识是客观存在的反映。

情境体验就是借助事物的直观性，通过给学生展示鲜明具体的形象，使学生身临其境，从形象的感知达到抽象的、理性的顿悟，并激发其积极的学习兴趣，从而引起儿童本身的自我运动。

2. 思维科学的相似原理

相似原理反映了事物之间的同一性，是普遍性原理，也是情境教学的理论基础。形象是情境的主体，情境教学中的模拟要以范文中的形象和教学需要的形象为对象，情境中的形象也应和学生的知识经验相一致。

情境教学法要在教学过程中收入或创设许多生动的场景，也就是为学生提供更多的感知对象，使学生大脑中的相似块（知识单元）增加，有助于学生灵感的产生，也培养了学生的相似性思维。

三、样态探索

1. 创设情境

在小学语文课堂教学中，要想让学生快速融入课堂教学中，就要靠有效的新课导入。这不仅可以使学生调整到最佳的学习状态，也能有效推动整个课堂教学的进度。通过创设相应的教学情境，能快速吸引小学生对新知识的学习兴趣，教师可以借助课本内容，利用 PPT、图画展示、实物展示等学生感兴趣的方面创设情境，让学生乐于走进文本，去了解作品背景，吸引了学生的目光，对课程内容充满向往，顺利实现了新课导入，为新课的进一步学习埋下伏笔。

2. 融入情境

融入情境是对文本的进一步感知。教学中，在学生充分朗读的基础上，适时指导学生通过表演、解析关键词等形式融入情境。学生自主朗读、主动参与、分析，全身心地投入课文中，产生进入情境的感觉。学生唯有将他们所有的感觉、情感和智慧投入学习的全过程中，才能获得最好的学习效果。这样会使原本枯燥的语言文字教学，逐渐内化为学生自己的语言，让被动听讲成为主动参与，学生主动地去理解文字，并将课文语言创造性地化为自己的语言，势必会收到良好的效果。

3. 体验情境

当前语文课堂教学对学生的内在情趣体验重视不够，课堂中教师往往将认知活动作为中心，而语文课堂教学中应关注学生的感受、体验、内省等自身行为。因此，在阅读教学中，要以学生的主体思想、情感、愿望为主，创造一种师生平等、轻松和谐、风趣幽默的课堂氛围，让学生通过自主体验情境，获得感悟，从而养成乐于学习和主动探索的习惯。

4.深化情境

教师在阅读教学中，情境只是促进学生主动思维的辅助工具，创设情境的最终目的就是促进学生的思维。只有当学生真正经过深思熟虑后，才能够在教师创设的情境中明白课文背后传达的内涵。因此，在阅读教学中，教师应引导学生积极思考，边读边想，借助情境的创设，理解文章的内容和意义，体会作者的思想感情。

阅读教学情境教学样态如图4-1所示。

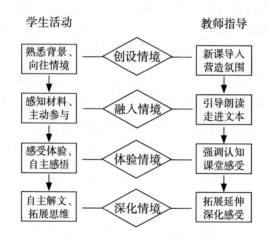

图4-1　阅读教学情境体验教学样态

四、典型案例

慈母情深

教学内容：统编版小学语文五年级上册

教材分析：

《慈母情深》是第六单元的第一篇课文，讲述了贫穷辛劳的母亲不顾同事的劝阻，毫不犹豫地给钱让"我"买《青年近卫军》的事，体现了母亲对子女无私的爱，也表达了"我"对母亲的爱和感激。课文的第二部分展现了四个场景："我"初到工厂、寻找母亲、向母亲要钱、母亲塞钱给

"我"。在四个场景中，有几处细节描写，母亲瘦弱弯曲的背、疲惫的眼神、龟裂的手……在一个个的场景里，一个个的细节中，母爱的无私淋漓尽致地展现在读者面前。

文中反复出现的"我的母亲""立刻""七八十个"，这些反复出现的词语，增强了文章的感染力。

教学目标：

1. 默读课文，想象描写的场景、细节，体会"慈母情深"。

2. 体会文中反复的表达效果。

3. 通过朗读、表演等方法，再现情境，在情境中感知、感悟。

4. 能联系生活实际，写出自己"鼻子一酸"的经历。

教材重点：感受母爱的特别之处以及"我"的成长。

教材难点：体会文中反复出现的词语的表达效果。

教学过程：

一、创设情境，触摸场景

1. 作者梁晓声对《青年近卫军》魂牵梦萦，虽然他知道，家里很穷，虽然他知道，母亲一个月只有二十七元的收入。可是，他还是走向了母亲的工厂。

2. 作者为我们呈现了哪些场景？

学生自读课文，边读文字，边想象画面，边写下作者叙述的场景。

3. 学生交流。

根据学生交流，师生共同梳理。

相机板书：　　　　　　　初到工厂

寻找母亲

向母亲要钱

母亲塞钱给"我"

【设计意图】学生自主品读文字，触摸语言，边读文字边想象场景。学生在文字品读中想象画面，体验具体可感的情境。一个个具体的情境，让学生体验着工厂环境的恶劣。这样的学习活动，不但培养学生概括的能力，还培养学生的层次意识。

二、融入情境，品味场景

品味"初到厂房"，感受环境的恶劣。

1.默读第6—9自然段，想想"我"看到、听到、感受到了什么，"我"当时的心情是什么样的。读了这几段，你又有怎样的体会？边读边做批注。

【设计意图】文字，除了能带给学生画面，还能带给他们情感的震撼和共鸣。学生自读自悟，初步理解文本，在文字中，体验着母亲工作空间的狭小、闷热、嘈杂……环境的恶劣，跃然纸上；母亲的辛苦，不言而喻。教师从"看、听、感"三个方面进行提问，这也提示学生，写场景可以从这几方面去写。体验场景的写作手法，也是这节课的目标之一。

2.讨论交流，教师随机指导。

让学生从厂房的狭小、闷热、嘈杂去体会工厂环境的恶劣。学生想想画面，想象在两个教室大的空间里，都挤挤挨挨的有什么？声音是怎样的？生活中什么声音让你震耳欲聋？"我"看到在这种环境中工作的母亲，心情怎样？

【设计意图】既借助课文中的语言进行想象，又联系生活实际感知情境，有了具体的环境依托，学生交流、碰撞、生成，隐藏在文中的"我"的感情的体验水到渠成。

3.作者梁晓声用文字，带着我们身临其境，请你们边读边想象画面，边读边体会作者的心情，用你的朗读带领我们走进作者的文字。

【设计意图】朗读，既能促进学生进一步理解、内化语言文字，又能用声音表达自己对文字的理解。朗读，也是一种体验，用心体验文本的内涵，用声音反馈自己内心的体验。

4.演一演。

分角色演"我"和母亲。

【设计意图】表演可以让学生耳闻目睹语言文字描绘的情和景，人和事。学生听其声，观其行，形声兼备。演，要在理解语言文字的基础上，琢磨语言的轻重缓急，体会感情的丰富变化。由文字到转变为表演的过程，是语言变为实践的过程。表演的呈现，让学生在情境中品味场景，品味文字，品味感情。

5.教师总结：我们可以通过联系上下文，边读边想象场景、联系生活等方法，体会作者描写的场景，体会母亲的生活，体会"我"心理的变化，体会"慈母情深"。

【设计意图】下面三个场景的学习，是放手让学生学，让学生在自学中体会母亲的不易，体会我的愧疚和不安。教给学生学习场景片段的学习方法，在方法的引领下，提升学生的阅读能力。

三、体验情境，小组合作

1.小组合作学习，布置学习任务：小组选择一个场景，想一想"我"看到、听到了什么，心情如何。你从中体会到了什么？小组内演一演。

2.学生迁移上一环节中总结的方法，小组展开合作学习。

【设计意图】有了学习第一个场景的铺垫，有了小组合作学习的提示，小组成员讨论时，就有章可循。交流一个个场景中"我"的所见、所闻、所思、所感，再外化为表演。合作学习中，思维相互碰撞，角度会更多元，思维会向纵深发展。

3.全班汇报交流，教师适时引导点拨。

"寻找母亲"的场景。交流时，引导学生关注细节。

①为什么要重复连写两声"妈——"？"我"会怎么喊？

学生自己先练习读，指名读，学生交流：从两声"妈"，你体会到什么？

【设计意图】反复，是这篇文章写作的一个重要特色。这里的反复，写出了工厂里声音嘈杂，妈妈听不见"我"的声音；写出了妈妈工作很投入，没有听到"我"的喊声；写出了"我"内心的愧疚。朗读，是学生体验文本的有效手段。连续让几个学生朗读这段文字，创设了"我"叫母亲的情境，让学生入情入境。

②第16小节，为什么说"看见一个极其瘦弱的脊背弯曲着，头凑到缝纫机板上"，而不说"看见我的母亲弯曲着瘦弱的脊背，头凑到缝纫机板上"？

（出示书中的插图）

【设计意图】插图的出示，直观形象地展示当时的情境。

③第19小节，"我的母亲"反复出现，你感受到怎样的母亲形象？感受到"我"怎样的心情？

指名朗读，体会反复的强调、渲染的作用。

【设计意图】"我的母亲"反复出现，是课文中第二次运用反复。通过有声的朗读，反复强调的作用，学生会心领神会。学习语言文字，有效的情境创设，能让学生对于作者的写作手法、技巧有直观的感受。

分角色表演："向母亲要钱"的场景。

①指名分角色朗读"我"和母亲的对话。

②读母子的对话，你发现了什么？

③母亲掏钱、数钱的样子，你有什么体会？

分角色表演：母亲塞钱给"我"的场景。

①让讨论这一场景的小组分角色表演。

②表演后，各自体会人物内心的想法，说说自己的感受。再次分角色表演。

③追问：母亲塞钱给我后，"立刻又坐了下去，立刻又弯曲了背，立刻又将头俯在缝纫机板上了，立刻又陷入了手脚并用的机械忙碌状态……"反复出现四个"立刻"，你从中感受到了什么？

学生带着对课文的理解，齐读课文。

四、深化情境，联系生活

1. "我"拿着揉得皱皱巴巴的毛票，鼻子一酸，跑了出去。在你的生活中，有过鼻子一酸的经历吗？

提示：自己被感动时、受委屈时、难过时、痛苦时、后悔时、开心时……

2. 出示练笔要求：联系生活，写一段话，写出自己"鼻子一酸"的经历，要表达出自己的真情实感。提示学生，试着运用课文中学到的通过场景、细节表达情感的方法。

【设计意图】生活，是写作的源泉。文本，给写作提供了一个很好的样子。在老师的引导下，学生拓宽话题的范围，回忆具体可感的事例，体验生活的味道。发生在自己身上的事，具有画面感，也有情境的支撑。把情境化为文字，是学习语文的最终目的。

3. 全班交流评价。

教师点评，学生互评。学生如果能在练笔中，通过描写场景、细节来表达，或者用反复的手法来表达情感，给予表扬，并鼓励其他同学学习。

【板书设计】

慈母情深

	母亲	"我"
初到工厂	贫穷	愧疚
寻找母亲	辛苦	不安
向母亲要钱	深明大义	感激
母亲塞钱给我	爱子之情	敬爱

阅读角色体验教学样态探索

一、理论含义

角色体验是指教师在阅读教学中提供一个真实的角色情境，组织学生对文本中出现的人物进行分析，通过扮演其中的人物角色，自然地融化在作者所创作的人物中，感受角色的一切心理状态和内心情感的过程，从而使学生逐步学会解析人物性格和内心世界，树立正确的价值观念，并且养成良好社会行为的过程。

二、理论基础

1. 社会心理学基础

社会心理学是研究个体和群体在社会相互作用中的心理和行为发生及变化规律的研究领域。角色的概念由他们最早提出的，他们主张每个人在社会中都要扮演一定的角色，而角色背后包含个人的思想、情感、行为和责任等，反映了个体与自己、周围人群和客观事物之间发生作用时所产生的行为方式。

2. 角色转换原理

角色体验是一种具有综合性、创造性的互动活动。在阅读教学中，引导学生在创设的特定情境中体验人物角色，通过亲身感受和体验他人的角色，使文本中原有的、逻辑的、抽象的、符号化了的内容变得具体化、形象化、现实化，进而能够更好地理解他人的处境，更深切、生动地感受作品背后隐藏的人物角色的内心情感。

三、样态探索

1. 初读课文，感知角色

学生通过初读课文，结合文本的背景材料等初步感知角色。同时，教师指导帮助学生对现实世界中各种人物角色进行"取样"，学生再结合自主搜集的资料和文本素材，感知体验角色的表征与特点。

2. 身心投入，走进角色

教师要帮助学生投入角色体验过程，通过对角色人物的性格、行为、语言以及心理进行分析，形成对该人物的理解。然后，教师以多种方式给予鼓励，肯定他们的良好表现，学生以分析、想象、判断和创造等高级思维活动投入角色。

3. 人物分析，体验角色

教师指导学生在体验角色中分析人物形象，通过对文本中人物的语言、动作、心理等分析，让学生能够深刻感受人物形象，反省内隐的心理过程，检查自己的态度、行为和信念，促进价值认识的调整。

4. 相互配合，展现角色

展现角色是指通过对角色前期的感知、理解后，借助表演等新形式把角色形象展现给他人。当然，教师除了指导学生角色体验外，还要培训"观众"，使他们能跟表演者进行互动，能够促进整个班级的群体互动和彼此指导，有利于共同深化对角色和人物形象的理解。

阅读教学角色体验教学样态如图 4-2 所示。

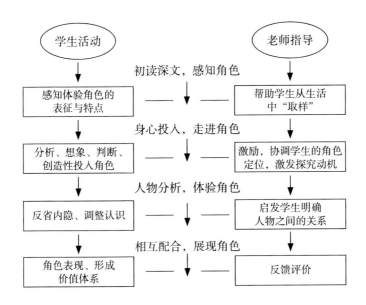

图 4-2　阅读教学角色体验教学样态

四、典型案例

美丽的鹿角

教学内容： 统编版小学语文三年级下册

教材分析：

《美丽的鹿角》讲述的是小鹿狮口脱险的故事。从前，小鹿非常欣赏自己美丽的角，嫌弃腿长得难看。可是当面临凶猛的狮子时，长而有力的腿帮助它脱了险，而它一直引以为傲的角却差点使它丢了性命。这个故事给我们的启示：看待事物，不要光图外表的美丽，更要讲求实用。

教学目标：

1. 正确、流利地朗读课文，尝试有感情地朗读课文。

2. 朗读课文，体会小鹿前后对鹿角和鹿腿的不同态度。

3. 老师引导同学们通过鹿的经历感悟故事的寓意。

教学重难点：

1. 理解小鹿对待自己的角和腿的不同态度。

2. 体会故事的寓意，逐步培养独立阅读的能力。

教学准备：教学课件

教学过程：

一、初读课文，角色感知

（一）兴趣导入

1. 小动物的谜语导入。

（1）草原霸主是谁？

（2）头长两棵树，身开白梅花。性情最温顺，跑路赛过马。（打一动物）

（3）根据老师提供的谜面，学生猜出谜底分别是狮子和梅花鹿。

2. 读鹿说的话，根据鹿的图片，仔细观察鹿的角和腿的特点。

【设计意图】谜语导入，激发起孩子的学习兴趣。观察图片，直观形象地了解鹿角和鹿腿的特点。

（二）检查预习

1. 出示词语：

倒映　　匀称　　抱怨

无精打采　　　　灰心丧气

师：词语都读正确了，能说说你通过自学已经理解的词语吗？说说是怎么理解的。学生之间相互交流。

2. 再读课文思考：课文写了谁和谁之间发生了一件什么事？

自读提示：

（1）读准字音，读顺句子，难读的地方多读几遍。在自己不明白的地方做上记号。

（2）边读边思考，课文讲了一件什么事？

二、完全投入，角色体验

1. 学生自读课文，找出小鹿前后心理变化的句子，并用横线画出来。

思考：在遇到狮子前后，小鹿对自己的角与腿的不同看法。

2. 学生自由读第 2～4 自然段，思考：

（1）从文中哪里可以看出小鹿很喜欢自己的角？

（2）又从哪里可以看出小鹿不喜欢自己的腿？

3.教师引导学生交流解疑。

（1）教师范读第5～6自然段，学生谈谈感受到了什么。画出相关句子。

（2）放配乐朗读，让学生从音乐和朗读中进一步感受当时情况的危急。

（3）引导学生思考：为什么会出现这一惊险的情景？

三、体验角色，自我分析

精读2～4自然段。

1.出示原文，设置情境剧：老师当解说员，选一位学生上台演一演小鹿，其他同学当观众。

师："小鹿以前从来没有发现自己是这么漂亮，这天突然发现，所以感到惊喜万分。"

生："咦，这是我吗？"

师：接着，小鹿对着自己的身影大加赞赏，都不着急离开了。

生："啊！我的身段是多么匀称，我的角多么精美别致，好像两束美丽的珊瑚！"

师：当看到自己难看的腿时，小鹿不禁低下了头，皱起了眉。

生："唉，这四条腿太细了，怎样配得上这两只美丽的角呢！"

2.表演结束后，小鹿先谈谈自己的感受，然后观众再谈感受。

【设计意图】《新课标》中提到："应尊重学生在阅读过程中的独特体验。"在阅读练习中，鼓励学生大胆解读，并结合自身经历来说说自己独特的体会。

四、角色展现，相互配合

精读5～6段。

1.此时，一场厄运正悄悄地降临，到底发生了什么事情呢？

2.播放《动物世界》中猛兽追赶猎物的视频。

【设计意图】三年级学生的思维主要还是具体形象思维，抽象思维发展不完善。相对于文中的文字描述，视频能让学生感受更直观、理解得更为深刻。

3.再创情境。

动物界的弱肉强食确实残酷,那我们文中的小鹿能逃出狮子的魔爪吗?

4.师范读。

5.小组派代表读。

6.师点评:大家的表现都可以去《动物世界》配音了。

【设计意图】学生初读时,由于小鹿已经脱险,可能会读的很平静。但这时通过播放视频,听老师范读,学生就能深刻体会到那种劫后余生的感觉,读起来就更有感觉了。

7.这次灾难之后,小鹿决定锯掉头上那两只美丽的角,讨论一下,小鹿该不该这么做呢?学生相互交流。

师总结:事物有长处和短处,一味欣赏长处而看不见短处是不对的;因为它的短处完全否定长处也是不对的,我们要扬长避短。

8.结合实际谈体会,怎样看待同学的优缺点?

【设计意图】在小组讨论过程中,孩子们通过自己探究,得出结论,远胜于老师直接教授道理。

板书设计: 美丽的鹿角

鹿角　美丽　差点送命

鹿腿　难看　狮口逃生

尺有所短,寸有所长

阅读审美体验的教学样态探索

一、理论含义

审美体验就是人对世界的审美把握,审美体验是指日常体验的升华,是个体在亲身活动中对理想的生命形象的直觉。在阅读教学中,教师引导学生从语表到语内,由文里到文外,多层次地去感悟语境,对作品中的语言、形象(意象)、情感、思想的想象、体会和思考认识的过程,从而形成一种当下的审美感受。

二、理论基础

1. 语文课程标准

新课标指出："阅读是搜集处理信息、认识实际、发展思维、获得审美体验的重要途径。"这就要求我们在语文教学中必须重视美育，努力提高学生的审美素养，陶冶学生的道德情操，提升学生的精神境界，使学生在欣赏美、表现美、创造美的方面有所发展。

2. 接受美学

接受美学认为"文本"只是一个吁求读者阅读的召唤结构，是混沌模糊的，而阅读又是读者与之对话、体验、共融创造的回环往复的过程。教学中教师应以学生为主，尊重教材，以文本为核心，调动学生阅读的自主性和能动性，对文本研读、分析、感悟，对文本做出评价，从而在阅读体验中对课文的意义进行创造。

三、样态探索

1. 以感知促审美体验

感知是体验的初始阶段，在教学中，首先，要使学生在感知文本外在形式美之前，要创设各种情境，使学生能够调动起与之相关的情绪情感，并将其作为感知体验的准备状态。其次，借助语言熏陶、音乐渲染、电化呈现等，为学生阅读活动的进一步展开创造条件。最后，引导学生领会文本之精髓和情感之基调，体会文本所要传达的情感、文字之美。

2. 以移情促审美体验

移情是当前阅读教学中重要的方式，通过移情，感受作者的思想感情。在体验阅读教学中，移情指的是教学主体与对象在教学过程中产生的共时、多向的协调运动，具体表现为教学对象激发师生的生命体验。除此之外，还要引导学生与文本之间进行情感交流，表现为学生对文本的语词、人物、情节、气韵、意境等的领悟和把握，通过移情使学生能够感受文本背后的东西。

3. 以认知促审美体验

阅读教学中，学生面对体验对象，要经历"整体感知—局部品味—综合鉴赏"的过程。鉴赏活动是一种审美活动，是对前两个环节的综合和升华，它能够深化学生的情感体验，丰富学生的知识结构。

学生在深入体味，真正把握了文本的内在意蕴之后，所获得的感受往往是强烈而真实的。这时，如果引导学生把这种体验在文字中表达出来，不但可以使学生对文本的理解更为深刻持久，而且可以培养学生的审美创造能力和语言表达能力。

阅读教学审美体验教学样态如图 4-3 所示。

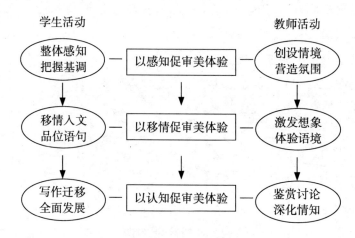

图 4-3　阅读教学审美体验教学样态

4. 典型案例

大自然的声音

教学内容： 统编版小学语文三年级上册

教材分析：

《大自然的声音》这篇课文以清新活泼的笔调介绍了大自然中风的声音、水的声音和动物的声音。文章结构严谨，第一自然段概括地说明"大自然中有许多美妙的声音"，并将其作为文章的总起。第二、三、四自然段均以"总—分"的方式构段，用拟人的手法介绍风、水、动物。第二自然段侧重对比的写法，把微风与狂风带给人的不同感受写得细腻、生动。

第三自然段运用了顶针句式。第四自然段则运用了排比的手法，充分展示声音的魅力。课文中有许多优美的句子，在教学过程中，让学生在美读中走进大自然，体会作者对大自然的热爱之情。

教学目标：

知识与技能：学会 10 个字及相关的词语，认识 7 个字。体会作者的思想感情，培养学生对大自然的热爱之情。

过程与方法：朗读课文，背诵自己喜欢的部分。了解课文的描写方法（叙述的顺序），想象课文中描述过的声音，感受大自然的美。

情感态度价值观：课文以清新活泼的笔调介绍了大自然中风的声音、水的声音和动物的声音，表达了作者对大自然的热爱之情。

教学重难点：

1. 学会本课生字及词语，注意读准"柔、敲、湃"这三个字以及多音字"呢"的字音。

2. 有感情地朗读课文，感受大自然的美。背诵自己喜欢的部分。

3. 让学生知道大自然有哪些美妙的声音，并感受美妙的声音，说说你有些什么新的发现。

教学准备：词语卡片、小黑板

教学过程：

一、以感知促体验

1. 创设情境，营造氛围。

（1）孩子们，大自然里有许多无师自通的音乐家和歌手。今天，他们将举办一场有趣的音乐会，这场音乐会的主题就是——大自然的声音。（齐读课题）

（2）你们想听吗？不过，大自然说，要去参加音乐会，听那美妙的声音得带上这群小伙伴。（出示词语）认识他们吗？赶快和他们打个招呼吧！（开火车读词语）

2. 整体感知，把握基调。

（1）上节课，我们初读了课文，知道大自然有许多美妙的声音，那大自然有哪些美妙的声音呢？（学生说"风、水、动物"的声音，教师相机板书）

（2）大自然中这些声音怎么这么美妙呢？让我们走进大自然，用心去聆听吧。课件出示句子：大自然有许多美妙的声音。（引导学生了解这句是全文的总起句）

（3）出示学习目标：

①我能继续巩固生字新词。

②我能正确、流利、有感情地朗读课文并背诵自己喜欢的部分。

③我能理解课文内容，感受大自然美妙的声音。

【设计意图】导入课题，引起学生学习和探究的欲望，激发学生的学习兴趣和对大自然的美好向往之情。

二、以移情促体验

1.激发想象，语境体验。

☆关于风的声音

大自然有许多美妙的声音，风是大自然的音乐家，他会在森林里演奏他的手风琴。风会在森林里演奏哪些音乐呢？（出示学习单1）

（1）自由读一读第二自然段，并思考：风是大自然的音乐家，他会在森林里演奏哪些音乐呢？赶紧在书中找一找并用"＿＿＿"画出来。

（2）学生自主学习，然后组内交流，并做好发言准备。

①指名朗读画出的句子，共同来感受风声的美妙。

（出示相关句子："当微风拂过，那声音轻轻柔柔的，好像呢喃细语，让人感受到大自然的温柔；当狂风吹起时，整座森林都激动起来，合奏出一首雄壮的乐曲，那声音充满力量，令人感受到大自然的威力。"）

②风声怎么如此美妙呢？谈谈自己的感受。

③自由读，边读边想象画面：跟随着风，一路上你都看到了什么，听到了什么？有什么感受？（生谈体会）

④男女生配合读。（师适时指导）

（3）我们感受到微风、狂风的美妙。风吹过，你还听到哪些声音？当他翻动树叶，树叶便像歌手一样，唱出各种不同的歌曲。不一样的树叶，有不一样的声音；不一样的季节，有不一样的音乐。

①学生朗读句子，结合生活实际体会：同一树叶、不同树叶、不同季节都会有不同的声音。

②师生合作读。

（4）正是因为这样，所以说，风是——（风，是大自然的音乐家，他会在森林里演奏他的手风琴。）

（5）师小结：风真是一位天才的音乐家呀！让我们欣赏了舒缓的小夜曲，雄壮的交响乐，风声是多么美妙。

【设计意图】通过朗读，引导学生感受大自然中风声的美妙。

2.移情入文，细节体验。

☆关于水的声音

过渡：那大自然中还有哪些美妙的声音呢？让我们继续走进大自然，用心去聆听吧！

（1）出示自读提示：自读第三自然段，并思考还有谁也是大自然的音乐家？为什么这样说？

（2）师生交流：为什么水是大自然的音乐家？下雨的时候，他在玩什么？（出示学习单2）（学生答：下雨的时候，他喜欢玩打击乐器，当小雨滴汇聚起来，他们便一起唱着歌。）

（3）默读第三自然段，找出"中心句"，并思考：从哪些语句能体会到水也是大自然的音乐家？用"＿＿＿"画出来。

（4）学生自主学习，然后组内交流，并做好发言准备。

①指名读。（出示句子：小雨滴敲敲打打，一场热闹的音乐会便开始了。滴滴答答……叮叮咚咚……所有的树林，树林里的每片树叶；所有的房子，房子的屋顶和窗户，都发出不同的声音。）

②你听到了哪些声音？小雨滴落在哪儿？

③谁来把省略号补充完整？（声音的延续或雨滴落在不同的地方会发出不同声音）引导学生说出雨滴会落在哪儿，发出怎样的声音。（劈劈啪啪，淅淅沥沥，叮咚叮咚，叮当叮当，等等。）

④这么热闹的音乐会，谁能把这种感受读出来？（点评、再读）

（5）小雨滴不仅会演奏，还会干什么呢？（会唱歌）想听水的歌唱吗？（播放水的声音）学生说说自己听到的声音。再来看看课文是怎样描写的？

①（出示句子）自由读，你发现了什么？（体会水声的变化，水流量

的变化，理解"汇聚""汹涌澎湃""波澜壮阔"）师指导朗读。

②师生小组合作朗读。

【设计意图】鼓励学生畅所欲言，交流象声词，并积累有关声音的象声词，让学生在说中积累，用音乐与声音创设开放互动的课堂情境，引发学生美好的想象。

☆关于动物的声音

过渡：听到风演奏的手风琴，水玩的打击乐，动物们是歌手（板书：歌手），他们也来到音乐会上一展歌喉。谁来说说动物的声音怎样美妙？

（1）（出示句子）你知道它们唱的是什么吗？他们的歌声好像告诉我们："我在歌唱，我很快乐！"谁想扮演这些小动物，来演一演。（生模仿出相应动物的叫声）大自然中，还有哪些动物的叫声。看谁敢挑战难关，说说类似课文中这样的词，学着叫一叫。

（2）情境互动。

师：小鸟（小虫、蝈蝈），你在唱什么呀？出示句子"你知道他们唱的是什么吗？他们的歌声好像告诉我们：'我在歌唱，我很快乐！'"教师范读句子，真是太快乐了，你们自己也来读读吧。

（3）这些小动物们都在歌唱，他们都很快乐，谁愿意把它们的快乐读出来？（指名读，师点评。）

（4）看来啊，大自然的每个角落都有歌声，快乐是无处不在的。我们一起把快乐读出来吧！

【设计意图】出示句子，指导美读，以读促学，以读促写，读写结合，训练学生感情朗读的能力。

三、以认知促体验

1.鉴赏讨论，深化情知。

大自然的声音真的是太——美妙了（板书：美妙），孩子们，今天我们一起聆听了风之曲、水之歌、动物们的演唱会，感受到了大自然的声音是多么的美妙啊。那么，让我们全身心地走进大自然，静心聆听这场天籁之声的音乐会。全班有感情地配乐朗读课文。（配乐朗诵）

【设计意图】直观感知，美读悟情。各种形式的读，在读中感受美，鉴赏美。

2.写作迁移，全面发展。

大自然就在我们身边，当你走进大自然，用心灵去感受那些美妙的声音，相信你们一定会有新的发现。孩子们，你们曾经在大自然中听到过哪些有趣的声音呢？把你有趣的发现写下来吧，（出示课后练习单）课后和同桌互相分享交流吧！（教师提示：青蛙是大自然的歌手……火车也是一名音乐家……）

师总结：大自然给我们带来了各种美妙的东西，所以我们一定要好好爱护大自然，做大自然的好朋友。

【设计意图】传授方法，以读促写，读写结合，水到渠成，既锻炼了学生的写作能力，又加深了学生对课文内容的理解。

板书设计：

21 大自然的声音

风　　　手风琴

水　　　打击乐　　　美妙

动物　　歌手

小学语文古诗体验式教学样态研究

小学古诗词教学在把握诗意、获得初步情感体验、感受语言美的基础上，引导学生理解作品的内容和情感，体验作品中蕴含的情境，使学生受到美的熏陶，拓展思维空间，提高学生的语文素养和文学鉴赏能力。

古诗意境体验教学样态探索

一、理论含义

在诗歌中，意境是指诗人的主观情思与客观景物相交融而创造出来的浑然一体的艺术境界。意境体验是指在教学中教师以诗中的意象为出发点，通过视频、图片等创设和营造古诗的意境，引导学生进入诗歌的意象，通过对意境的感受、体验、解读和感悟来学习和理解古诗，进而获得独特的艺术感染力，更好地品味古诗作品精髓的过程。

二、理论基础

1.认识的直观原理

意境是古诗特有的，教学中教师通过直观的意象、物象营造出古诗的艺术境界。通过直观的图片、视频等，结合诗中具体的意象，使学生从形象的感知、具体物象的感受，达到抽象的、理性的顿悟，并以此来激发学生的学习情绪和学习兴趣，使学习活动成为学生主动的、自觉的活动。

2.语文课程标准

语文新课标要求学生"阅读诗歌，大体把握诗意，想象诗歌描述的情境，体会诗人的情感"。由此可见，引导学生领会古诗意境是古诗教学的重点，引导学生关注古诗的意境，通过想象画面，体会古诗背后的思想感情，让晦涩难懂的古诗教学变得充满意趣。

三、样态探索

1.了解背景，体会意境

要想让学生体会诗境，首先要帮助学生对诗歌的创作背景资料等方面进行充分了解，要对诗人的生平、思想、相关事迹加以探究，使学生了解诗人的生平及创作诗词时的社会背景、诗词创作中的典故等。这样既能激发学生的学习兴趣，拓宽知识面，又能让学生走近诗人，更加准确地把握诗人的内心世界，从而让学生体会到诗中蕴含的意境。

2.赏析字词，领悟意境

解析字词是基础、情境意义是核心。赏析字词主要是借助诗歌中的关键词进行感悟，只有通过对字词的字面意思与情境意义进行赏析，才能将关键字词理解透彻，才能将其融于整首诗的意境之中，才能正确、深入地理解与体验古诗词中所蕴含的意境。诗词是语言的艺术，古诗词的写作讲究遣词造句，诗人往往通过精雕细琢的关键字词来表达深邃的意境，达到用一字而境界全出的效果。教学中，教师要利用关键性的字、词进行赏析、品味，通过分析关键字、词在诗中的作用，从中领悟古诗的意境，学习作者用词造句的技巧，并将其运用在自己的文本创作之中。

3. 入情入画，感知意境

诗是诗人借助语言文字将情感寄托于形象描绘中的表达，将诗与画融合而形成的境界就是所谓的意境。小学阶段古诗词教学中，因为学生对诗歌的兴趣不高，理解程度不够，所以教师要引导学生将抽象、凝练的语言与具体的形象实物联系起来，唤起学生丰富的联想，将"诗歌"与"画面"结合起来，使学生在想象的画面中体验意境。同时，教师可以引导学生根据诗意大胆想象，动手为古诗配画。这样既能反馈他们对诗词的理解，又能培养他们的思维能力和想象能力。

4. 激发想象，延伸意境

从心理学角度说，"想象"是通过人脑对过去形成的表象进行加工改造而产生新形象；从思维角度说，它是在已有材料和观念的基础上，经过联想、分析、综合而创造出新的观念的思维过程。古诗的意境还体现在能给读者留下想象和思考的空间，即留白。为此，我们可以抓住古诗的"留白"来激发学生的想象力，以此延伸古诗的意境。教学中，教师可以让学生根据古诗的情节展开合理想象，让学生尝试将古诗改写成辞藻丰富、文采突出的记叙文，以此来拓展和加深学生对古诗意境的体验。

古诗教学意境体验教学样态如图4-4所示。

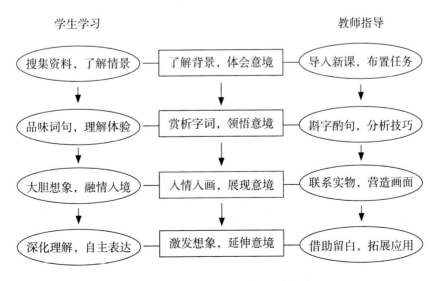

图4-4　古诗教学意境体验教学样态

四、典型案例

江南春

教学内容：统编版小学语文六年级上册

教材分析：

《江南春》是六年级语文第一册第六单元的内容。这是一首著名的山水诗。这首诗描绘了一幅聚焦整个江南美景的大画卷。整首诗以高度概括的风格，勾勒出江南地区的风貌，描绘出江南明媚多雾的春色。色彩鲜艳，情调隽永。前两句是晴朗的风景，后两句是雨景。作者在描写江南千里春光明媚的同时，也感叹南朝的覆灭。

教学目标：

1. 有感情地朗诵古诗，学会本课生字。

2. 学习诗歌中的新词，理解古诗的意思，从时代背景理解诗人表达的感情。

3. 想象古诗所描绘的画面，感受古诗的语言美和意境美，并能表达出来。

教学重点：

通过反复朗读，理解诗句的含义，感受诗歌的意境，体会诗人表达的情感。

教学难点：

朗读古诗，理解诗人从多角度观察事物。

教学准备：多媒体课件。

教学过程：

一、了解背景，体会意境

1. 多媒体播放春天的视频，你们学过哪些关于春天的词语和古诗呢？

（学生答：春暖花开、春意盎然、春眠不觉晓，处处闻啼鸟……）

2. 今天，我们要学习的诗的题目是"江南春"。"江南春"顾名思义指的就是江南的春天。江南的春天是怎样的一番美景呢？今天我们一起跟随着诗人去看一看。

板书课题：江南春 杜牧（学生齐读）

【设计意图】通过观看视频，把学生带入了如画的江南，给学生视觉上的情境体验，能更好地把学生带入古诗中。

二、赏析字词，领悟意境

1.介绍作者：同学们，诗的作者杜牧是唐朝一位特殊的诗人，号称"七绝圣手"。（简介诗人杜牧）

2.学生自由朗读古诗。

要求：（1）读准字音，注意停顿。

　　　（2）边读边思考诗句的意思，画出诗句中不理解的地方。

3.检查学习效果，出示生词。

莺啼　山郭　楼台　绿映红　酒旗风

（1）师指名朗读，莺是后鼻音，强调：字正腔圆，抑扬顿挫。

（注意：要读得字正腔圆，集体正音。）

（2）指名读、开火车读、男女生读、齐读。

4.再读古诗注意停顿。

师：我们可以怎样停顿呢？（介绍最简单的读古诗方法2、2、2、1）

（1）指名读古诗。（学生评价）

（2）生齐读。

三、入情入画，感知意境

1.前两行——晴景、写今。

（1）生自由朗读古诗1、2句。思考诗中描绘了哪些春天的景象呢？
（学生交流"莺啼""绿映红""水村山郭""酒旗风"）

（2）学生汇报，教师相机指导。这两句诗描写了一幅怎样的画面？

师生交流：从理解词语的基础上，理解诗句的意思。

理解"千里"，指辽阔的江南地区。

莺啼

①"莺啼"是指黄莺在鸣叫，那黄莺鸟会怎样唱歌？（唱得美妙动听）

②我走到哪儿都能听到动听的莺啼声，给我带来了美好的听觉享受，这就是"千里莺啼"。

绿映红

①想象一下那是怎样的画面？

②"千里绿映红"呢？（到处是绿树簇拥着红花）

③指导看图，小结。（给人美好的心理感受）

水村山郭

根据你的生活经验，想象"水村山郭"的样子。

过渡：在这样的美景中生活，你的心情是什么样的？

酒旗风

①师指导"酒旗风"，"酒旗风"是指酒旗迎风招展。（看插图）

②迎风招展的酒旗仿佛在告诉我们这里怎么样？（这里人来人往，生意兴隆，人们谈笑风生）

（3）边读边想象画面齐读前2句。

（4）读1、2句。（出示图片，带着理解读）

（5）好美的江南美景啊！看到这巨幅江南春画卷展现在你的眼前，想送给它一个字、一个词或一句话好吗？（春暖花开、春光明媚、春意盎然、莺歌燕舞、诗情画意、花红柳绿……）

（6）试着用自己的话说一说诗句中描绘的景象，然后用笔画一画。

【设计意图】边读古诗，边让学生想象画面，这样有利于培养学生的想象能力。

2.后两行——雨景、怀古。

杜牧的诗写得这么好，你了解杜牧吗？请你根据自己课前收集的有关杜牧的资料，跟其他同学说一说杜牧。（生交流汇报）根据你对杜牧的认识，猜测一下杜牧是怀着怎样的心情写下这首诗的？这种心情在诗中又是如何表现出来的呢？

（1）过渡：诗人正欣赏这春天的美景时，突然下起了蒙蒙细雨。这时，诗人看到了什么？反复吟诵3、4句。你又看到了什么？（寺、楼台、烟雨）

（2）理解"四百八十"不是数字，是指有很多寺庙。

（3）想象一下"烟雨"，用一个词来形容你想象到春雨的样子，古诗句也行。（细细小小的，小雨润如酥，润物细无声，等等）

师小结：杜牧所处的晚唐时期，国运衰败，战乱不断，民不聊生，而当朝的统治者却学习南朝，花大代价大建佛寺，想祈求神灵保佑，永保江山稳固。同学们，你觉得这样的江山会稳固吗？

作者既赞美江南的美景，也感慨南朝的覆灭。

四、激发想象，延伸意境

1.诗人用诗句，描绘了一幅生动形象而又气势恢宏的江南春画卷，给人以美的享受、艺术享受。

过渡：这首诗描绘了春天怎样的画面？（学生说）请发挥自己的想象写一段话。

（1）小组交流探讨。

（2）汇报交流成果。

诗人常常会借景抒情，在写景的同时，抒发自己的感情，那杜牧抒发了自己什么样的感情呢？

（师小结）是呀，可是哪就能依靠神灵就有用了呢。诗人在赞美风景秀丽的江南时，暗含着对祖国命运深深的忧虑。他是借景抒情，这是古诗常用的表现手法。（作者忧国忧民之情）

2.请你们再次深情地朗读这首诗，体会作者所要表达的感情。

3.师生配乐齐背诵古诗。（多媒体出示音乐朗诵视频）

【设计意图】让生根据古诗写话，学以致用，锻炼学生的表达能力。

板书设计：

江南春

杜牧（唐）

江南美景　　写今

烟雨楼台　　怀古　　忧国忧民之情

古诗情感体验教学样态探索

一、理论含义

情感体验是指在古诗教学中，让学生通过感悟作者所要表达的思想感情，感悟古诗深处蕴含的情感，调动自己的积极情感积累，与文中的思想情感形成共鸣，从而在自己主动建构知识的过程中获得一种更加深刻的情绪体验过程。

二、理论基础

1. 情感和认知相互作用原理

情绪心理学研究表明，每个个体的情感对认知活动包括动力、强化、调节三方面的功能。情感对认知发挥动力功能，情感的调节功能是指情感对认知活动的组织或作用。而情感体验就是在教学过程中引发学生积极的健康的情感，直接提高学生对学习的积极性，使学习活动成为快乐的事情。

2. 情感驱动原理

情感驱动原理指出，学习驱动力是学生情感态度中重要的组成部分，是促使学生自主完成学习任务的一种驱动力。古诗教学活动中要挖掘学生的这种驱动力，激发学生对古诗学习的热情和动机，提高和培养学生的自觉学习能力。

三、样态探索

1. 读出韵味，体验情感

诗歌语言凝练，节奏鲜明，读起来朗朗上口，意蕴深远。诗歌的情感更是深深地蕴含在反复而有节奏地诵读之中。因此，在教学中，读出节奏、读出韵味应该成为体验情感的第一步。

通过教授学生学会诵读，读出韵律，读出节奏，学生对全诗情感有了初步的体验。只有学生学会吟诵诗歌，才能真正体味出蕴含于诗歌之中的情感。因此，教师应高度重视对学生吟诵的指导，让学生学会朗诵技巧，了解韵律常识，帮助学生走进诗歌的情感世界。

2. 品味意境，领悟情感

诗歌表达的情感之所以令人感到真挚，是因为诗人通过丰富的想象，将思想情感与生活融入诗歌之中，从而达到了更高的艺术境界。因此，领悟诗歌情感的重点在于品味意境。

　　情感是诗歌的灵魂，而意境则是这一灵魂的载体。领悟诗歌情感，就必须学会品味诗歌的意境。在教学中，要在带领学生品味诗歌意境上下功夫，让学生在品味意境中领悟诗歌蕴含的深厚情感。

　　3. 读写结合，升华情感

　　带领学生学习古诗的目的，就是要让学生在了解古诗文化的同时，传承古典文化，更加有效地受到古诗中优秀思想文化的熏陶。在领悟古诗情感时，读写结合的教学方法不失为升华学生对诗歌思想内涵体会的有效方法。

　　如果教师在教学中有意识地引导学生发挥想象力，结合所学的古诗词，激发起创作潜能，对学生更加深入地理解诗歌蕴含的思想情感、将诗歌情感内化为自己的思想价值，对学生的成长和发展会有巨大的意义。

　　古诗教学情感体验教学样态如图 4-5 所示。

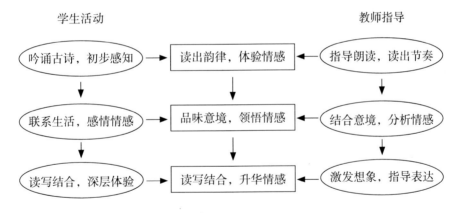

图 4-5　古诗教学情感体验教学样态

四、典型案例

暮江吟

教学内容： 统编版小学语文四年级上册

教材分析：

《暮江吟》是唐代诗人白居易的一首七言绝句，诗人用浅白的语言，描绘出他观察到的美妙景色。诗的前两句写日暮时分，夕阳与江水相映成趣，"一道"与"铺"写出夕阳余晖是洒满江面的，而"瑟瑟"和"红"的颜色对比，能让人产生丰富的想象。后两句以"九月初三夜"作为过渡，将时间从傍晚引至入夜后。"可怜"是诗人脱口而出的真情称赞，"露似真珠""月似弓"两处使用比喻，更生动地描绘出了景色的优美。诗人从黄昏时分起，一直游到夜间，面对自然美景，吟成了这首格调清新的诗歌，充分表达了他对眼前景色的喜爱之情。

教学目标：

1.从描写景色的词语入手，感受景色的特点，想象画面并描绘，体会诗人当时的情感。

2.反复吟诵，丰富诗中画面，整体把握诗歌的情感，感受诗歌的语言之美。

3.体会语言的精妙，多种形式吟送，描述意境，感受情景融合之美。

教学重难点：

借助关键词，理解诗句意思，想象诗中画面；通过反复吟诵，展开丰富的想象，感受情与景的融合之美。

教学准备： 教学课件。

教学过程：

一、读出韵律，体验情感

1.吟诵诗句，感受古诗之美。

同学们，我们之前已经学习了不少古诗，我们试着来吟诵几句。老师说前一句，你们来后一句。如：离离原上草，……日出江花红胜火，……小娃撑小艇，……人间四月芳菲尽，……

【设计意图】从诗人的其他诗句入手，从学生的学情出发，在上课的开始就已浸在古诗的芳韵中，学生更易亲近本课的教学内容。

我们发现，刚才都在吟诵谁的诗？对，他就是著名的诗人——白居易。

出示白居易简介。今天，我们再来学习白居易的另外一首诗《暮江吟》。从诗题中，你读出了什么？（时间：傍晚；地点：江边；吟：吟诗。）

【设计意图】知诗人，释诗题，这是引导学生初读一首古诗应从哪儿入手，授人以鱼不如授人以渔，重在掌握学习方法。

2.初读古诗，触摸节奏之美。

究竟是怎样的景色吸引了白居易在此吟诗呢？请同学们，按照老师出示的要求，读一读。（自读要求：读准字音，借助注释试了解诗句的意思，整体感知，读出节奏）

学生自由朗读，可站可坐，可有手势，可配上动作读，可大声，可小声……

指学生个别读，集体评议。教师范读，指导学生读出节奏，出示整首诗（标有节奏），集体朗读。

【设计意图】不同形式的读，重在充分调动孩子的朗读兴趣，让课堂不仅书声琅琅，更能情意浓浓。

3.再读古诗，体验情感。

同学们读得真好！字音正确，朗读流畅，有节奏感，但似乎又缺少点什么。对了，就是情感。诗人在这首诗中，表达了怎样的情感呢？让我们一起走进这首诗的创作背景。出示：当时朝廷政治黑暗，斗争激烈，诗人品尽了朝官的滋味，自求外任。白居易在赴任杭州刺史的途中写了这首诗。

此刻，你体会到了什么？请带着你的感受再读这首《暮江吟》。

【设计意图】在学生读不出诗中的情感时，能给学生一个凭借，使朗读有一个坡度，慢慢显出朗读的层次性。诗人创作背景介绍就是一个很好的提示，让学生获得诗歌创作的情感因素，自然读起来就能渐渐有味道了。

二、品味意境，领悟情感

1.释诗意，绘画面。

听着你们的朗读，仿佛把我们一下子带到了遥远的唐代。那么在这首诗中，主要写了哪些景物呢？试用笔圈出来。（残阳、江水、露珠、月）

首先，我们聚焦太阳，你觉得诗人笔下的太阳是怎样的？（如红彤彤的、摇摇欲坠的、疲倦的……）在诗中给它用了一个动词是"铺"，平时我们会用哪些动词？（如照、洒、射等）这儿的"铺"能否改成"照"，为什么？平时的"铺"都用在什么地方？（提示学生说说生活中的有关场景。在这些场景中，如奶奶为我铺床，这个"铺"字，你有什么感觉？你感受到了什么？（舒服、温暖、柔和……）此刻诗人眼中的太阳是怎样的？就像给江面铺上了……轻轻地，柔柔地，如果你也身处其中，你最想说的一句话是什么？那么，在夕阳的映照下，江水发生了怎样的变化呢？"瑟瑟"是什么样的颜色？在你的想象中，江水红得像什么？绿得又像什么？请带着你的感受再读这首诗。

在你的眼前仿佛出现了一幅怎样的画面？试着画一画。

【设计意图】经典的词语怎样品？联系生活，感受词的温度，联系实际，体会不同语境下的表达效果，这是一个较好的办法。

2.品诗句，悟意境，体验情感。

同学们说得真好。江面水波荡漾，红绿相间，难怪诗人说"半江瑟瑟半江红"，诗人很善于使用色彩。这句不由让我们想起了诗人另一首著名的词《忆江南》，其中有一句也运用了色彩的对比，那就是"日出江花红胜火，春来江水绿如蓝"。一个写出了春天的……，一个写出了秋天的……。现在，带着你的理解，想象画面，再来读读这首诗。

这么美的景色，定会让人……，不知不觉夜色已经降临，此刻的诗人又有怎样的发现呢？出示：可怜九月初三夜，露似真珠月似弓。有一个词流露出了诗人此刻的心情，那就是"可怜"。"怜"就是……诗中哪些景色让你觉得可爱呢？（指导朗读，读出这种可爱）在你们的印象中，这些月亮与露珠还像什么呢？（如露似水晶，露似钻石，露似玛瑙……月似银钩，月似弯眉，月似镰刀……）真美！这是多么宁静而柔和的月色呀！让我们读出这幅画面的美好吧。齐读古诗。

【设计意图】表达方法的习得，需要举一反三，在相似的语境中体会其中的精妙，还须在语言实践中，运用其表达技巧，体现语文教学工具性的特点。

三、读写结合，升华情感

1.吟诵古诗，再现画面。

在诗人的眼中，夕阳是美的，余晖下的江水是美的，天上的新月是美的，脚下的露珠也是美的，没有一处不流露出诗人对大自然的热爱。让我们也来美美地把它留在记忆里，齐背古诗。

2.写出画面，升华诗情。

这么美的景色要是不描绘出来，实为可惜。让我们拿起笔，想象诗中的画，你觉得哪处的景色让你印象深刻呢？是夕下之江，是初月之空，还是江边之露？体会诗人此刻的心情，带着你的感受，拿起你的笔也来写写吧。

可出示学生的练习，集体评议。最后，再次有感情地吟诵这首诗。

【设计意图】想象诗歌描绘的画面，还原诗歌的场景，激发学生的情感，与诗人同悲喜，激发学生的创作潜能，让学生能更加深入地理解诗歌蕴含的思想感情，对学生的成长与发展具有重要的意义。

板书设计：

暮江吟

夕阳	柔和
江水	红绿相间
露月	可爱

小学语文作文体验式教学样态研究

通过引领学生走进有意义的生活，提升学生在生活中的体验与感受的敏锐性，激发学生写作的兴趣，能够将体验的所见、所闻、所感、所想再现出来，展示学生本真的生活，使其写出骨血丰满、思想深刻的、富有灵气的真实之作。

作文生命体验教学样态探索

一、理论含义

生命体验是指在作文教学时，以对学生进行生命教育为前提，依托写作内容，通过真正表情达意的文学样式，让学生从本心、本性出发，提高生命写作意识，凸显个体生命的存在意义和生命价值，以塑造有个性、有思想的人的过程。

二、理论基础

生命哲学最早由狄尔泰提出，他主张生命在"体验、表达、理解"中存在着，体验、表达和理解是以人为主体的，具有生命在场的特点，是活生生的人去体验、去理解、去感受，从而获得客体的意义。而在语言文字教学的世界中，体验的认识对象就是"表达"，也就是文本。而文本所表达的内容也是"体验"，即"人将自己的体验表达出来，成为人们交流、认识和理解的文本"。

三、样态探索

1. 情境激发生命体验

作文教学缺少真切的生命体验和真实的生命表达，成为抑制学生习作兴趣和习作能力的"致命点"。在指导学生作文时，教师可用音乐视频、图片画面以及富有情感的语言描述，激发学生学习作文的兴趣。

2. 问题诱发生命体验

问题能够激发学生的进一步思路。创设问题情境，不仅能够激发学生的学习兴趣，而且能够培养学生自主地探索，解决问题的能力，还能够培养学生的创新精神。教师依据教学内容向学生提出需要解答的问题，以激发学生问题意识为价值取向的刺激性的数据材料和背景信息。

3. 评价提升生命体验

语文教学就是要做培养有生命意识的人，通过引入与生命相关的题材，促使学生思考生命问题，交流生命话题，培养学生的生命意识。这既能拓展学生的作文题材和主题，又能强化学生的生命意识。

4. 灵感拓展生命体验

写观察日记是作文训练常用的手段，也是进行生命意识渗透的有效途径。在作文教学中，教师可以鼓励学生多去观察生活。观察的对象既可以是自然植物，也可以是对家中动物的观察，还可以是对生物的生命过程的长时间观察，并且把观察感受诉诸转化成文字，既锻炼学生的写作能力，又能使其从中体会生命的伟大、生命的可贵、生命的可敬，体会人类生命的意义。

作文教学生命体验教学样态如图4-6所示。

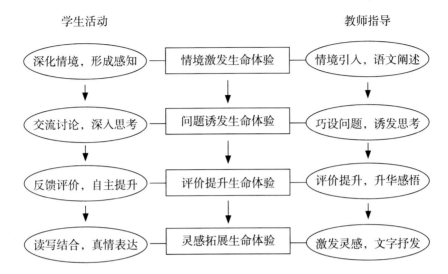

图 4-6　作文教学生命体验教学样态

四、典型案例

我敬佩他

教学内容：统编版小学语文三年级上册

教材分析：

三年级教学贯彻"以人为本"的教学理念，教学内容更加贴近学生生活，体现时代性特点。《我敬佩他》这篇作文贯彻以人为本思想，以榜样做激励，要求学生将本单元所学习的课文内容与生活实际结合起来，深入激发对生命的体验，抒发出自己对生命体验的情感。

教学目标：

1.选择身边值得佩服的人，这个人对你产生了怎样的人生启迪？通过具体事例表达出自己的敬佩之情，以及你从他身上获得的生命感悟。

2.能通过人物的语言、动作、神态和心理活动，表现出人物的精神品质。内容具体，语句通顺。

3.把指导重点放在对学生观察力的培养、情感的体验、思考的驱动、认识的提升和智慧的开发上。

4.通过体会人物带给自己的"敬佩"的感情，激发对生命的思考和体验。

教学重点：

观察人物特点，学会描写人物的方法，能选择生活中的具体事例，通过具体的描写来表现人物的优秀品质。

教学难点：

通过语言、动作、神态和心理活动的具体描写，表现人物的品质特点以及表达出自己的真实感情，激发学生对生命的思考和体验。

教学过程：

一、情境引入，激发生命体验

（配上抒情的音乐）

1.同学们，在课外阅读中，我们可能被牛郎坚忍不拔、勤劳朴实的精神所打动，被织女善良勤劳、追求自由的精神所打动，更被海力布舍己为人、无私奉献的精神所打动……书中的人物，以他们美好的精神品质让我们产生了无限敬佩之情，使我们产生了对生命的独特体验。大家谈一谈，你有什么样的感受和体验呢？

2.其实，在我们的身边，我们熟悉的人同样具有令人敬佩的地方，把大家刚才体验到的、观察到的、听到的、想到的整理下来就是一篇好文章。这节课，我们就来练习写《我敬佩的一个人》。

3.板书：作文题目。

二、巧设问题，诱发生命体验

1.出示习作要求 。

在我们身边，有很多值得敬佩的人。他（她）可能是我们身边无微不至照顾我们，同时还能抽出时间学习英语的妈妈，可能是不畏寒暑，默默工作的清洁工人，也可能是自强不息，努力拼搏的小伙伴、好朋友……选择一位让你敬佩的人，通过具体事例，夸一夸他（她）们令人钦佩的精神。要把事情说清楚，表达出自己的敬佩之情。这种敬佩之情给自己带来了怎样的心灵体验，对自己的生命带来了怎样的感悟与思考。

【设计意图】带领学生从介绍人物的角度研读作文要求，从人物整体形象、事迹等方面按顺序介绍让自己感到敬佩的点。

2.找准题眼，体会敬佩。

这篇习作的题眼就是"敬佩"，也就是要紧扣"敬佩"来写。写敬佩，就要写出一个人令你敬佩的思想品德、精神风貌或者特长和本领。写好作文，要注意选材。选材典型，写出来的文章生动感人。

我们可以从下面几个方面去选材。

（1）可以写一个人执着追求目标，坚持不懈的故事。

（2）可以写一个人乐于助人，默默奉献的高尚品质。

（3）可以写一个人不畏艰难、奋勇拼搏的坚强意志。

（4）可以写一个人积极进取、自强不息的人生态度。

（5）可以写一个人能歌善舞、人情练达，令你美慕、钦佩。

一个令人敬佩的人，这个人可以是你熟悉的人：爸爸、妈妈、老师、同学……也可以是你陌生的人：清洁工叔叔（阿姨）、人民警察、建筑工人……

【设计意图】第二个环节是学生初步领会习作要求的重要环节。引导学生讨论，启发学生自己小结，使学生明确本次习作的要求，达到预期的目的。

3.理解题目，深化情感。

师：什么样的品质让人敬佩？

生：助人为乐、拾金不昧、热爱劳动、关心集体、善良大方、勤劳勇敢、自强不息……

【设计意图】把握生活中的"感点"，学会理解，学会体会。

三、评价提升，升华生命体验

1.回忆打动心灵的事例。

用一句话写出他（她）令你敬佩的原因。这种敬佩之情要贯穿自己对生命价值的思考。

例子：居里夫人为了科研事业奉献了自己的一生。海伦·凯勒在没有色彩与声音的生命里为无数残疾儿童点亮了属于他们的明灯。杜甫在生活拮据的晚年依旧胸怀天下，"安得广厦千万间，大庇天下寒士俱欢颜"。这些伟人用自己的努力，燃烧自己的生命，给我们打开一扇又一扇通向科学世界的大门。生命的意义可能在于探索，在于奉献，在于求知……

让学生口头表述，厘清描述的思路：明确敬佩对象及原因，并选择典型材料用一两句话概括地说一说。

【设计意图】引导学生思考人物主要贡献，抓住学生独特的感受进行教学。

2.典型事例介绍。

（1）回忆你所敬佩的人物的相关事例，一件或者两件都可以。

（2）四人一组，小组交流讨论。

互相说说你打算选取哪几件事情来记叙你所敬佩的人？这个人对你带来了什么影响？或者将来会对你的人生带来哪些影响？

3小组推选代表，简单概括自己举出的事例。

【设计意图】充分发挥学生的主题参与意识，在同学之间的相互交流中，培养学生的观察能力。

3.指导写作方法。

人物描写的方法：

（1）人物外在描写方法：外貌描写、动作描写、神态描写、语言描写。

（2）人物内在描写方法：对人物的心理、品质、气质、修养等方面进行描写。

（3）中间要写清六要素：时间、地点、人物、起因、经过、结果。要重点描述人物的语言、神态特点，以及你内心的感受。

（4）作文结尾：这就是我敬佩的人，一个……的人。他虽然平凡，但他……的精神，值得我敬佩！我敬佩的人是我人生的榜样，我将学习他……的精神，将这种精神贯穿于我以后的人生，努力学习，乐于奉献，勤劳勇敢，自强不息。人的生命意义在于努力与进步。

【设计意图】引导学生抓住重点，能围绕中心，把故事写具体、写完整、写生动。

4.积累作文素材。

师：人的优秀品质有哪些呢？刚刚同学们已经给出了你们的答案，现在一起看一看，老师的答案有哪些。（出示词语，指导朗读：勤奋好学、吃苦耐劳、乐于助人、尊老爱幼、珍惜生命……)

朗读词语。

【设计意图】学生乐于表达，敢于表达。使学生更好地从"读"中学"写"，有利于学生写作水平日有寸进，不断提高。在朗读中把握敬佩的人所具备的美好品质，激发学生对自我情感与品质的思考。

四、触动灵感，拓展生命体验

1. 教师朗读一篇范文。

2. 练写片段，写出令你感动的那个人的独特品质。

3. 内化情感，描写出这种品质给你带来了怎样的生命思考，你应该怎么做。

4. 学生朗读，其余同学发表自己的看法。

5. 请同学运用大脑锦囊，前后四人为一组，相互探究，感悟敬佩之情。

重点检查以下几方面：

（1）事例是否能表现人物特点。

（2）事例是否写得通顺、清楚。

（3）叙述的过程是否表达了自己的敬佩之情。

（4）是否从敬佩之人身上得到了激励，并由此思考自身。

（5）学生润色，教师批改。

【设计意图】取长补短，感悟生活，从而帮助学生树立正确的人生观和价值观。

板书设计：

外在描写

外貌描写　　动作描写　　神态描写　　语言描写

内在描写

心理　　品质　　气质　　修养

作文生态体验教学样态探索

一、理论含义

生态体验是指通过营造体验场、亲验活动、生态优化、开放式对话和反思性理论提升等环节，凸显既适合于知识学习又利于人格健康成长的教育情境和文化氛围，使导引者和体验者双方全息沉浸、全脑贯通、激发生命潜能、健全人格、体验幸福和人生成长乐趣。

二、理论基础

1. 生活教育理论

"生活即教育"是陶行知先生提出的教育理论，他主张将教育回归社会生活，让学生去生活中体验。他认为教师要放下教师权威，融入学生中去，体验学生的生活，使学生能够在真实的生活中去感受、去体悟、去表达。而作文教学就是需要从学生生活实际出发，还原学生自己真实的生活，因此陶行知的生活教育理论里就含有生态体验的思想。

2. 写作心理学

写作心理学认为，我们的写作是一种主动的、自主的情绪表达和宣泄，受心理活动指引。恰当地运用写作，可帮助个体认识自我，促进个体的完善与成长。人具有主观能动性，万事万物都能够促使创作者萌生情感。通过文字表达，创作者可以把无生命的事物塑造得活灵活现。人创造富有情感的文字的前提是作者必须有机会参与活动，拥有观察、体验生活的机会。当人在切身经历后，用文字表达出内心情感，说出自己的心声，将获得心灵的成长。

三、样态探索

1. 走进生活，生态体验

茅盾先生曾说："应当时时刻刻身边有一支铅笔和一本草簿，把你所见、所闻、所感随时记下来。"作文的素材源自学生真实、丰厚和亲历的生活。"学会多角度观察生活，发现生活的丰富多彩，抓住事物的具体特征"，是进行生态作文的前提条件。因此，作文教学应该更多地带领学生走出教室，走进自然，走入生活，引导学生做生活的有心人，认真感受自然、观察生活、亲身体验生活、用心品味生活。由此，学生的作文才能少一些虚假、捏造，多一些真实细腻的生活本真。

2. 观察生活，生态品味

观察能力的培养和观察习惯的养成，可以有效地帮助学生积累作文素材。生活作文提倡从生活中搜集作文素材，如何有效地搜集作文素材，这与学生的观察能力息息相关。只有用心观察生活、品味生活，在观察中深入思考，并把所思所感记录下来，才能创作出独具个性色彩的文章。

3. 拓展空间，生态诉求

在"生态理论"下重新审视作文教学，教师要撤掉不必要的框框，让学生以自己喜爱的方式去写作，去表达自己的情感，去感悟对生活的理解，自由倾吐，让学生快乐、积极、主动地去表达自己的思想感情。教师要贴近学生的生活经验，观照学生语言形态发展规律，构建学生自主、自由的写作环境。

4. 抒发真情，生态创作

生态作文教学最核心的标志是，作文教学的所有活动必须符合学生的身心发展特点与规律，符合作文教学本身的特点与规律，符合当今社会发展的特点与规律。生态作文教学应该尽可能地变教师的"指令性"为学生的"选择性"，不压制学生的思想，不限制学生的手脚，尽可能营造自由的、民主的、宽松的写作环境，在和谐自在的氛围中愉快写作，使学生在写作中敞开心扉、彰显心灵、张扬个性，使学生"有感而发"，真正做到"用我心思我事，用我口抒我情，用我手写我心"。

作文教学生态体验教学样态如图4-7所示。

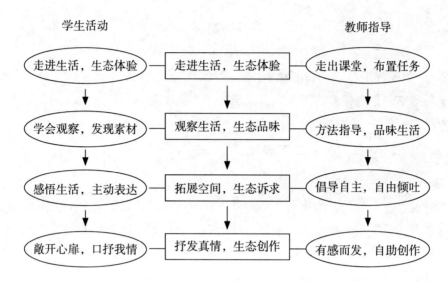

学生活动　　　　　　　　　　教师指导

走进生活，生态体验　—　走进生活，生态体验　—　走出课堂，布置任务

学会观察，发现素材　—　观察生活，生态品味　—　方法指导，品味生活

感悟生活，主动表达　—　拓展空间，生态诉求　—　倡导自主，自由倾吐

敞开心扉，口抒我情　—　抒发真情，生态创作　—　有感而发，自助创作

图 4-7　作文教学生态体验教学样态

四、典型案例

观察蚂蚁

教学内容：统编版小学语文三年级上册

教材分析：

"生活中不缺少美，而是缺少发现美的眼睛。""我们眼中的缤纷世界"是统编版小学语文三年级上册第五单元的习作。让学生留心观察蚂蚁，观察时不仅可以用眼睛看，用耳朵听，还可以用手摸，用鼻子闻。"让学生参与观察，从感知和体验中获得素材。""写作要来源于观察，来源于生活，力求表达独特感受和真切体验"，"从不同的角度观察生活，发现丰富多彩的自然生活，表达自我创意。"这是《语文课程标准》倡导的教学理念。本次的《观察蚂蚁》就是让学生仔细观察，亲身体验，自主感受，通过自己的眼睛，写真话，写真事，表真情。

教学目标：

1.通过观察引导学生了解蚂蚁的身体结构。

2.经历探究捉蚂蚁、观察蚂蚁的过程，能按一定的顺序去观察、描述蚂蚁的外形特征。

3.观察蚂蚁的生活习性，使学生从观察、研究小动物中获得乐趣。

教学重点难点：

能按一定顺序观察昆虫，并生动、准确地描写其外形特征。

教学准备：

几只蚂蚁、一个透明的玻璃瓶、放大镜、白纸、饼干、白糖、糖果

教学过程：

一、走进生活，生态体验

1.小朋友们，你们捉到蚂蚁了吗？是在哪里捉到的？（课前安排了捉蚂蚁活动，生活体验是学生习作的源泉）

2.你们是怎么捕捉的？（用饼干引诱；用糖果引诱……）

3.同学们捕捉蚂蚁的方法可真多，你们都是生活中的有心人。谁愿意用笔画一只蚂蚁呢？（从生活素材引导学生体验生活丰富多彩）

4.师巡视找画得快的三位同学，在黑板上出示画贴。（学生先画蚂蚁，然后师到黑板上贴蚂蚁图，对比观察）

二、观察生活，用心品味

1.我们捕捉的蚂蚁是不是与他们画的一样？我们来看看捕捉来的小蚂蚁。（播放孩子们捉蚂蚁的短视频，出示瓶内的真蚂蚁，让孩子用心品味）

【设计意图】教师的这一问，旨在引起学生的注意：我们捉的小蚂蚁到底是怎么样的？激发学生从内心想去观察的欲望，寻找眼中的缤纷世界。（学生观察蚂蚁）

2.哪位同学代表小组来说说？（学生发言，但会有分歧：小蚂蚁有八只脚；小蚂蚁有六只脚……）

【设计意图】习作要接近生活，要有自己的体验。

3.总的看，小组间还是出现了意见不一致的情况。在观察中，你们遇到了哪些困难？

（蚂蚁小，看不清楚；蚂蚁总是爬来爬去的，很难看清楚）

4.怎么办呢？生小组合作讨论。

【设计意图】学生在观察中发现问题，新的问题将引导学生进行探究。

（学生思考、讨论）

5. 你们组想到了什么方法？（学生回答）

6. 有没有比他们多的方法？（学生回答）

（拿食物来引诱它，不让它乱跑；用毛笔上的毛夹住蚂蚁，然后用放大镜来观察；用胶水粘住蚂蚁来观察；把蚂蚁放在一层白糖上观察……）

【设计意图】知识学习和体验者观察相联系，教师真正做到让学引思，让学生尝试自主、合作、探究的学习方式。

7. 大家的方法真多。老师这里有这样的观察仪器（出示），只要把小蚂蚁放在里面，就可以直接观察了。分组领取昆虫观察盒，小组成员合作观察蚂蚁？它有多少节？多少脚？脚长在哪里？头又是怎样的？将观察到的东西用自己的话说说看。（学生观察，用心品味，老师巡回参与活动）

三、书写真情，生态写作

（一）按顺序说说蚂蚁的身体

1. 组内推荐代表说说小蚂蚁的身体是怎样的？

2. 你打算用哪一句话作开头呢？例：好奇怪的蚂蚁。

（头—嘴—尖尖的眼睛—小小的身体—脚，注意观察的顺序）

（二）拓宽思路

1. 同学们，初步观察了蚂蚁的身体，现在再来看看蚂蚁在干什么呢？

（爬来爬去很着急的样子）

2. 小蚂蚁在想什么？（想家，想同伴，想妈妈……）

3. 那怎么办？（送小蚂蚁回家）

4. 小蚂蚁的家在哪里？

（在大树下；在墙角边的缝隙中；花坛里也有小蚂蚁……）

5. 那我们一起送蚂蚁回家吧。请将蚂蚁放到室外花坛边。

（三）抒写感受

1. 仔细观察了小蚂蚁，你们的脑海里一定有了许多新的发现，最后让我们把小蚂蚁送回家。试着写写你的观察感受。

【设计意图】学生初步将所得写下，只要贴切即可，带动学生积极参与课堂体验，表达自己的真实感受。

2. 小组内交流，教师和小组成员交流。

3. 集体交流，师生评议。

四、自由创作，生态模式

1. 来，我们给习作拟个响亮的题目。（小蚂蚁，观察小蚂蚁，蚂蚁回家……）

2. 通过学生不同交流后的感悟，学生自由创作，教师巡视，对有困难的学生相机引导。

【设计意图】采用"捕、画、观、说、写"五步法进行观察作文的教学，让学生参与观察，从感知和体验中获得素材。从不同的角度观察生活，发现丰富多彩的自然生活，亲身体验，自主感受，从而写下自己独特的感知和真切的体验。

板书设计：

观察蚂蚁

捕、画、观、说、写

作文活动体验教学样态探索

一、理论含义

活动体验是指借助活动，让学生在体验活动时获得感受，以搜集作文素材。作文教学通过有组织地开展各类活动或创设生活情境，让学生参与其中，加深对生活的感知和体验，从中积累作文素材，并在教师的指导下根据体验写成具有真情实感的作文的过程。

二、理论基础

1. 建构主义学习理论

建构主义学习理论认为，任何学科的学习和理解都不像在白纸上画画，学习总要涉及学习者原有的认知结构，任何学习都是以自己原有的知识经验为基础建构自己的理解，而且学生都要通过高水平的思维活动来学习。在"活动体验式"作文教学中，教师注重活动的开发，注重学生的亲历参与与合作，在活动中学生自主建构知识。

2. 认知主义学习理论

认知主义学习理论高度重视学生的主体能动性，主张人的学习创造性，重视人在学习活动中的准备状态。"活动体验式"作文教学强调学生的活动，强调学生的亲身经历，强调学生的主动参与，更强调在获得体验的基础上形成的认知能力。

三、样态探索

1. 创设活动，体验情境

教师借助真实的问题情境，组织有用的学习资源，激发学生的情感，为学生的体验提供机会，为学生的自主探索营造良好的环境。情境可以是待解决的问题，也可以是一系列的任务。但无论是问题还是任务，都要真实、有意义。可以用语言引出体验活动相关的人、事、物、景、情，或结合设计的体验活动方案，或通过观看相关视频图片，以引发学生的参与兴趣和学习期待。恰当的教学情境能唤起学生强烈的求知欲望，使他们保持对学习的热情，这样能够获得最佳的学习效果。

2. 探究活动，体验过程

活动体验的关键在于"主动学习"，要调动学生的主动性和积极性，激发学生主动体验和主动探究的欲望。所以，活动体验要求每一位教师能够营造出学生愿意主动体验的氛围，给学生自主体验的机会以及可以充分发展的课堂空间，为其主动探究知识提供良好的环境支持。根据活动前设计的体验方案，有序展开体验活动。对体验的每一个环节，教师要及时引导学生根据明确的体验目标，认真进行观察体验，并及时记录下体验中的所见所闻和所思所感。在学生自觉参与实践的过程中，教师要给予适当的指导，但不应有过多干涉，让学生充分发挥主动性和积极性，大胆进行体验探究，寻求自己的独特发现和体验。

3. 分享活动，体验收获

在活动体验之后，每个学生对体验活动都会产生不同程度的认识和体会。教师要适时地组织学生将自己在活动体验中的感受、认识、感悟，用恰当的方式，和小组或全班同学分享。分享时，要特别提醒每个同学尊重他人的独特体验，通过不断地交流分享，进一步深化自己的体验认识，更进一步聚焦自己的独特体验，并以联想的方式，联系自我生活，升华自我体验。

4.呈现活动，体验成果

在呈现体验成果时，需要将感性的体验进行条理化的梳理和理性化的提炼，可以是对活动体验的关键事件，也可以是对活动体验的心理感受，还可以是活动体验时的内心感悟，甚至可以是活动体验的智慧认知。如果用词语来呈现体验成果，可以先在草稿本上，用一个词语概括活动体验的深刻感悟，辅助梳理较为充分的关键事实，用简要语句标示支撑关键词的基本事实或者生活细节。小组讨论时，进行提升，如词语概括，多件事充分印证，提纲美观醒目。班级展示时，选择最优化的词语和生活事实，拟制成精美提纲展示。

作文教学活动体验教学样态如图4-8所示。

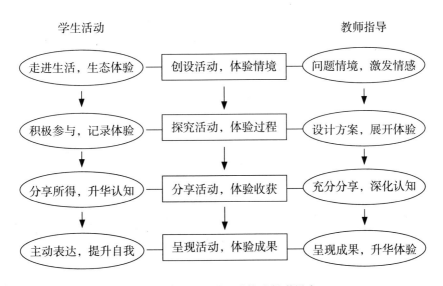

图4-8　作文教学活动体验教学样态

四、典型案例

我们眼中的缤纷世界

教学内容：统编版小学语文三年级上册

教材分析：

《我们眼中的缤纷世界》是第五单元的习作训练内容。该单元首次出现了自成体系的"习作单元"，十分特殊。该习作单元的教学目标即为"习作"，教学的主题就是"留心观察"。

本次的习作共有四个部分，即"交流平台""初试身手""习作例文"和"习作"。两篇精读课文，不仅是课文，也可作为习作的例文。学生通过精读课文的学习，学习观察，积累表达方式；通过"交流平台"，归纳总结，初学方法；通过"初试身手"环节，尝试简单运用；再结合"习作例文"，再次学习巩固方法；最终是学生真正的习作阶段。本次习作，重在引导学生细致观察，产生新的发现，对事物了解得更多更深。

教学目标：

1.发现身边有趣的事物，掌握运用多种感官以及抓住事物变化进行观察的方法。

2.归纳观察方法，养成留心观察的良好习惯。

3.练习将观察到的事物的细节或变化有顺序地写下来。

教学重难点：

1.观察时注意事物的变化。

2.将观察到的事物的细节或变化有顺序地写清楚。

教学准备：

1.多媒体课件。

2.教室中各种各样的绿植。

教学过程：

一、创设活动，体验情景

1.课件出示图片。（图1）

这幅图片中隐藏着几个人的头像，他们年龄不同，表情也各不相同。睁大你的眼睛，仔细找找，看谁找得又多又快。

2.以小组为单位，每组派选一个代表，从以下形式中二选一发起挑战：

（1）说出你找的是哪一个头像，说一说它是什么样子的，其他同学根据描述在图中找一找它在哪里。

（2）小组代表直接上台指出你所找到的头像位置，但不勾画出轮廓，其他同学抢答。

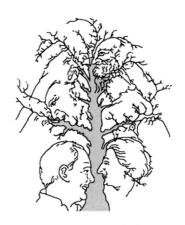

图1　习作练习（1）

要求：能说出这一头像的特点。

（指名描述，学生根据描述找到对应头像）

3.小结：看来大家都有一双火眼金睛呀，你们不仅把图片中所隐藏的头像都找了出来，还开动脑筋说出了这些头像分别是什么样的。生活处处皆风景，只要我们仔细观察，就会发现各种各样有趣的事物。这段时间我们观察了身边的不少事物，老师相信你们一定也有了新的发现。今天的习作，就是让我们把最近观察时印象最深的一种事物，或者一处场景写下来。（板书课题——习作：我们眼中的缤纷世界）

【设计意图】游戏是孩子们的最爱，习作是三年级小朋友的难题。我们把游戏放入习作学习中，创设了一个观察的情境，让学生仔细观察，发现不同。既训练了学生细致观察的习惯，又激发了他们表达的欲望，还寓教于乐，让孩子们初步品尝到细致观察的喜悦。

二、探究活动，体验过程

课件出示课本中的三幅图。（图2）

1.仔细观察，你在这三幅图中发现了什么？（学生说，老师及时指导）

生1：第一幅图中有草地、房子、大树、小鸟、山坡等风景，看上去像是一个宁静的小村庄。

生2：第二幅图跟我上学时看到的景象差不多，早晨的街边，报刊亭早早地开了门，叔叔阿姨们脚步匆匆忙着去上班，环卫工奶奶在不辞辛苦

图2 习作练习（2）

地扫地，小男孩儿背着书包去上学，一旁的大树和灌木给街道增添了好看的绿色。

生3：第三幅图展现的是我们学校教室里的场景。下课了，同学们有的看书入了迷，有的还在讨论不懂的问题，还有的在值日擦黑板，老师正站在讲台上，为同学解答难题。

2.在小组里说说自己生活中的发现。

讨论小提示：别人说的时候，要认真听，尝试记忆其他组员的奇妙发现。（学生小组交流）

【设计意图】三幅插图展现了学生熟悉的三个场景，拓宽了选材思路，引导学生细心观察，让学生敢于开口讲、乐于开口说，从而培养学生的观察能力，丰富在不同场景的不同情境、氛围的生活体验。

三、分享活动，体验收获

1.将全班分成8个小组进行讨论分享。

要求：小组成员挑选自己最感兴趣的一个方面进行讨论，然后派代表发言。

2.以小组为单位分别上讲台发言，教师进行点拨，最后小结。

小结："写景要抓住特征"，你口中的、笔下的景物为什么能吸引人？关键在于一个"特"字。也就是这个景物的特别之处，与众不同之处。同样是山，"峨眉天下秀，青城天下幽"。同样是花，"牡丹国色天香，菊花孤寒傲霜，兰花素雅宁静"。在不同的场景、不同的心情下，同样的事物也能带给我们不一样的感受。比如，同样是烟，如果在田园乡间，陶渊明说"依依墟里烟"，袅袅炊烟充满了生活气息；如果是在辽旷的沙漠里，那就是"大漠孤烟直"，气势磅礴。

【设计意图】通过小组交流、汇报展示的方法，进一步发散学生思维，集思广益打开思路，为下文创作做良好铺垫。

四、呈现活动，体验成果

1. 抓住事物特征，表达与众不同之处。

师：那么我们可以从哪些角度来写景物的特征呢？

学生讨论，教师小结：

比如，描写这盆韭兰，可以从哪些角度入手描写？（颜色，现在是深绿；春天刚刚长出的嫩芽是汁液饱满的黄绿色，现在天气转凉了，变成了深绿色；叶子很长很长，尖尖的，这形状倒是像韭菜呢——色彩，形状，这些都是眼睛看到的；我们还可以轻轻凑近闻一闻，不开花也有味道，这是调动了我们的嗅觉；还可以伸手摸一摸，估计跟摸绿萝有不一样的感觉，这是触觉；至于味觉，这个可以不尝试，一是不能吃，二是，叶子很稀少；听觉，韭兰这个方面的特征不明显，这个季节最多能听到的应该是风吹落叶的声音啦！）

写景，可以调动我们的眼睛、鼻子、耳朵、嘴巴、手指全面感受景物。在这几种感官中，视觉是最直接也是最常见的。只要我们睁大自己的眼睛，用心去感受、去发现，我们美丽的大自然就是缤纷多彩的。所以，缤纷的世界，需要我们睁大眼睛去发现，用心去观察，开动脑筋去想象！

2. 小组同学互相读一读、改一改自己的习作，相互交流，提出修改意见。

3. 小组评选出满意的习作，小作者上台朗读，老师和其他学生当小评委。

【设计意图】教师适时点拨，在学生发言的基础上去润色、增添、总结，学生真正体验到成就感，同时在讨论交流中收获方法和技巧。

五、表达活动，体验感受

1. 班级评选优秀佳作，共同欣赏讨论。

（1）师提问：你喜欢他的发现吗？你最喜欢他写的哪段话？为什么？猜一猜小作者的写作思路。

学生再读、思考、交流，从习作角度思考小作者的写作思路，并表达自己的阅读感受。

（2）师提问：小小评论家们都表达了自己的意见，他们的猜想正确吗？

小作者汇报自己的写作思路，传授写作方法。

老师适时点拨，学生再次带情感地朗读。

2.学生畅谈收获，教师总结归纳。

生1：要按一定的顺序来写，观察某一处景色可以从远到近、从上到下……观察植物的变化可以按时间顺序。

生2：要抓住特点，写出自己的发现，才能让大家读起来眼前一亮。

生3：要写自己熟悉的、真正观察过的事物，这样才会有感情。

生4：我们不仅要写看到的，还可以用耳朵去听、用鼻子闻、用嘴巴品尝……这样写会更生动。

生5：我们要用欣赏的眼光看待身边的事物，才能发现美好、分享美好。

师总结，结合板书回顾本节课的内容。

【设计意图】好的文章是写出来的，更是改出来的。经过多方位的交流，学生在评价讨论的过程中，渗透了自评、他评、师评，学生不仅可以在讨论交流中发现自己的不足之处，还能集思广益，发散思维，把句子写得更美更精致，提高自己的写作水平，拓展习作感受。

板书设计：

我们眼中的缤纷世界

顺序　　空间、时间

特点　　形状、颜色、习性

技巧　　想象、联想

第二节　数学教学样态探索及典型案例

小学数学体验式教学，是指教师为学生提供一些真实或模拟的问题情境，设计一些数学活动，为学生建立良好的人际交往和探索研究的学习场，让课堂像磁场一样吸引学生，让学生充分参与，经历数学学习活动过程，在过程中充分感知、体验，获得个人感受，积累个体经验，在分享交流中丰富认知，完善认识，能将学到的知识方法在实践中进行解释运用。学生在体验式课堂学习中，多种感官参与，能促使学生理解更深刻，认识更丰富，记忆更牢固。体验的课堂有助于培养学生数学思维能力、动手实践能力、语言表达能力、合作交往能力以及创新意识，还能培养和锻炼学生的胆识，让学生有成功的喜悦感，提高学习积极性，促进学生可持续发展。

根据不同教学内容以及知识特点，我们目前研究了五种数学体验式课堂教学的样态，分别是算法探究体验式课堂教学样态、规律探究体验式课堂教学样态、概念归纳体验式课堂教学样态、动手实践体验式课堂教学样态、整理提高体验式课堂教学样态。

算法探究体验式课堂教学样态探索

一、理论含义

算法探究体验是指在算式计算、图形计算等课堂教学中，引导学生利用已有的生活经验和知识经验进行动手实践、自主探索、合作交流。通过观察思考、迁移类推等方法，体验算理、算法的生成；在沟通交流中，进一步明白算理，总结出算法；在巩固运用中，深化对算理的理解，加强对算法的运用，逐渐形成一定的计算技能及技巧，同时提高解决相应的实际问题的能力。

二、理论基础

学习需要知其然，更要知其所以然。让学生经历算法探究体验的课堂，能让学生牢固掌握算理和算法，有助于体现算法多样化，培养学生思考力。教学时，应从学生的实际出发，利用学生已有知识经验，创设激发学生兴趣的问题情境，引导学生通过观察思考、操作体验、经验迁移以及表达交流，明白算理，建构算法，提高技能，同时感受相应的数学思想方法。

三、样态探索

在算法探究的课堂教学中，先让学生回顾旧知，唤醒他们的记忆，加深他们的理解，再创设新的问题情境引发学生思考，引导学生主动探索、合作交流、感悟新知。在探索体验新知的过程中，通过对旧知的迁移应用，让学生自主理解算理，构建算法。最后，通过巩固应用，将枯燥抽象的数学与生动具体的实际联系起来，在有层次性、趣味性的练习中，扎实掌握算理、算法，提高技能。

算法探究体验式课堂教学样态如图4-9所示。

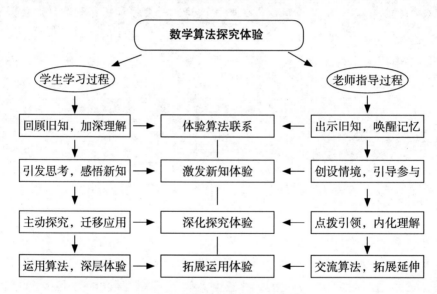

图4-9 数学算法探究体验式教学样态

四、典型案例

10加几及相应的减法

教学内容： 苏教版小学数学一年级上册第86页及相应的练习。

教学目标：

1.通过实际操作，根据11～20各数的认识，来学习10加几及相应的减法。

2.通过探索体验，自主发现10加几及相应减法的规律，提高计算的准确性以及计算速度。

3.培养学生观察、归纳、探索及合作交流的学习能力。

教学重点：正确计算10加几及相应的减法。

教学难点：发现并能概括出10加几及相应减法的计算规律。

教学准备：PPT课件、小棒、口算卡、数字卡。

教学过程：

一、复习巩固，唤醒旧知

1. 复习儿歌。

1个十，1个一，合在一起是11。

1个十，2个一，合在一起是12。

1个十，3个一，合在一起是13。

1个十，4个一，合在一起是14。

1个十，5个一，合在一起是15。

1个十，6个一，合在一起是16。

1个十，7个一，合在一起是17。

1个十，8个一，合在一起是18。

1个十，9个一，合在一起是19。

2.填空。

我们一起来看屏幕，比一比谁的反应快。

1个十和3个一合起来是（　　　）。

16里面有（　　　）个十和（　　　）个一。

1个十和9个一合起来是（　　　）。

2个十合在一起是（　　　）。

3.看图列式。

根据图片列出四道算式，并写出答案。

【设计意图】利用儿歌、数的组成以及看图列式这些旧知，唤醒学生的记忆，加深对前面旧知的算理、算法的理解，让学生进一步感受数学学习的运用价值，提高学生分析问题、解决问题的能力，同时也为新知的学习做好铺垫，让学生感受知识间的紧密联系。

二、创设情境，引导参与

1. 动手操作。

出示数字卡片"13"。

小朋友们，请看这是多少？用小棒怎样摆就能让老师一眼看出是 13？

（生摆，师巡视）摆的同时说一说你是怎样摆的？

小朋友们，看着自己面前的小棒，想一想，可以列出什么算式？同桌之间互相说一说。

根据学生的汇报，进行板书。

$10 + 3 = 13$　　　　$13 - 3 = 10$

$3 + 10 = 13$　　　　$13 - 10 = 3$

2. 齐读算式。

横着读一读，再竖着读一读。

【设计意图】先让学生通过摆小棒这一过程，引导学生独立思考，想出摆成 1 捆和 3 根，可以一眼看出来是 13，再引导他们观察小棒的摆法，列出一图四式。这样做既培养了学生的动手能力，也培养了他们自主思考的习惯，在观察中还渗透了数形结合的数学思想。

三、主动探究，感悟新知

1. 摆摆小棒，写出算式。

课前，老师给每位小朋友发了一张数字卡片，请你拿出来看看卡片上写的是几？

接下来，请同桌两位小朋友合作，根据卡片上的数摆出小棒，然后把这个数填进探索学习单元第一题的方格中，再根据摆好的小棒图写出 4 道算式。听清楚了吗？开始。

2. 比比算式，得出结论。

根据大家的汇报，我们把这些算式分为 4 组。我们首先来观察第一组的 4 道算式，这几道算式有什么相同的地方？又有什么不同的地方？

小朋友们的眼睛非常亮！第一组这几道算式"+"前面都是 10，都是 10 加几的算式。

看看这组算式和黑板上哪个算式一样？（10+3）读一读这些算式。

读完这组算式，你们发现 10 加几的计算规律了呢？（板书：10+ 几＝十几）

谁能再说出几道这样的算式？

下面我们再来观察第二组的 4 道算式，它们又有什么样的特点？

生：第二组算式"+"后面都是 10，都是几加 10。

几加 10 等于多少呢？（板书：几 +10＝ 十几）

谁还能说出几道这样的题来？

仔细观察第一组和第二组算式，你有什么发现？

你很会观察！其实，第二组就是将第一组"+"两边的数交换了位置，但得数是一样的。

也就是说，10 加几，几加十，都得十几。

第三、第四组呢，你又有什么发现？请大家先在探索单中写出你的发现，再来汇报交流。

谁来说说第三组的发现？（板书：十几－几 =10）谁能给大家出几道这样类型的题？

第四组有什么发现？（板书：十几 -10 ＝几）谁愿意当小老师考考大家？

小朋友们，这就是老师今天要和大家一起学习的"10 加几和相应的减法"。（板书课题）

下面我们来读一读黑板上的算式。

好，接下来我们一起去数学王国来一场智力大比拼吧。

【设计意图】在这一环节中，给学生足够的时间和空间去观察、思考，发现算式之间的联系，理解算理，总结出算法。这样既能留给学生较大的思维空间，又有利于培养学生发现问题、提出问题、解决问题的能力。

四、运用新知，解决问题

第一关：完成"想想做做"的第1题。

课件出示图画，待学生做好后指名学生说一说。

第二关：完成第2题。

（1）出示卡片，让学生直接说得数。

追问：10+2和2+10都等于12，那么，12-2等于10，你是怎么想的？12-10呢？

（2）让学生把得数填写在书中相应空白处。

（3）集体订正。

第三关：完成"想想做做"第3题。

第四关：完成"想想做做"第4题。

【设计意图】通过游戏闯关的形式，激发起学生的兴趣。练习逐渐由直观到抽象，不断提高对学生的要求。通过采取多种形式的练习，促进学生口算技能的形成和提高，让学生在练习中体验学习成功的喜悦感。

五、回顾反思，拓展提高

1.回顾总结。

今天，你学会了什么？有什么疑问吗？

2.深化运用。

教师出示10加几与相应的减法各一道，让学生结合生活情境解释加法、减法算式的含义。

【设计意图】回顾总结并让学生说收获、提疑问，从低年级开始培养学生学会总结知识，学会思考质疑的能力。最后安排学生看算式说说它的意思，提高了学生对加减法含义的认识，让学生把数学知识和身边生活联系起来，能够进行解释运用，促进学生深化、内化知识。

板书设计：

10 加几和相应的减法

10+ 几 = 十几	几 +10= 十几	十几 - 几 =10	十几 -10= 几
10+3 = 13	3+10 = 13	13-3 = 10	13-10 = 3
⋮	⋮	⋮	⋮

规律探究体验式课堂教学样态探索

一、理论含义

规律探究是小学数学中常见的学习内容，它主要是指在一定情境下观察和分析一个或一组数学现象，从"变化"现象中发现"不变"规律的一种数学学习内容。教材中存在着两种形式：一是以单元形式存在，二是渗透在各个单元中。无论是哪种形式，就教学过程的内容而言，其目的不仅是通过探究得出结论，而且是在探究过程中学习积累探究的经验、方法和策略。

二、理论基础

《数学课程标准》在课程总体目标中明确提出了基础知识、基本技能、基本思想和基本活动经验的"四个基本"学习目标，"探索规律"的学习需要强调后两个目标的实现。教学时，要引导学生经历规律探究"找"的过程，引导学生在不同情境中观察发现、交流分享、得出规律、应用规律，逐步积累规律探索的一般数学活动经验。

三、样态探索

规律探究课的教学应为学生提供合理的材料，让学生在独立思考和独立探究的基础上，通过小组交流和集体反馈的方式总结规律，并从策略迁移和规律应用两个方面进一步组织学习；让学生在体验知识形成的过程中探索发现规律的一般方法和步骤，逐步学会学习；让迁移、总结和归纳的能力得到培养，如图4-10所示。

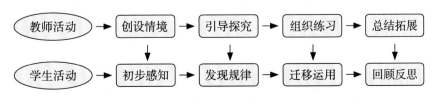

图 4-10　规律探究体验式课堂教学样态

四、典型案例

5的乘法口诀

教学内容：苏教版小学数学二年级上册第29页例6及相应的练习。

教学目标：

1.经历归纳5的乘法口诀的过程，知道5的乘法口诀的来源，并能理解每句口诀的含义；初步会背5的乘法口诀，并能运用口诀熟练地计算；了解"5的乘法口诀"在生活中的应用。

2.经历编制5的乘法口诀的过程，培养学生推理、概括能力，让学生初步学会用类推的方法学习新知识。

3.让学生进一步体验数学与生活的联系，培养学生合作参与意识，感受探索的乐趣。

教学重点：会背5的乘法口诀，并能正确地进行口算。

教学难点：理解5的乘法口诀的含义。

教学准备：PPT课件

教学过程：

一、创设情境，引导参与

谈话：亲爱的同学们，你们喜欢《西游记》吗？这是谁？（多媒体出示孙悟空图片）上课之前，老师先给大家讲一个故事，我们都知道孙悟空本领很强，有一天，孙悟空遇到很多很多妖怪，一个人对付不过来，怎么办呢？悟空先拔了一只猴毛，轻轻一吹，变成五只猴子。他这样连续拔了四根猴毛，每根都变成五只猴子。结果，他把妖怪打得落花流水。孙悟空一共变出多少只猴子呢？我们都有一双勤劳的小手，现在伸出你的小手来计算。当孙悟空拔出第2根猴毛时，变出多少只猴子？再用你的小手告诉老师，孙悟空拔第3根猴毛时，一共有多少只猴子？当他拔出第4根猴毛时，总共有多少只猴子？第5根呢？请你们同桌合作，有答案了告诉老师。孙悟空用自己的本领打败了妖怪，小朋友们想学新的本领吗？今天就让孙悟空带我们一起学习好不好？

【设计意图】运用孩子们喜欢的孙悟空激发他们学习的兴趣，引起他们探究的欲望。同时，借助一只手有5根手指，2只手有10根手指，这样5个5个地数，提前渗透几个5相加的得数，为新知学习提供良好的铺垫。

二、动手实践，感悟新知

1. 计算填表。

看，孙悟空带着小朋友划船啦！

二（1）班的小朋友们周末去公园划船，图中有几只船？每只船上坐几个人？

老师继续追问：1只船上有5个人，2只船上有几个人？3只、4只、5只船上呢？请你们计算填表。

出示表格，全班交流。让学生一起从1个5是5开始数，按顺序说出几个5相加是多少，并说出相应的乘法算式。（同时相应板书）

船的只数	1	2	3	4	5
人数	5	10	15	20	25

2. 编写口诀。

同学们真聪明！我们已经按照1个5是5，2个5是10这样的顺序写出乘法算式。猜一猜，5的乘法口诀有几句？怎样编？

引导编出前2句口诀。1个5是5就可以编出一句口诀：一五得五（板书）；2乘5是10，口诀可以说成是什么呢？学生可能会说二五得十，根据学生的回答，指出当得数是两位数时，"得"这个字就不要了，就直接说成"二五一十"（板书）。

你能利用以前编口诀的经验，把5的乘法口诀其余部分补上吗？

根据学生的汇报，在黑板上完成板书，并强调乘法口诀要用汉字书写。

3. 读记口诀。

先自己想一想，再和小组里的同学说一说你的发现。

5的乘法口诀一共有几句？排列和乘积有什么规律？第1个乘数从上往下的排列是怎样的呢？第2个乘数又是怎样的呢？积又有何变化？

①第1个乘数从上往下看一个比一个多1。（就是按照从1至5的顺序排列，后面一个数总比前面一个数多1）

②第 2 个乘数都是 5。

③积从上往下看一个比一个多 5。（也就是说，后一句的积总比前一句多 5）

知道了 5 的乘法口诀的规律，我们就能更快地记住这些口诀。现在自由读和记，看看谁能准确快速地记住。（要求学生多次阅读并背诵乘法口诀）

【设计意图】充分尊重学生的学习经验，并利用学生知识的迁移能力，让他们独立、自主地编制口诀。在编制的过程中，进一步感受乘法口诀的来源和含义。再让学生观察 5 的乘法口诀的排列规律，运用规律记忆口诀，这样就不会记错、记乱，同时也培养了学生的观察能力、合作能力以及总结归纳的能力。

三、交流探究，内化理解

小朋友们已经记住了 5 的乘法口诀，孙悟空要带你们一起去闯关，你们想去吗？

第一关：填口诀，说算式。

三五（　　　）＿＿＿＿＿　　　二五（　　　）＿＿＿＿＿

四五（　　　）＿＿＿＿＿　　　一五（　　　）＿＿＿＿＿

第二关：看算式，想口诀。

2×5=　　　5×2=　　　4×5=　　　5×4=　　　3×5=　　　5×3=

　　口诀（　　　）　　　　口诀（　　　）　　　　口诀（　　　）

第三关：看算式，说得数。

5×4=　　　5×3=　　　1×5=　　　2×5=　　　3×5=　　　5×1=　　　4×5=

第四关：看图形，列算式。

（1）同学们，认真观察青蛙一次跳了几格，跳到了几？接下去，请你在直线上画出青蛙每次跳到的位置。

交流画法，让学生说跳了几个 3，跳到了几，同时课件显示画法。

（2）出示第二幅图，让学生独立完成，自主体验，交流画法和算式，追问为什么这样列式？

第五关：想口诀，填数字。

5×（　　　）=25　　想：五（　　　）二十五

3×（　　　）=15　　想：三（　　　）十五

4×（　　　）=20　　想：四（　　　）二十

5×（　　　）=10　　想：（　　　）五一十

5×（　　　）=15　　想：（　　　）五十五

5×□=□

【设计意图】通过闯关练习的形式，充分调动了学生学习的主动性，让学生在动手操作、独立思考、相互交流中熟练运用5的乘法口诀，既培养了学生的学习兴趣，又深化了他们对口诀的掌握和运用，让学生在轻松愉快的氛围中，巩固了新知，体验了学习成功的乐趣。

四、运用新知，解决问题

在我们的生活中，好多地方都用到5的乘法口诀。例如，一周有5节数学课，那么3周有几节呢？你是怎样计算的？在古诗中也蕴藏着数学知识呢。

① 出示"床前明月光，疑是地上霜，举头望明月，低头思故乡"。你能算出有多少个字吗？像这样每句诗中有五个字的古诗叫"五言诗"。

②出示古诗名字"静夜思"，加上题目一共有多少个字呢？

【设计意图】让学生感知数学就在身边，生活中处处有数学，也离不开数学，注重数学与生活的联系。同时，结合语文学科里的诗进行教学，使学生体验到数学渗透在各个学科之中，培养学生运用所学知识解决实际生活问题的应用能力。

五、回顾反思，拓展提高

这节课，你有什么收获？鼓励学生说出自己的收获，并给予肯定。

刚才的五言诗中，求一共有多少个字？还可以怎样解答呢？请大家课后研究一下。

【设计意图】让学生说自己的收获，既巩固了所学知识，又培养了学生的口头表达能力，还让学生体会到与他人分享成功的喜悦。一首五言诗一共有多少个字，让学生从不同角度学习思考，带着问题走出课堂。

附板书设计：

5 的乘法口诀

1 个 5	1×5=5	一五得五
2 个 5 相加	2×5=10	二五一十
3 个 5 相加	3×5=15	三五十五
4 个 5 相加	4×5=20	四五二十
5 个 5 相加	5×5=25	五五二十五

概念归纳体验式课堂教学样态探索

一、理论含义

概念归纳体验式课堂，指教师引导学生根据提供的素材或已有的生活经验、知识经验，通过观察、比较、分析、归纳、概括、总结等方法，经历概念的形成过程，在活动中感悟、体验，发现概念的特征，提炼出概念的本质属性，舍弃非本质属性，自主建构理解概念的意义，并进行解释运用。

二、理论基础

概念归纳体验式课堂是站在儿童的立场上来教学的。建构主义认为，知识是学生在教师的指导下通过意义建构的方式获得的，这种在经历中自主建构知识的体验过程，别人不可代替。"做数学"观点强调，学习是一个现实的体验、理解、反思的过程，学生经历、体验、探究概念的形成过程，是深度学习的表现，这样的学习理解才会深刻，记忆才会牢固。

三、样态探索

概念归纳体验式课堂是让学生根据教师提供的素材，或根据学生已有的生活经验、知识经验，进行充分感知，让学生在观察描述、分析比较、归纳提炼、概括总结的活动中掌握概念，在练习中进一步了解概念的内涵和外延，培养学生观察、比较、分类、归纳、概括、抽象的学习能力，如图 4-11 所示。

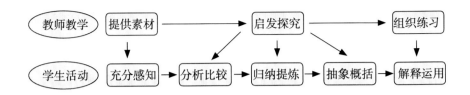

图 4-11　概念归纳体验式课堂教学样态

四、典型案例

小数的意义和读写

教学内容：苏教版小学数学五年级上册第 30～32 页的例 1 和"试一试""练一练"及相应的练习。

教学目标：

1. 让学生结合米尺图理解小数的意义，掌握小数的读写方法，知道小数和分数的联系。

2. 让学生在教师引导下经历小数意义的探索建构过程，积累数学活动经验，培养学生观察比较、分析归纳、抽象概括能力，建立对小数的数感。

3. 让学生进一步体会数学与生活的联系，增强学生学好数学的信心。

教学重点：理解小数的意义，会读、写小数。

教学难点：理解小数的意义。

教学准备：PPT 课件。

教学过程：

一、创设情境，激趣导入

同学们，你在生活中听说过"抢红包"的事儿吧，我们来做个"抢红包"的游戏。请一位同学上来点击红包，请你们读出红包里的钱数是多少元？

这是一个小数，你们对小数已经有了哪些了解？

我们对小数已经有了一些初步了解，小数在我们生活中应用非常广泛。今天这节课，我们继续深入学习小数的读写和意义。（板书课题：小数的读写和意义）

【设计意图】"兴趣是最好的老师。"利用学生熟悉的生活情景，通过"抢红包"的游戏手段引入新课，激活学生已有的知识经验，调动学生的学习兴趣，为顺利展开一节课的教学活动提供良好的情感支持。

二、探索交流，领悟新知

同学们，已布置你们提前预习了第30～32页的内容，认真预习的同学请举起手来，老师为你们点赞。请你们带着自己的想法来学习今天的内容。

1. 引导回顾，认识一位小数。

我们已经学习了长度单位，大家看，这是米尺，1米=（　　）分米；反过来，1分米=（　　）米呢？思考好了再回答。

根据学生的回答板书：1分米=0.1米

追问：谁来说说你的想法？

我们一起来读一遍。（板书：零点一）

以此类推，你能说出下面几分米是多少米吗？

2分米 = $\dfrac{(\ \ \ )}{(\ \ \ )}$ 米 = （　　）米　　3分米 = $\dfrac{(\ \ \ )}{(\ \ \ )}$ 米 = （　　）米

4分米 = $\dfrac{(\ \ \ )}{(\ \ \ )}$ 米 = （　　）米　　5分米 = $\dfrac{(\ \ \ )}{(\ \ \ )}$ 米 = （　　）米

……　　……　　9分米 = $\dfrac{(\ \ \ )}{(\ \ \ )}$ 米 = （　　）米

一下子说了这么多，谁能用一句话来概括一下这种情况？

几分米就是十分之几米，十分之几可以写成一位小数。

【设计意图】三年级学生已经初步认识了一位小数，引导学生借助米尺中分米和米之间的关系，回顾一位小数。从小数和分数联系的角度认识一位小数。通过一系列的填空，增强学生的感性认识，让学生在充分感知中自然地用一句话概括出一位小数的意义，为下面认识两位小数、三位小数打下基础。

2. 充分感知，认识两位小数。

我们会用分数和小数把"分米"用"米"作单位来表示，那你们想探索把"厘米"用"米"作单位来表示吗？请根据刚才的学习经验自主推理。

出示：1 厘米 = $\dfrac{(\quad)}{(\quad)}$ 米 = (　　　　) 米

想好了，和同桌说说你的想法。

谁愿意把自己想法和大家分享交流？

交流发现，1 厘米是 1 米的一百分之一，就是 $\dfrac{1}{100}$ 米，可以写成两位小数 0.01 米，读作：零点零一。（板书：零点零一）

以此类推，下面这些题，你们能口答出结果吗？

2 厘米 = $\dfrac{(\quad)}{(\quad)}$ 米 = (　　　　) 米　　3 厘米 = $\dfrac{(\quad)}{(\quad)}$ 米 = (　　　　) 米

4 厘米 = $\dfrac{(\quad)}{(\quad)}$ 米 = (　　　　) 米　　9 厘米 = $\dfrac{(\quad)}{(\quad)}$ 米 = (　　　　) 米

回答完全正确，还想接受难一些的挑战吗？请你们默默看一看，思考好了举手回答。

10 分米 = $\dfrac{(\quad)}{(\quad)}$ 米 = (　　　　) 米　　12 分米 = $\dfrac{(\quad)}{(\quad)}$ 米 = (　　　　) 米

35 分米 = $\dfrac{(\quad)}{(\quad)}$ 米 = (　　　　) 米　　76 分米 = $\dfrac{(\quad)}{(\quad)}$ 米 = (　　　　) 米

80 分米 = $\dfrac{(\quad)}{(\quad)}$ 米 = (　　　　) 米　　99 分米 = $\dfrac{(\quad)}{(\quad)}$ 米 = (　　　　) 米

口答了一连串的题目，你从中有什么新的发现？

你们的发现真了不起！几厘米就是百分之几米，百分之几可以写成两位小数。

【设计意图】引导学生根据一位小数的意义，通过思考交流认识两位小数，采用半扶半放的策略进行教学，分两段出示一些填空题，让学生说一说、填一填，引导学生正确读写。让学生在大量感知的基础上进行理性认识的提升，概括两位小数的意义，让学生从中掌握学习的方法策略，积累学习的方法经验。

3. 迁移类推，认识三位小数。

我们知道了一位小数、两位小数的意义，接下来，你们想认识几位小数？

你能根据一位小数、两位小数的意义，想一想三位小数表示什么意义吗？想好了放在心中，根据你的自主理解，看看下列各题该怎么填。

$$1 \text{毫米} = \frac{(\quad)}{(\quad)} \text{米} = (\qquad) \text{米} \qquad 9 \text{毫米} = \frac{(\quad)}{(\quad)} \text{米} = (\qquad) \text{米}$$

$$11 \text{毫米} = \frac{(\quad)}{(\quad)} \text{米} = (\qquad) \text{米} \qquad 158 \text{毫米} = \frac{(\quad)}{(\quad)} \text{米} = (\qquad) \text{米}$$

$$650 \text{毫米} = \frac{(\quad)}{(\quad)} \text{米} = (\qquad) \text{米} \qquad 800 \text{毫米} = \frac{(\quad)}{(\quad)} \text{米} = (\qquad) \text{米}$$

学生汇报。

交流得知：1毫米是1米的千分之一，就是$\frac{1}{1000}$米，可以写成三位小数0.001米，读作：零点零零一。（板书：零点零零一）

这么多的例子，你们又有什么新的发现？

几毫米就是千分之几米，千分之几可以写成三位小数。

【设计意图】学生通过一位小数和两位小数意义的探索学习，积累了一定的方法经验。此时，学生具有强烈的表现欲望。这时，采用完全放手的策略进行教学，让学生独立思考，自主探索认识三位小数，概括出三位小数的意义，让学生自主学习的能力得到培养和展示，体验成功的快乐。

4.提炼概括，得出小数意义。

回顾刚才的学习过程，比较0.1、0.01和0.001之间的区别。

你认为一位小数可以写成什么样的分数？两位小数呢？三位小数呢？

概括：小数是建立在分数的基础上的，分母是10、100、1000……的分数可以用小数表示。一位小数表示十分之几，两位小数表示百分之几，三位小数表示千分之几……

"……"是什么意思？你能举些例子说一说吗？

【设计意图】让学生观察、比较、思考、交流，从小数与分数联系的角度，感知一位小数、两位小数、三位小数的意义。当感性认识积累到一定程度时，就可以让学生对小数意义的理性认识自然水到渠成，自主建构了小数的意义，培养学生迁移类推、分析概括、归纳总结的思维能力，使他们在知、情、意等方面和谐发展。

5.丰富认识，深刻理解概念。

在长度单位间可以学习小数，在我们非常熟悉的元、角、分里，也藏着小数呢，请看课本第32页的"试一试"。

指名回答，并说想法。

【设计意图】在元、角、分中认识理解小数，通过不同背景材料，既感受到小数应用的广泛性，又让学生淡化形式，抓住实质，从本质上理解小数的意义，使理解更加深刻通透。

三、巩固知识，灵活运用

1.看图写分数和小数，完成第32页"练一练"。完成后，追问：空白部分如何表示？

2.涂色表示分数，完成第35页的第1题。帮学生建立数形结合的思想认识，建立对小数的数感。

3.小数的读写练习，完成第35页的第3、4两题。

4.连线找朋友，完成第35页的第5题。

做完后，你对分数和小数的联系，有什么话要和大家分享吗？

5.完整表述下列小数的意义，完成第35页的第2题。

6.单位互化，完成第35页的第6题。

【设计意图】引导学生从数形结合的角度，从分数和小数的对应关系出发，深刻理解小数的意义，会正确熟练地读写小数。通过多样的练习，完善对小数意义的理解，会完整表述，培养学生语言表达能力和数学思维能力。

四、总结全课，布置作业

1.通过今天的学习，你获得了哪些知识？有什么感受？

2.课后完成《补充习题》第20、21页，预习下一节课内容第32~34页。

板书设计：

小数的意义和读写

$$1 \text{分米} = \frac{1}{10} \text{米} = 0.1 \text{米} \qquad 读作：零点一$$

$$1 \text{厘米} = \frac{1}{100} \text{米} = 0.01 \text{米} \qquad 读作：零点零一$$

$$1 \text{毫米} = \frac{1}{1000} \text{米} = 0.001 \text{米} \qquad 读作：零点零零一$$

动手实践体验式课堂教学样态探索

一、理论含义

动手实践体验式课堂是指教师根据数学课堂教学内容的需要，科学设置相应的实践活动，通过摸、拉、量、画、拼、折等一系列动手实践活动，让每一个学生都参与到学习中来，帮助学生获得感性认识，在交流中感性认识逐渐上升为理性认识，由形象思维过渡到抽象逻辑思维，让学生在动手实践活动中体验知识的形成过程，获得数学认识，积累活动经验。

二、理论基础

《数学课程标准》指出：有效的数学学习活动不能仅仅依靠模仿和记忆，动手实践、自主探索和合作交流也是学生学习数学的重要途径。动手实践是让学生亲身体验的过程，架起了数学知识抽象化与学生思维形象化之间的桥梁。如果学生动手做数学，那么他们在实践体验中掌握知识将会更加透彻、牢固。

三、样态探索

动手实践体验式课堂是以学生动手实践体验为主的方式来学习数学知识的，符合小学生的学习心理。通过创设情境，引导学生动手实践、观察思考、抽象概括、得出结论、回归生活、应用知识。整个过程让学生积极参与，发现知识的奥秘，体验探索的方法，获得成功的喜悦，增强学习的信心，如图4-12所示。

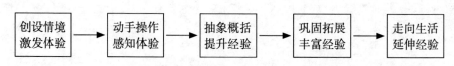

图4-12 动手实践体验式课堂教学样态

四、典型案例

认识线段

教学内容：苏教版小学数学二年级上册第59~60页及相应的练习。

教学目标：

1. 让学生经历实际操作和观察，能用语言描述线段的特征，知道线段是直的，有两个端点，线段有长有短。

2. 能识别图形中的线段，能数出简单多边形中线段的条数。学会用尺子画线段，培养学生动手实践能力。

3. 通过实践活动，进一步增强学生对数学的兴趣，通过数学和生活的联系，感受数学应用的广泛性。

教学重点：认识线段，理解线段的特征。

教学难点：通过几个点能连几条线段。

教学准备：课件、不同长度的毛线、纸片、直尺。

教学过程：

一、创设情境，激发兴趣

孩子们，你们喜欢猜谜语吗？

老师让你们猜一个，"一条条，一根根，编制衣物少不了，有时直来有时弯，缝缝补补要用它"。（课件出示）

知道是什么吗？指名回答。（毛线）

今天，老师带着你们从毛线中学习一些数学知识。

【设计意图】小学生的好奇心很强，根据学生心理特点，以猜谜语的情境引入，充分地利用学生已有的生活经验，激发学生学习数学的兴趣，为这一节课教学活动的顺利开展做好铺垫。

二、操作探究，认识新知

1. 初步体验，引入新课。

（课件出示毛线图）这条毛线是什么形状的？（弯曲、不直）

你能想办法把这条毛线变直吗？请把桌子上的毛线拿起来试试。

谁能上来说一说你是怎样让它变直的呢？

是啊，我们捏住毛线的两端，拉紧毛线，线就直了。

同学们，你们这一个小小的动作揭示了一个有趣的数学知识。把线拉直，两手之间的这一段，在数学上叫线段。今天我们就一起来认识线段。（板书：认识线段）

2. 充分体验，认识特征。

老师把毛线像这样拉，拉出了一条线段。哪位小朋友上来指一指这条线段是从哪里到哪里？线段是什么样的？那竖着拉，两手之间的这一段可以看作线段吗？斜着拉，两手之间的这一段也可以看作线段吗？

师生小结：不管朝哪个方向拉，它们都是直直的，都可以被看作线段。

老师想把这根毛线请到黑板上，你们有什么好办法呢？（用磁铁）

刚才两只手捏住的这个地方是线的两端，我们称之为端点。（板书：端点）看一看，线段有几个端点？（板书：2个）

线段有哪些特点，谁来完整说一说？

3. 针对练习，深化认知。

出示"想想做做1"。同学们，我们刚才已经认识了线段，现在请你们当小判官，你能判断下面的哪些图形是线段吗？为什么？

4. 学画线段，展示交流。

你们已经认识了线段，那你们想把线段画下来吗？

通常情况下，可以沿着直尺的边来画线段。教师示范板书，画出线段图。

在画线段之前，我们先一起来读一首儿歌。（课件出示）读完后，你认为画线段有什么需要注意的地方？（要画直直的，标出2个端点）

请你们拿出本子试着画一画，画好后，我们来展示交流。

【设计意图】小学生的认识主要以直观形象为主，他们的思维需要经验的支持，离不开体验式学习。在课堂教学中，让学生亲身经历把毛线化曲为直的过程，充分感知不同角度把毛线拉直的样子。在拉一拉、看一看、说一说中，帮学生积累一定的感性认识，有助于发现线段的本质特征，在头脑中形成线段的表象。在当小判官的练习中以及学画线段中，让学生辨一辨、说一说、画一画，进一步深化认知，把线段内化于心，外化于形。

三、巩固练习，丰富认知

1. 生活中找线段。

我们周围的物体上也有许多线段。例如，数学书的这条边就可以看作是一条线段（教师示范）。你们知道这条线段的两个端点在哪吗？数学书上还有哪些边也可以看成线段？每条线段的端点在哪儿？

找一找，还有哪些物体的边也可以看成线段？找一找，小组内说一说。

你们都有一双会观察的小眼睛，到家里指一指线段，说给你的爸爸妈妈听。

【设计意图】学生比较喜欢在活动中学习数学，他们乐于参与，在活动中既掌握了数学知识，又发展了数学思维。引导学生观察课本、直尺、黑板等物体的边，找一找、摸一摸，巩固对线段特征的认识，加深对线段的感受，同时感觉到生活中处处有数学。

2. 图形中数线段。

米老鼠在图形王国带来了几个图形，我们去看一看吧，每个图形是由几条线段围成的？（出示想想做做2）学生独立完成，交流发现。

每个图形的一条边就是一条线段，它的端点隐藏在哪儿？

说出每个图形由几条线段围成？

补充：六边形呢？八边形呢？

小结：通过观察，我们发现几边形就有几条线段围成。

3. 纸片中折线段。

同学们喜欢玩折纸游戏吗？现在我们一起来玩一玩吧。

（1）老师拿出一张纸折一下，老师折出的这条折痕也可以看作一条线段。你知道端点在哪里吗？

（2）谁能折一条比老师这条线段长的折痕？同学们拿出正方形纸动手折一折。学生动手操作、交流。还能折出比它短的折痕吗？

（3）通过刚才的折一折、比一比，你有什么发现？（线段是有长有短的）

【设计意图】当学生对线段有初步认识后，引导学生观察并找出日常生活中哪些物体的边可以看作线段，加深对线段的认识，感受数学与生活的联系。通过"想想做做2"的练习，交流并引导学生发现几边形就是由几条线段围成的。从具体的物体迁移到图形，加深对多边形的初步了解。通过折线段，直观地感知线段的长度，为下一节课做准备。一系列的活动，让学生在快乐的氛围中观察和操作，变被动接受到主动参与，想学习，会学习，灵活运用所学的知识。

4. 点子间连线段。

第一关：用直尺连接这两点，你能画出几条线段？完成课本第 60 页第 3 题的"动手画一画"。

追问：连接这两点你还能画出其他的线段吗？（不能）

师生小结：连接两点只能画出一条线段。

第二关：连接 3 个点中的每两点，可以画几条线段？请你们动手连一连。你画出了几条？（3 条线段）追问：围出的是什么图形？（三角形）了不起！第二关闯关成功！

第三关：有 4 个点，如果在每两点之间画一条线段，能画出几条呢？先猜一猜有几条？再画一画，教师巡视。

请回顾一下刚才连线段的过程。想想看，如果像这样给出更多的点，连出线段的条数会怎样？（更多）

连的时候，要注意有序。闯关成功，掌声送给自己。

【设计意图】设计有趣的、富有挑战性的练习，激发学生的求知欲。学生通过自主探索，能够成功地掌握几个点连线的方法，培养了学生的动手能力、观察能力和概括能力。这是一个将有序思维渗透到学生中的好时机，为今后学习高年级排列组合的知识做好铺垫。

5. 路线中用线段。

唐老鸭要去找它的好朋友米老鼠玩，在面前有 3 条路。你说唐老鸭走哪条路最近？（两点之间线段最短）

四、全课小结，课后活动

1. 总结全课。

通过今天的学习，你有哪些收获？还有哪些疑问吗？

2. 欣赏图片。

小朋友们，你们可别小瞧这线段哦。在我们的生活中，有很多线段。它们也可以组成很多漂亮的图案，请欣赏。

3.课后延伸。

请用你的巧手画一画，用我们今天所认识的线段创造出更多更美的图案，让我们的生活变得更加精彩！

板书设计：

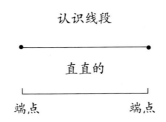

认识线段

直直的

端点　　　端点

整理提高体验式课堂教学样态探索

一、理论含义

整理提高体验式课堂是指在练习课或者复习课中，老师引导学生回顾反思，通过对所学知识的整理，在交流和分享中，通过比较与总结，更加深刻地去感受知识，了解知识间的联系，形成系统认识，并运用到生活实际中去解决问题。

二、理论基础

心理学研究表明，孩子们对已经学习的知识巩固程度与他们是否去体验有着非常重要的关系。把知识回顾建构、整理学习富于实践当中，学生的理解才深刻，掌握才扎实。整理提高体验式学习可以让学生在"做中学"、在"学中悟"，通过观察、实验、交流等各种活动，在实践中产生真实的感受和体验，增强实践能力，促进创新意识的发展。

三、样态探索

整理提高体验式课堂是组织学生一起回顾所学知识，根据学生已有的生活知识经验，进行充分感知体验，通过观察操作、分析比较、归纳总结、学以致用、拓展延伸，在复习提高中进一步理解所学知识的内涵和外延，培养学生观察、比较、归纳、概括、抽象等思维能力，以及数学语言的表达能力。

整体提高体验式课堂教学样态如图 4-13 所示。

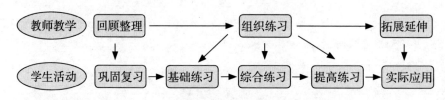

图 4-13　整体提高体验式课堂教学样态

四、典型案例

长度单位的复习

教学内容：苏教版小学数学二年级下册练习五。

教学目标：

1.使学生进一步认识"分米""毫米"及"米""厘米"的含义，建立它们实际长度的表象，能判断测量长短不同物体所用的单位；熟练掌握相邻长度单位间的进率，进一步掌握单位换算的方法，能正确地换算；能联系实际估计和测量一些物体的长度。

2.主动参与实践操作和解决问题的活动，经历估计、测量、记录、发现结果的过程，积累数学活动经验，发展学生初步的推理能力，建立长度单位的空间观念。

3.能与同伴合作交流，初步体验数学的价值，增强进一步学习数学的信心。

教学重点：建立长度单位观念，会量实际长度，画出指定长度的线段。

教学难点：学会估测，提高估算能力。

教学准备：教师准备课件、米尺、切换笔，学生每人准备一把直尺。

教学过程：

一、回顾整理，激活旧知

1.复习旧知。

同学们，我们已经认识了哪些长度单位？这节课我们把它们进行整理

与练习。（板书：长度单位的练习）你能把这些长度单位按一定顺序排一排吗？（板书：米、分米、厘米、毫米）

2.指出长度。

在直尺和米尺上，分别指出1毫米、1厘米、1分米和1米的长度。

3.比画单位。

请你们用手势来比画出1米、1分米、1厘米和1毫米的长度。

出示长度单位家族歌，读一读。

《长度家族歌》

大哥大哥他是米，张开双臂做1米。

二哥二哥是分米，叉开两指1分米。

三哥三哥是厘米，指甲宽是1厘米。

还有小弟是毫米，一条小缝1毫米。

4.沟通联系。

这些长度单位之间有什么关系呢？（师口头提问完成练习五第3题）引导完成板书：

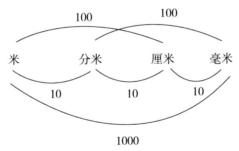

正读，反读。

还有比毫米更小的长度单位吗？还有比米更大的长度单位吗？

以后我们还会继续学习其他的长度单位。

【设计意图】学生在生活中已经有了一些关于长度单位的经验，通过复习旧知识，对基本长度单位的比画，让学生对各个长度有一个真切地感知体验，进一步帮学生建立了长度单位的表象，记牢单位间的进率。

二、闯关练习，学以致用

看，谁来到了我们的课堂（小猪佩奇）！接下来，它将带领小朋友们一起进入今天的闯关游戏，让我们跟它一起出发吧！

1. 第一关——基础练练手。

（1）填一填：在括号里填上合适的单位（练习五第 2 题）。

沙发长 2（　　　）　　　　中国象棋棋盘厚 15（　　　　）

洗衣机高 8（　　　）　　　　乒乓球桌高 76（　　　　）

（2）比一比：在括号里填＞、＜或＝（练习五第 4 题）。

鼓励孩子们用不同的方法进行比较。如：3 厘米和 3 分米可以根据厘米比分米小直接比较，也可以用 3 分米 =30 厘米来比较。

【设计意图】用学生熟悉的卡通人物小猪佩奇引导学生进行闯关游戏，让学生觉得有趣。在这一闯关中，让学生对实际物体想象比画后做出选择，提高正确性，可见体验在学生头脑中形成表象起着多么关键的作用。

2. 第二关——实践棒棒糖。

（1）画一画。

画一条长 4 厘米 5 毫米的线段。

画一条比 1 分米短 4 厘米的线段。

（2）量一量。铅笔的长度，以及照相机模型的宽度。

注意：分别让学生说一说是怎么画的？怎么量的？

小结：当不是从"0"刻度开始量的时候，要去掉前面没有量的长度。

3. 第三关——生活跷跷板。

（1）比一比（练习五第 5 题）。

红丝带长 2 分米，黄丝带长 18 厘米，蓝丝带长 2 分米 1 厘米。哪根丝带最长？哪根最短？（口答）同桌先讨论讨论，然后再说说自己的想法。

全班交流得出：可以把几个单位都换成厘米，红丝带是 20 厘米，蓝丝带是 21 厘米。比较发现，蓝丝带最长，黄丝带最短；也可以先比较红丝带和黄丝带的长度，发现红丝带长，再把红丝带和蓝丝带相比，发现蓝丝带长，所以最长的是蓝丝带，最短的是黄丝带。不管怎么比，最后的结论应该都是一样的。

【设计意图】这一关的设计，意在引导学生通过讨论比较，从不同的角度，得出各种不同的比较方法，感受虽比较方法不同，但结果都是一样的，让学生体会比较方法的多样化，学会从不同角度思考问题。

（2）选一选（练习五第7题）。

要在墙上钉一枚钉子挂书包，（ ）长度的钉子比较合适。

4毫米　　4厘米　　4分米

爸爸的身高是170cm，他选择（ ）长的床最合适。

2厘米　　2分米　　2米

让学生先进行同桌交流，然后指名口答，并追问为什么选该答案，为什么不选其他答案？

小结：看来数学学习离不开想象。有了想象，心中有数，我们才能做出正确的选择。

【设计意图】这一关的设计，意在让学生在头脑中想象相应长度，建立头脑中的表象体验过程，有了相应的想象和比较，最终做出正确的选择，培养学生建立长度观念和空间想象能力。

（3）改一改：这是一篇马小虎同学写的日记。（课件出示）

读一读，发现了什么？你会修改吗？

小结：长度单位在我们的生活中有着非常广泛的应用，在生活中能帮我们解决很多实际问题，我们要学会正确地使用长度单位，可不能闹笑话！

4. 第四关——思维碰碰车。

（1）推一推：练习五第10题。

前面的课上，老师带大家数过10张白纸摞起来大约厚1毫米，还记得吗？

现在这么多张，数出来量的话真的很麻烦，怎么办呢？对了，可以推算。先独立思考，再进行全班交流。

小结：推算是解决问题、学好数学的好方法。

（2）议一议：练习五思考题。

小结：通过刚刚的闯关练习，小朋友们又进一步认识并应用了这四个长度单位，你们都闯关成功了吗？真了不起！

【设计意图】结合合理的想象体验，密切联系生活实际，利用学生喜闻乐见的闯关游戏，把教学内容、教学重点和难点有机结合起来。闯关游

· 175 ·

戏为学生们动手、动口、动脑参与体验学习创设了最佳情景，激发了学生的学习积极性，也发挥了学生的潜能，让学生的推理能力得以培养，省时、高效地完成了学习任务。

三、课堂小结，交流收获

今天复习了什么内容？你有哪些收获？还有什么疑问？

四、拓展实践，课后延伸

课后完成练习五的"动手做"，建立数学与生活的联系。

板书设计：

长度单位的复习

```
                    100
         ┌─────────────────────┐
  米 ──10── 分米 ──10── 厘米 ──10── 毫米
         │           100           │
         │                         │
         └─────────────────────────┘
                   1000
```

第三节 英语教学样态探索及典型案例

小学英语教学的重要性在课程改革后逐渐凸显。为了促进学生个性的发展，激发学生英语学习的兴趣，在小学英语教学中，体验式教学就成为老师们首选的教学模式。皮亚杰的建构主义认为，学生知识获取的主要途径不是老师传授，而是在老师的帮助和指导下，在一定的学习背景中，利用已获取的学习资料，自主地在头脑中建构知识。这也是体验式教学的基本原则和过程。将体验式教学运用在小学英语教学中，不但能加深学生对英语知识的理解，还可以让学生在实践中获得新的知识、新的技能的同时，提高语言运用的能力。老师们在教学过程中结合课本的内容设计创造情境，将课本知识形象化立体化地呈现到学生面前，这样不但能调动学生学习的积极性，还能使学生的发散性思维得到更好的发展。

英语情境体验式教学样态探索

一、理论含义

"情境体验"教师以体验为基本教学手段，即根据每课的内容，利用相应的图片、声音创设情境，通过创设体验式教学情境，达成教学目标。这种教学方式主要体现在尊重学生主体性，并以清新而富有活力的教育流程、以饱含魅力的课堂情境吸引学生，从而达到培养学生自主探究学习能力的目的。小学英语教学倡导情景教学和任务驱动型教学，实际上就是给学生创设一个英语学习氛围和活动，让学生在环境和活动中去实践、去体验、去感悟，从而在大脑记忆中留下深刻印象。

二、理论基础

夸美纽斯指出："因为知识从感知始，经过想象作用移入记忆，然后借助个别知识的归纳形成普遍的认识，最后事物若被充分地认识，就能根据知识的确实性形成判断力。"情境是体验教学设置特定的和教学内容相关的场景，让学生通过亲身感受来学习老师所要教授的内容。学生通过亲身实践来认知周围事物，这样能使学生完完全全地参与到学习过程中去，从而真正地成为英语课堂中的主角。

三、样态探索

1. 故事创设情境

故事生动的情节和丰富的情感，不仅能吸引学生进入学习情境，还富含着一定的语言知识。所以在英语课堂教学中，老师可以根据所要教授的单词、句型、语法等内容，设计有趣的故事，使学生进入某种角色用英语交流对话，而感觉不到自己在学习英语。

2. 动作模拟情境

有趣生动的肢体语言可以吸引小学生的注意力。小学生心智尚未成熟，很容易被有趣的事物所吸引。所以老师在上课时，可以用简单的肢体语言模拟和教学内容相关的情景，从而达到有效的教学效果。比如，老师要教"run"这个词时，就可以做跑的动作，让学生看动作来猜测单词的意思，并且一边模仿动作一边学习单词。这种将肢体语言融入课堂教学的方式，不但能加深学生对所学内容的印象，也可以在潜移默化中提升学生的思考能力和表达能力。

3. 实物呈现情境

在英语课堂教学中，如果只有老师空泛的讲解，学生就会感到枯燥乏味，从而就会出现课堂听课效率低，学生对所教内容记不住、分不清的现象。如果老师用形象直观的实物来进行教学，既能活跃课堂气氛，又能加深学生对所学内容的印象。比如老师教"tall"和"short"这两个单词时，可以请一个高的和一个矮的学生到讲台上来，进行对比和练习，从而达到事半功倍的效果。

4. 图画再现情境

语言是图画的理性表述，而图画是语言的情境再现。我们可以用课文的插图、配套的挂图、自制的剪贴画、形象的简笔画等来再现课文情境，使课文内容形象化。比如在学习四年级下册《Draw in the park》这课时，我们就可以展示一幅公园里的画，让学生用本单元学习的单词和句型来写一段话，巩固所学的内容。反之，我们也可以让学生根据一个小短文来画一幅画，这也是对语言的一种训练。因为学生只有反复揣摩了短文，完全理解了单词和句子的意思才能画出来。

5. 音乐渲染情境

优美的音乐总是给人一种微妙的、丰富的美感，使人心驰神往。课堂上我们用音乐来呈现我们要表述的内容，它那种独特的旋律和节奏很容易把人带进特有的意境中。用音乐渲染情境的方法很多，我们不局限于播放现有的歌曲。平时上课会发现，想找一个和教学内容匹配的歌曲并不容易。所以老师可以鼓励学生一起根据意境和情境自己编词作曲，请会弹琴的学生进行伴奏，这样不但能学习语言知识，还让学生在快乐学习中全面发展。

小学英语情境体验式教学样态探索如图4–14所示。

图 4-14 小学英语情境体验式教学样态探索

四、典型案例

3A Unit6 Colours

第 1 课时教学设计

教学内容： 译林版三年级上册第六单元《Colours》第一课时 storytime

教学目标：

1. 通过对话学习能听懂、会说、会读单词 black, yellow, white, red, green, blue, brown 等。

2. 能正确理解并朗读对话，尝试复述对话。

3. 通过对颜色的学习培养学生用颜色描述生活中的物品的能力。

教学重难点：

能掌握关于 colours 的单词和句型 What colour is it now? 进行问答。

教学准备： PPT、图片、单词卡片。

教学进程：

一、创设情境，生成话题（情景交流，语言渗透）

Step1 Warming up

T：Good Morning, I'm Miss Hua. Look at my coat. It's blue, Can you introduce your clothes?

  S：My coat is black/red…

【设计意图】以对话的形式激发学生的兴趣，用介绍自己衣服来开始新课。初步感知，让学生试着读这些单词。以对话引出课题，自然巧妙。

二、任务领读，精讲点拨（互助探究，交流展示）

Step2 Presentation

T：Look at the beautiful picture, It's magic.

Look, It's a bear. Brown bear, brown bear, What can you see in the picture?

  S：I can see a red bird looking at me.

  T：Red bird, red bird, What can you see in the picture?

  S：I can see a yellow duck looking at me.

  T：Yellow duck, yellow duck. What can you see in the picture?

  S：I can see a blue butterfly looking at me.

  T：Blue butterfly, blue butterfly. What can you see in the picture?

  S：I can see a green monkey looking at me.

  T：Green monkey, green monkey, What can you see in the picture?

  S：I can see a black cat looking at me.

  T：Black cat, black cat, What can you see in the picture?

  S：I can see a white dog looking at me.

  T：White dog, white dog, What can you see in the picture?

  S：I can see a teacher looking at me.

【设计意图】通过询问动物不同的颜色，与学生一起学习颜色类单词，更直观地观察到动物及其颜色。

Step3 Look and say

What colour is my …?

It's …

Let's compete.

（1）Look, What colour is my cap now? It's brown now.

（2）Look, What colour is my shirt now? It's white now.

（3）Look at me, What colour is my jacket now? It's green now.

（4）Look at me, What colour is my dress now? It's red now.

（5）Look at me, What colour is my coat now? It's black now.

（6）Look at me, What colour is my T-shirt now? It's blue now

（7）Look at me, What colour is my sweater now? It's yellow now

（8）Look at me, What colour is my skirt now? It's red and yellow now.

T：It's red and yellow.

Look at the football. It is white and black now. Is it right?

Look at the car. It is green and red now. Is it right?

Look at the bee. It is yellow and black now. Is it right?

Look at the T-shirt. It is blue and yellow now. Is it right?

【设计意图】用看一看和说一说 compete 的方式学习句型"What colour is my ...?"学生们通过比赛的形式更好地进行对话操练。

三、情境再创，适当引领（课堂达标，语言生成）

Magic show:

（1）Yellow + blue = green

What colour is it now?

（2）an orange What's this?   It's an orange.

 What colour is it?

 It's orange. It's an orange orange.

Step4 Learn the story

（1）Watch and answer

What does Yang Ling show?   A. skirt   B. T-shirt

（2）Listen and tick

What colour is Yang Ling's skirt?

（3）Read and match

What colour is Yang Ling's skirt?

At first, it's _____. Then, it's _____. At last it's ____and _____.

（4）Listen and repeat

（5）Let's dub

（6）Let's read in roles

（7）Group work

Give a new magic show

A：Look at my _____. It's _____.

What colour is my _____ now?

BCD：It's _____.

A：What colour is it now?

BCD：It's _____ and _____.

【设计意图】通过 Magic show 来展示自己的衣服，并且设置任务来学习课文，让学生学习更有目的性。通过展示交流，体现"学生主学、教师助学"的教学观，帮助学生优化自学质疑、交流展示、合作探究等学习策略，有效达成学习目标，形成迁移运用与举一反三的能力，不断提高学生自己分析与解决问题的能力，为学生的终生学习提供一把万能的"钥匙"。

Step5 A magic dress

Look, I have a magic dress. In different seasons, it has different colours. In spring, it has many flowers. It's red and green. In summer. It has many watermelons. It's green and yellow. In autumn, It has many orange. It's orange and blue. In winter, it has much snow, It's blue and white. The dress is magic. The dress is colourful.

（1）What colour is the dress in spring?

　　A. red　　　B. green　　　C. red and green

（2）In summer, the dress is orange.

　　A.Yes　　　B. No

（3）The dress is _____ in autumn.

（4）The dress is _____（colour 的形容词）.

Step6 Enjoy the colourful world, colour makes our world beautiful.

【设计意图】走进文本，还要再走出来。有输入的过程，也要有输出的过程。学生通过小组合作互助、交流展示的形式，把文本内容进行总结、归纳，变成自己的语言，融会贯通。

Homework

1. Read storytime after the tape.

2. Recite the words about colours.

3. Describe the colours of the things around you.

【设计意图】通过对颜色的学习，让学生在生活中寻找颜色类的东西并描述，做到学以致用。

英语多感官体验式教学样态研究

一、理论含义

多感官教学，主要是指创设与教学内容相应的教学情境，设计采用行之有效的教学方法，对学生各个感官（包括视觉、听觉、触觉，运动、语言、感觉等）进行有目的的刺激，从而调动他们各个感官，促使他们用多感官去体验、去吸收的教学方法。这种教学方法不但能提高学生的学习效率，还能全方位地开发学生的各种潜能。

二、理论基础

1.学习风格理论

学习风格也称学习方式，由美国学者哈伯特·赛伦于1954年首次提出。国内外心理学研究者认为，学习者喜好用不同的感觉通道来理解和体验所学到的知识内容。心理学家已经证明，儿童有明显的学习风格的喜好，常见的有视觉型、听觉型和动觉型三种。教师的教学风格如果与个人的感觉偏好一致，那么学生学习的兴趣最强，学习的效率也最高。一般认为，视觉型学习者喜好通过图表、图像等视觉信息刺激接受信息；听觉型学习者在学习以声音呈现的学习材料时学习效果最佳；动觉型学习者在亲身体验、动手实验等身体运动下学习效果最好。此外，还有很多人的类型特征是混合型的。由此可见，采用多感官英语教学是提高学习效率的重要方法之一。

2.建构主义学习理论

建构主义学习理论认为，知识是学习者在一定的情境下，借助其他人的帮助，利用必要的学习资料，通过个体积极主动进行意义建构的方式而获得。建构主义学习理论强调以学生为中心，认为学生是认知的主体，知识是学会的，而不是教会的。学习的关键是发挥学生的主观能动性，学生是知识意义的主动建构者，教师只是对学生的意义建构起帮助和促进作用。多感官教学就是借助感官系统，让学生在英语学习中学会自主建构知识。

三、样态探索

1.情境式呈现

情境教学是老师有目的地创设具有一定感情色彩的，以具体形象为主体的场景，让学生身临其境的一种态度体验。我们在教学中可以利用语言、图画、视频、音乐等方法来创设我们所需要的情境，提高学生的学习兴趣，启发学生的学习思维，使他们在快乐中不知不觉地学习知识，潜移默化地接受教育。

在教学中，用老师自己创设的情景是一个非常好的教学方法。这样在课堂上能和学生拉近距离，学生会解除畏惧心理，更大胆地表达自己的想法，敢想敢说。

2.学生多次复述

语言学习离不开说，不是老师单方面的说，而是学生要张开嘴巴说。而单纯性地一遍又一遍地复述很枯燥，所以我们要让学生自己主动地积极地去说。因此，在授课中，老师要有不同的形式让学生多次复述所学知识，比如边演边说、问题抢答、听音复述、故事改编、看图编话等。尤其是在学生回答问题时，教师一定要要求学生说出完整的句子而不是一个词就可以。

3.学生自主表演

语言的学习离不开环境，我们现在学习语言最大的障碍是英语环境太缺乏，以至于学生学习英语只能纸上谈兵，从来没有真正的使用过。现在我们发现，很多时候学生会说这个单词和句子，但是到生活中却不会使用。所以我们老师应该考虑给学生创造情境去实践我们所学的语言知识。而我们现在课堂普及使用的就是表演。情境教学中的表演主要有两种：一是课本中角色扮演，二是学生自己根据话题编对话并且表演。不管是哪种形式，学生对所扮演的角色自然地产生了亲切感，从而加深了内心的体验。

4.借助教学工具

当有些东西不能直接搬到教室呈现出来时，我们就可以借助身边的工具。充分利用我们身边的工具会使英语课堂更加生动有趣。以前我们学习英语的方式主要依靠听磁带，现在我们可以借助班级的多媒体播放课文动画。现在老师都会制作课件，提炼出重点，展示更加直观形象。实践证明，用课件和投影上课，要比老师单纯地捧着课本上课效率要高得多。

英语多感官体验式教学样态研究如图 4-15 所示。

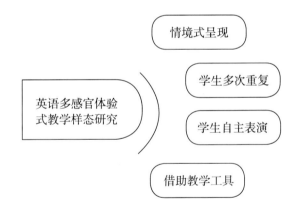

图 4-15 英语多感官体验式教学样态研究

四、典型案例

Unit 8 How are you ？

第一课时教学设计

教学内容：牛津版小学英语四年级上册第 8 单元 How are you? 第一课时

教学目标：

1. 学生能够听懂、会说、会读句型：This is … speaking. May I speak to …? I'm sorry to hear that. How are you? I'm fine, thank you.

2. 学生能够听懂、会说、会读词汇：cold, fever

3. 锻炼学生的听、说、读的能力。

4. 初步理解课文内容，从中学会因生病或其他情况不能到校时要及时打电话给老师，并在身边人状况不佳时关心他人的简单道理。 培养学生关心他人的品质。

教学重难点：

1. 能够从整体上阅读故事并理解，能和同学之间生动地表演。

2. 能用所学句型打电话并关心他人。

教学准备：

单词卡片、图片、PPT

教学过程：

一、课前交流，导入话题

Step 1 Greeting

1. Free talk（吸引注意，积累语言，巧妙地把学生带到轻松愉悦的课堂中来。）

T：Hello, boys and girls. Are you happy today?

Ss：Yes. We are very happy.

T：OK. Let's sing a song "How are you?"（教师自编歌曲，作为教学热身活动，引出本课话题并板书。）

Hello! Hello! How are you?（教师配上在询问、关心学生的动作，让学生在这样的情境中自然而然地就能够回答出 I'm fine. I'm OK.）

I'm fine，thank you.

Hello! Hello! How are you?

I'm OK, thank you.

2. 教师假装生病，引入目标词汇（为了引出 cold，fever，又把孩子们带入到教师生病的情境中，此时，学生应该做出怎样的回答呢？）

T：I'm not OK.（拿出面纸擦鼻涕。）

S1：Hello, Miss Ding. How are you?

T：I'm cold.

【设计意图】课堂开始时，师生之间打招呼，通过唱自编歌曲，引出本课课题，让学生在轻松愉悦的环境中进入本节课的学习。接着，又在教师假装生病的情境中，引出了 I'm not OK. I'm cold. I'm fever.

二、内容呈现，寓教于乐

Step 2 Presentation

1. Learning time

T：The two students are very fine. What about our friends, Helen and Yang Ling? Who can ask them?

S：Hello, Helen, how are you?

C：I'm fine, thank you.

T：Oh, I'm glad to hear that.（新授句子 I'm glad to hear that.）

S：…（让多名学生多次重复地跟读新授句型。）

T：What about our friend, Yang Ling?

S：Hello, Yang Ling, how are you?

C：Not so good.

T：I'm sorry to hear that.（新授句子 I'm sorry to hear that.）

2. Fill and read

T：Boys and girls, can you fill and read this little rhyme now? You can discuss in pairs first.

S：（Work in pairs and have a try.）

T：Great. Let's read together. Yang Ling is ill. She should take care of herself.

（新授句子 Take care. 让学生多操练）

【设计意图】向杨玲和海伦打招呼，从而引出一些新授的语言知识并逐渐向课文学习过渡，小诗的设计目的在于帮助学生巩固新知。

Step 3 回忆相关知识，初步运用结构

How is Yang Ling? Let's watch a cartoon and find out what's the matter with Yang Ling.

教读 cold，fever，出示图片帮助理解。

Can you read by yourselves and try to answer then.

（1）What can't Yang Ling do?

（2）What does Miss Li say?

【设计意图】在看卡通片之前，先把问题抛给学生，让学生带着问题去看卡通片，做到有效的、有目的地观看有助于帮助学生整体感知课文。

3. Fast reading

T：Nice try. How do they make telephone calls? Please open your books and read the story quickly. Underline the key sentences.

S：（Fast read and underline）

T：Can you share your answers with us?

S：…

T：（板书电话用语）Well done. Let's read these sentences together.

S：…

T：How many telephone calls do they make?

S：Two.

【设计意图】引导学生通过自主构思电话用语，可以运用之前学过的电话用语感知并学习电话用语相关语言知识，并为下一步的课文学习做好铺垫。

4. Listen and answer

T：Let's listen to the first telephone call. Try to answer this question. Why does Yang Ling call Miss Li?

S：（Listen to the dialogue on Page 50）

S：Because she can't come to school today.

T：The next day, Miss Li calls Yang Ling. Please listen and think. Why does Miss Li call Yang Ling?

S：（Listen to the dialogue on Page 51）

S：Because …

T：Yes. Because she cares for Yang Ling. （新授 care for …）

5. Read and say

T：Boys and girls, please read the whole story again. And try to fill in the blanks by yourselves.

S：（Read and fill）

T：Now, let's check.（新授 cold, fever）

S：…（多种方式练习 cold、fever 的读音，如两两读、分组读、男女生读等）

T：Let's read together.

S：…

6. Read and think

T：When Yang Ling is ill, what does Miss Li say?

S：I'm sorry to hear that. Take care, Yang Ling.

T：Who can read like Miss Li?

S：…

T：Let's try together.

S：（Read together）

T：When Yang Ling is fine, what does Miss Li say?

S：Great, can you come to school tomorrow?

T：Who can read like Miss Li?

S：…

T：Let's try together.

S：（Read together）

T：Boys and girls, Is Miss Li a good teacher?

S：Yes.

T：Why? Why is she a good teacher?

S：…

T：Because she cares for Yang Ling. She cares for her student. Right?

S：Yes.

【设计意图】在了解文中意思的同时，感受到老师对学生的关心与爱护。教育学生们要懂得关爱他人，做一位有爱心的好孩子！

7. Reading time

（1）Listen and repeat（听录音跟读课文，鼓励学生模仿语音、语调）

【设计意图】认真读课文句子，模仿语音、语调，进一步掌握课文中的句子和词汇。

（2）Read together（齐读课文）

【设计意图】鼓励学生用正确的语音、语调朗读，培养学生的语感，强调理解性、整体性地进行朗读。

（3）Read or act in roles（分角色朗读）

【设计意图】学生可以根据自己喜好，自主选择方式和难度来朗读或表演课文。在此过程中，教师要注意鼓励学生用正确的语音、语调，并配上夸张的表情动作完成任务。

三、情境再创，语言生成

Step 4 Consolidation

1. 说说猜猜，两人活动

教师安排学生两人一组活动，互致问候，一人扮生病状，另一人询问。如：

S1：Hi. How are you?

S2：Hi. I'm not so good.

S1：What's the matter? Are you ill?

S2：Yes. I'm cold. I have a fever.

S1：OH, I'm sorry to hear that. Take care.

S2：Thank you.

2. 两人活动，电话游戏

老师设计好几个场景，请学生进行打电话游戏，给他们创设这种场景，充分调动他们的积极性，互相问候或相约外出。让学生能够将所学的句型运用到实际的生活中去，能够自主地创设语境和小朋友们去表演。如：

（1）打电话给生病在家的同学。

（2）打电话给好朋友谈论天气并制订出行计划等。

Homework 家庭作业

1. Read after the tape and act out the story.

2. Learn more words about illness.

英语合作体验式教学样态研究

一、理论含义

合作式教学是指让不同层次的学生平均合理搭配分成小组，学生在小组中相互探讨、互相学习、交流，共同完成学习任务，并以小组成绩作为评价依据的一种教学理论及策略体系。英语教学中以学生自主体验为主，是用心去感悟的过程，在体验中思考、创造，有利于培养创新精神和实践能力，学会合作与共享。

二、理论基础

1. 群体动力理论

从群体动力学的理论来看，在小组合作学习模式下，小组人员为一个共同目标聚在一起共同努力，小组合作的力量源泉来自于互相依靠和相互团结。相互依靠为每个小组成员提供了动力，使成员之间互相勉励，尽力做好分配的任务，以促使整个小组最终能成功达成小组的目标。

2. 课堂教学工学理论

课堂教学工学理论认为，影响课堂教学质量及社会心理氛围的因素主要有三个：任务结构、奖励结构和权威结构。其中，任务结构就是各种各样的教学方法和教学组织形式。合作学习将师生间的单向交流或双向交流，变成了教师与学生、学生与学生的多向交流。合作学习中，每个学生通过小组各个成员们的内在动机以及小组内的互相激励，努力学习，以获得学习上和人际上的成功。

三、样态探索

1. 合作预习，初步体验

预习在课本教学中是一个比较重要的环节，预习后再上课，老师能更好地把握重难点，课堂教学也往往事半功倍。我们传统的预习就是教师布置预习任务，学生自己预习。两个苹果交换仍然只能得到一个苹果，但是两个思想的交换就能碰撞出更多的思想。所以合作教学从预习开始，老师可以根据任务难易将不同层次的学生搭配分组，指导学生利用网络资源和书籍对教学话题进行课前预习。

2. 预习分享，共同探究

合作预习后，预习成果分享是不可缺少的环节。教师在上课时，可以请几个或者多个小组上讲台展示自己的预习成果。这个环节，尽量要求小组成员都参加汇报，老师要衡量是不是小组的每个成员都真正参与到小组学习中去。这种学习方法对于后进生学习的积极性有很大的帮助。同时，在汇报这个环节，老师还可以根据课题内容创设适当的情境，使课堂教学更活泼生动。

3. 课堂合作，任务呈现

我们课本中的 fun time 往往需要学生合作，编对话。在这个环节中，往往学生喜欢用中文讨论，所以老师要时刻关注每一个组，确保能最大化地运用英语，并且每个人都积极参与其中。同时，老师要给出本课主题并向全班介绍任务，明确表达自己对未来学校生活的想象。）"以学生为中心，从做中学"（learning by doing）是任务型教学的核心内涵，只有通过完成任务，让学生在运用中学会语言，才能进行交互活动、意义协商和语言输出。

4. 课后反思，合作完善

课后反思是对学习效果的反馈与检测，学生可先在学习后进行学习成果自我评估，提出改进方案。然后，教师反思教学设计、课堂组织、教学效果。最后，师生可以通过多种渠道进行交流反馈。

英语合作体验式教学样态研究如图 4-16 所示。

图4-16　英语合作体验式教学样态研究

四、典型案例

6A Unit 6 Keep our city clean
Revision and Further reading

教学内容： 译林版小学六年级上册第六单元 Revision and Further reading

教学目标：

1.能通过创设的情景复习谈论我们城市被污染的原因，并提出保持城市干净的一些方法，正确运用本课所学的语言。

2.通过学习故事，呼吁越来越多的居住在城市的人们，在发展城市的同时也要保护我们的城市环境。

教学重难点：

重点：通过学习故事，让学生意识到保护环境要从自己做起，从小事做起。

难点：理解故事内容，能根据故事回答问题，能熟练运用本课所学的语言知识。

教学过程：

一、情境导入，预学感知

Step 1 Greeting

T：Well, boys and girls, shall we start our lesson now?

Ok, stand up, please.

Good morning, everyone. Nice to meet you.

Sit down, please.

And I hope we can have a good time together. Ok?

Step2 Revision

Find the problems

T：Boys and girls, as we all known, we live in Yancheng.

But what do you know about our city Yancheng? Now, let's enjoy a video.

（播放视频）

【设计意图】在课前已布置学生预学收集家乡——盐城的城市环境与发展的图片，运用已学知识尝试描述，做好本节课的语言知识准备之后直接导入新课，快速进入英语语境。

T：Well, what can you see in the video?

S：I can see some tall buildings/shopping center/BRT/wetland/grass/animals...

T：wonderful! So from this video, what do you think abowt our city?

S1：Beautiful.

S2：Modern.

T：Great! These are the Good Impressions of our city.

T：But, sometimes somewhere we may see some bad things. Look!（PPT图片）

when we see these pictures, how do you feel?（Are you happy?）

Ss：We are sad.

T：Yes, so do I. From these pictures, what do you think of our city?

S1：dirty.

S2：noisy.

T：Yes, what makes our city dirty, messy or noisy?

Now, work in groups of 4, try to use the sentences we've learned this unit to describe and share your ideas with your partners. Then choose one of you to report. Understand?

（代表 S：We think ... make(s) our city... 3—4 个学生）

S1：smoke from factories/cars.

S2：The rubbish on the street.

T：Excellent! /Great!

These are the bad impressions of our city.（贴板书）

【设计意图】首先以我们共同生活的城市"盐城"来创设情境，鼓励学生在小组内将预学内容进行分享并共同探讨 What makes our city beautiful/clean/modern? 以及 What makes our city dirty/messy/noisy? 用本单元所学的句型进行回答。通过小组合作的学习方式，集思广益，最后由一位同学汇报。培养学生合作学习的能力，使每个学生都能积极主动地投入到学习活动中。

二、合作复习，对话操练

Step2：Solve the problems

（1）From ourselves

Yes, I think you have found out the problems. Next, let's solve the problems.

So what can we do to keep our city clean?

（S：To keep our city clean, we can... 3 ～ 4 个学生）

T：Good ideas!/ I like your answers.

（2）Call on more people

Good! We can do many things from ourselves（贴板书）to keep our city clean.

Better city, Better life! Start from now, start from me! What's more, we should also call on more people to keep our city clean.

What can we do to make more people keep our city clean? You can discuss in your groups. Well, let's invite the first one.

（S：We can...1—2 名学生发言）

T：You are so clever! Yes, to call on more people to join us, we can make a sign, write a slogan, make a poster, write a proposal... we can also sing a song and sing to others. Now, let's enjoy a song together.

（播放歌曲）

T：Can you sing with it? Can you add some action?

（播放歌曲）

T：You all sing well. Let's get started, Together we can achieve a lot and make our city more beautiful.

【设计意图】在这一部分，我设计了两个递进的活动。首先是从我们自身来说做些力所能及能做的事。其次抛出问题"如何呼吁越来越多的人保护城市环境？"这是在上一个问题的基础上让学生进行深入思考，培养他们的思维品质。最后，我设计编了一首歌《Keep our city clean》，在愉快的音乐氛围中，带领学生一边唱一边做动作，呼吁人们加入一起保护城市环境的行动中。

三、合作探究，建构生成

Step3：The Little House

1. Read the story

T：Boys and girls, do you remember, in Cartoon time, where Bobby and Tina like living?（Ss：city.）Bobby and Tina both like living in the city. What about you? Do you like living in the city or in the country（乡村）？（1—2）

T：Boys and girls, you know, it's not easy to build a city. A Little House experienced the process of the city development. Now, Let's read a picture book *The Little House*.

【设计意图】通过回忆 Bobby 和 Tina 在 Cartoon time 中的谈话，激发学生思考谈论是否喜欢居住在城市，从而引出拓展阅读 *The Little House*。

T：Look, Can you read it?

Pic1 T & Ss：Once upon a time, there was a Little House in the country. She was a pretty house. She was a pretty Little House.

Pic2 T：The Little House was very happy. It was beautiful and peaceful. She watched the sun rise in the morning and set in the evening. She loved to see the moon, the stars, the field of daisies and the apple trees dancing in the moonlight.

Pic3 T：One day the Little House was surprised. Some trucks came and dumped big stones on the road.（Look at the picture）Later the road was done（建好了）.

Pic4 T :（Who wants to read for us?）Now the Little House watched the trucks going back and forth to the city.Small houses followed the new road. Everyone and everything moved much faster now than before.

Pic5 T :（Let's read together）More roads were made, more houses and bigger houses, schools ... stores ... and garages crowded（拥挤）around the Little House.

Pic6 T : Now it was not so quiet and peaceful at night. Now the lights of the city were bright and very close, and the street lights shone（亮着）all night. （Look at the pic）She missed the field of daisies and the apple trees dancing in the moonlight.

Pic7 T :（Let me read this for you）Pretty soon（很快）there were trolley cars going back and forth in front of the Little House. Pretty soon there was an elevated train going back and forth above the Little House. The air was filled with dust and smoke, and the noise was so loud that it shook（加上动作）the Little House.

Pic8 T :（Another chance for you）Now the Little House only saw the sun at noon, and didn't see the moon or stars at night at all because the lights of the city were too bright. She didn't like living in the city. At night she used to dream of the country.

Pic9 T :（Read together）The Little House was very sad and lonely…

T : Look, the little house was moved.

【设计意图】穿插使用"老师读""学生合作读""师生合作齐读"的方式。让学生在阅读时减轻学生对陌生阅读材料的恐惧感的同时，适时提醒学生关注绘本图片、理解生词，对较难的文本阅读给予帮助。

2. Finish the form

T : Well, this is a story about a little house, but we can also see the process of a city. Let's try to finish the form.

T : At first, the little house live in_____（S）. And what do you think of the country?（peaceful）——PPT（呈现）peaceful country. What did the house see in the country? Do you remember? Let's find. And how did the little

house feel in the country?（Happy）

Then, more and more changes happened. Can you find the things she saw? And how did the little house feel?（2—3 个学生回答）

At last，the country turns into a city. Right?

can you work in your groups to fill in the blanks?

（1 个小组学生汇报）

T：Boys and girls, these colourful pictures mean_____.

These brown pictures mean_____ These black pictures mean _____.

T：Yes, the colour of pictures is also very important, So, when you read, you should...（出示 Tips）

四、深入探究、合作反思

3. Think and say

T：Boys and girls, the little house was moved at last. Can the little house go back to the country again? No, It can't. The development of the city is inevitable. We need the city. What can we do to help the little house? What do you want to say to people in the city?

T：Great!（学生：We should love our city. We should love our city not only for it's tall buildings, modern transportations, but also for the nature resources. We should try our best to keep our city clean and keep balance between the development and our environment.）wonderful! Do you think so?

【设计意图】抛出问题"小房子被拖走，它还能回到以前的乡村吗？"答案当然是否定的。我们需要城市，城市需要发展，但在发展过程中我们要注意保护城市的环境。学生小组合作探讨得出了"我们应该热爱我们的城市！""珍惜我们的资源！""保持发展和环境间的平衡！"这也是我最希望学生能够理解感悟出的升华。

T：You can recommend the story to more people, then we can protect our environment together.

I really enjoy the time with you. You did a very good job and I'm so proud of you. This is your homework today. Goodbye, boys and girls.

第四节　美术教学样态探索及典型案例

美术是视觉的艺术。美术课程要凸显视觉性就必须强调对于美术语言的学习运用。

造型体验式课堂教学样态探索

一、理论含义

一直以来，在小学美术课涵盖的四个领域中，造型表现是美术课基础的教学内容，是中小学美术课程标准规定的主要活动内容之一。通过造型体验式学习，强调让学生通过绘画、拓印、拼贴、雕塑等方式进行美术创作活动，从而形成不同的理解，经过层层地剖新、分解，将感性的理念升华为理性的理念，从而培养学生的美术素养，发展造型表现能力。

二、理论基础

1.美术课程标准

《美术课程标准》指出，要引导学生通过观察认识、体验尝试不同的美术材料，从而探索相关造型表现的方法，运用多种形式进行造型体验式活动，让学生体验到造型活动所带来的乐趣，丰富学生的想象力与创造力，鼓励学生大胆地创新表现，产生对美术学习的浓厚兴趣。同时，美术课程标准中对于美术语言的学习也有了新的要求，即在美术教学实践中进行相应教学实施。关于空间造型的课程，仅仅从造型元素这一角度来学习是远远不够的。由于空间本身的复杂多样性，在学校美术课程中，尤其是教科书中的内容应增加对表现手段的学习。

2."做中学"

"做中学"，即在幼儿园和小学中进行基于动手做的探究式科学学习和科学教育。它是在教师的指导、组织和支持下，以学生为中心，实现学生主动参与、动脑动手的探究式科学教育。造型体验式课堂教学着重强调学生在动手中学习绘画创作、手工创作。

三、样态探索

造型体验式课堂教学是指通过创设出各种不同的教学情境，让学生认识和表现线条、形状、色彩、空间、明暗、质感等基本要素，形成感知，通过作品赏析、教师示范，拓展学生思维，并以一定的造型活动为辅，使学生学会运用对称与均衡、节奏与韵律、对比与和谐，多样与统一等组织原理进行各种美术媒材、技巧和制作过程的探索及实验，发展艺术感知能力和造型表现能力，让学生体验造型活动带来的乐趣的教学过程。

造型体验式课堂教学样态探索如图 4-17 所示。

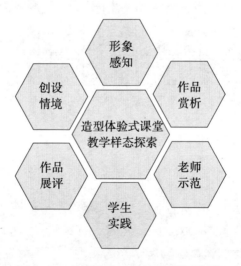

图 4-17　造型体验式课堂教学样态探索

四、典型案例

动物朋友

教学内容：苏少版小学美术二年级下册第 4 课

教学目标：

1.知识和技能：让学生初步了解动物的外形特征和生活习性等，认识动物与人类生活的关系。

2.过程与方法：主要是引导学生抓住动物的特征，采用绘画、剪贴、泥塑等方法表现动物朋友。

3.情感态度与价值观：通过对动物的学习和认识，让学生对动物产生保护意识，从而增强学生对人类社会的关爱。

教学重点：认识和表现动物的主要特征。

教学难点：运用不同的方法将自己的想象能力和创造能力表现出来。

教学准备：学生：油画棒、颜料、水彩笔等绘画工具。

教师：大量动物的图片资料、多媒体课件、绘画工具等。

教学过程：

一、创设情境

1.听声音，猜动物。

在动物王国里将要举行一个联欢会，为了能充分展示自我，小动物们一个个都在积极准备着。听！天还没亮，谁唱起来啦？

当孩子们听出是大公鸡的叫声时，我会马上抓住他们的回答，说："大公鸡这么一唱啊，小花猫、小花狗、大黄牛，它们再也睡不着了，一个个也跟着唱了起来。想一想，它们又会怎么唱、怎么做呢？谁愿意来试一试？"

2.图片展示。

展示小花猫、小花狗、大黄牛的图片并引导学生通过模仿它们的动作、神态和叫声，将注意力尽快转入课堂。

3.揭示课题。

【设计意图】从学生年龄通过创设情境融入游戏中，让孩子在愉悦中理解知识。

二、形象感知

1.通过教师讲述，让学生了解动物的发展史及分类。

由原始社会的单细胞动物开始，经过几亿万年的演变，动物种类有少而多，地球终于有了号称"万物之灵"的"智慧动物"——人类。

由动物的起源，从而引申到动物的种类，让学生积极思考，也体现了学生在课堂的主动性。

2.走进动物世界，了解动物的外形特征。

动物世界里有很多种动物，它们都有自己的形态。你有哪些动物朋友？它们身体什么样子？头形是圆还是方？脖子是长还是短？四肢的长短又是怎样的呢？请你们说说自己喜欢的动物的外形特征。

学生讨论回答。

在教师的引导下，孩子们都能积极主动地把动物身体的各部位与生活中常见的实物展开联想，找出它们的外形特征。

3.通过欣赏图片《春耕》和《逗鸟》，引导学生回忆并交流生活中自己与动物朋友亲密相处的情形与感受。

这些可爱的动物朋友，给我们的生活带来了便利和快乐。你们看，耕牛是农民伯伯的好朋友，象征着和平的白鸽也给小朋友们带来了无穷的乐趣。想一想，生活中你还有过哪些与动物朋友亲密友好相处的情景？请同学们认真思考，来说一说自己的感受吧！

4.通过欣赏比较，感受动物朋友与人类文明进步有着密切的联系。

①三国时期，诸葛亮发明的特殊运输工具"木牛流马"；

②根据蝙蝠和蜻蜓，发明了雷达和直升机；

③这是根据变色龙的色彩制作的迷彩服；

④这些动物在生活中广泛存在。

通过欣赏，让学生感受人类的文明进步离不开动物朋友，激发对动物的热爱。

5.通过唐诗或歌谣，感受人们对动物的赞美与喜爱之情。

动物是人类的朋友，它们在给我们带来快乐、启发和思考的同时，也成了人们描绘的对象。你们还知道哪些描写动物的儿歌或唐诗呢？谁来说一说？

【设计意图】通过图片欣赏、唐诗等，进一步引导学生把握动物的外形特征，从而培养学生的观察力和想象力。

三、作品赏析

教师引导学生欣赏同龄人作品和大师的作品，如齐白石的《虾》，徐悲鸿的《奔马》。让他们感受作品表现形式的多样性，要抓住特征力求"神似"，不要过于追求动物的形态结构和比例关系。

【设计意图】通过欣赏和比较，激发学生的创作欲望，感受大师作品的艺术魅力。

四、教师示范

教师以"我的家乡盐城大丰的麋鹿"为例边画边让学生了解麋鹿的角似鹿、头似马、身似驴、蹄似牛，又叫"四不像"。在认识了麋鹿的同时又学习了画法。

通过图片，让学生了解除了麋鹿以外的濒危动物还有大熊猫、金丝猴、白鳍豚、华南虎、扬子鳄、黑颈鹤等。

【设计意图】教师以"家乡盐城的动物麋鹿"展示示范，更贴近学生、贴近生活。通过展示过程中与学生的互动，为下面学生创作做铺垫。

五、学生实践

1.选择自己喜欢的方式创作出自己心中喜欢的动物。

2.可以自己完成，也可以小组合作完成。

【设计意图】让学生在轻松愉悦的氛围中独自创作或者小组合作。多种评价方式，可以让学生发现自己作品的亮点和不足的地方。

六、作品展评

1.教师引导学生把画好的动物朋友展示在黑板的"森林"中，并引导学生进行多元评价。

2.在音乐声中，让孩子们戴上自己喜欢的动物头饰，模仿各种动物的神态、动作和叫声，一起走进动物世界联欢。

板书设计：

动物朋友

外形特征　　　　　　　　绘画

生活习惯　　　方法　　　剪贴

　　　　　　　　　　　　泥塑

设计体验式课堂教学样态探索

一、理论含义

"设计应用"领域是指运用一定的物质材料和手段，围绕一定的目的和用途进行设计与制作，传递、交流信息，美化生活及环境，培养设计意识和实践能力的学习领域。设计体验主要是把体验感悟到的创作形象变成真实的创作作品，但它不仅是"想"的结果，更是一种思维的升华和灵感的再现过程，是学生主观能动性及创新设计能力得以充分发挥的力量源泉，是经验与实践知识的相互碰撞与共鸣的过程，它在一定程度上决定着作品及学习目标的达成与否。

二、理论基础

《美术课程标准》指出，美术课也是一种美学文化的传递。美术作品视觉上的体验所带来的冲击力直接影响学生对作品的求知欲。冲击力强的作品从形式到内容都会紧紧地抓住学生的好奇心，让学生在整个课堂都充满浓厚的学习兴趣，提高学生的艺术素养、文化内涵，增强民族自豪感，尊重世界文化的多元化。同时，要培养学生敢于设计、实践的能力，提升学生的美术设计应用能力，进一步调动思维和情感体验，校正和提升认知思维，使学生始终保持设计创作的欲望。

三、样态探索

设计体验式课堂教学是指了解"物以致用"的设计思想，通过开展丰富多彩的设计实践活动，充分刺激学生的视觉、触觉、听觉，从而使其感受各种材料的特性，获得感知认识，并运用设计和工艺的基本知识和方法，进行有目的的创新、设计和制作活动，发展创新意识和创造能力。再通过设计实践体验，检验感知觉的认识，获得创造与成功的愉悦体验，逐步形成崇尚文明、珍惜优秀民族艺术与文化遗产、尊重世界多元化的态度。

设计体验式课堂教学样态探索如图 4-18 所示。

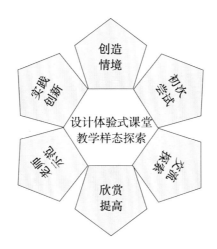

图 4-18 设计体验式课堂教学样态探索

四、典型案例

画汗衫

教学内容：苏少版小学美术六年级下册第 8 课。

教学目标：

1. 知识和技能：通过设计汗衫，让学生了解汗衫类型为图案、文字、图文并茂。

2. 过程与方法：利用汗衫的特点，通过想象、夸张、联想、巧妙组合等方法，学习设计有个性的汗衫图案，锻炼学生设计能力。

3. 情感态度与价值观：在设计与绘制的活动中，发展学生的创新意识，激发学生的美化生活的愿望。

教学重点：运用各种材料设计一件具有个性的汗衫。

教学难点：根据课堂所学内容，利用想象、联想、夸张、组合等方法，对汗衫进行大胆设计，使学生自己设计的汗衫图案、造型更有创意，令人过目难忘。

教学准备：多媒体 PPT、水粉颜料、炫彩棒、空白汗衫等。

教学过程：

一、创设情境

1. 教师提问。

师：同学们，你们还记得这是什么活动吗？

生：……

师：是的，上学期咱们敬贤实小的全体师生在赵校长的带领下，为云南省勐马镇的孩子们捐献了一批衣物，他们别提多开心了。现在，我们即将为他们捐献第二批物资，你们想不想为他们送上你们亲手制作的礼物呢？

生：想！

师：看到同学们这么激动，老师很开心。你们看，老师今天穿的是什么？

生：T恤、短袖……

师：那老师有个好主意，我们为他们送上亲手制作的T恤好不好？

生：好！

2. 汗衫起源。

师：其实啊，T恤是国外的叫法，在中国咱们管它叫汗衫。

（转身贴"汗衫"）你们知道汗衫典故吗？

生：不知道。

师：汗衫起源于夏商周时期，最开始的名字叫作"中单"。后来，相传汉高祖和项羽激战，汗水浸湿了中单，所以又有一句话叫作"汉代江山靠汗衫"。那你们觉得老师身上的这件汗衫怎么样呢？

【设计意图】师生共同回忆往事，温情导入是本节课的亮点。教师普及汗衫文化，更加深学生对历史的了解，增强了学习兴趣。

生：太普通了，没有颜色、图案……

师：你相不相信老师在短短的几秒钟内就可以让它变得生动起来。

（师转身操作，贴上logo）

师：现在再来看一看？

生：比刚才好多了。

师：刚才，老师用贴的方法装饰了这件汗衫，今天我们要来学学如何用画的方法装饰出一件有个性的汗衫。

（师转身板书：画）

【设计意图】教师通过向自己汗衫上贴图案，直观地展现出本课的趣味性，实践很多时候比理论来得更加重要。

二、初次尝试

1. 第一次小练习。

师：老师给每一位同学都准备了一件小小的汗衫，请你快速地用彩笔装饰它吧！

2. 简单评价。

师：瞧，老师给大家带来了一个衣橱，不一会儿就被同学们的汗衫给挂满了。请你来说一说你最喜欢哪件汗衫呢？

生：最喜欢那叫有米老鼠图案的，非常卡通。

生：最喜欢那件画有植物的，看着非常环保。

三、交流探索

师：刚才老师觉得衣橱有一点儿乱，给它分了一下类。哪位细心的同学可以看出是怎样分类的呢？

生：因为我发现这些汗衫中有的有图案，有的有文字，有的是图文并茂的。

师：同学们你们认为他分得对不对？

生：对。

师：你真是个善于观察的孩子。其实啊，这些都是汗衫的表现手法。

（PPT＋板书 表现手法）

【设计意图】给每一个孩子发一件小小的空白汗衫，让他们自由创作，再由他们自己主动发现汗衫分类方法。这体现了新课程中，将课堂交给孩子的主体思想，更体现了学生学习的自主性。

四、欣赏提高

师：同学们这么多件汗衫里，老师发现了一只可爱的小熊，碰巧老师也有一件类似的汗衫。

师：那你觉得这件汗衫有个性吗？

生：太普通了。

师：如果是你，你想怎样让它变得有创意起来？

生：多画几只小熊，或者改变它的形状。

师：那你们想不想看看设计师是怎么样变的？

生：想！

师：没想到小熊的排列方式也可以发生改变。咱们再来对比一下这样的两张图片，请同学们小组讨论一下，你觉得哪一张的表情更加狰狞？

生：第二张。

师：为什么？

生：因为第二张更凶狠。

师：那么从颜色上来看呢？脸是蓝色，牙齿是……

生：白色。

生：凸显得脸更加恐怖了。

师：原来颜色对于我们汗衫的设计也这么重要啊。刚才的汗衫有一些吓人，如果老师想表现温暖的感觉，你们认为可以用到哪些颜色呢？

生：红色，黄色、暖色……

【设计意图】在欣赏的过程中，穿插以前学习过的色彩知识，让学生温故知新，在学中回忆、思考。

师：咱们再来看一下这样的两件汗衫。哪一张给你视觉的冲击力更大？为什么？

生：第一张，因为红色和蓝色是对比色，有冲击力。

师：你掌握了丰富的色彩知识，真棒！假如老师想把它送给爷爷，你认为哪一件更合适呢？

生：第二件，颜色比较素雅。形状也可以简单一些。

师：同学们掌握的知识都很棒！再来看这样的一件汗衫，苏老师特别喜欢。如果老师穿在身上，会给你什么样的错觉？

生：仿佛把婴儿背在身上。

师：这样给人产生错觉的手法叫作"巧妙借用"。欣赏了设计师设计的汗衫，我们再来看一看同龄人是怎样表现巧妙借用的。

师：这件汗衫的正面是什么？

生：正面有个人进去，反面出来。

师：这样子好像有一种……

生：联系。

师：对，这种手法叫作"前后呼应"。而且，也提示了我们可以装饰汗衫的正面，也可以设计它的背面，甚至领口和袖口都可以装饰。咱们再来欣赏一下别的学生作品。这么多丰富有趣的汗衫，你有没有得到什么灵感呢？你想设计一件什么样的汗衫给贫困山区的孩子们呢？

生：……

五、教师示范

师：看了这么多有个性的汗衫，老师都有点按捺不住，想要试一试了。老师想把爱送给山区的孩子们，你们有什么好主意呢？

生：我们就把爱写在上面吧！

师：你的想法非常棒。老师有一个好点子，我们写爱的英文字母怎么样？显得更含蓄。

师：你们看这根线像什么？

生：鼠标。

师：你们的点子太棒了！Love 代表了什么？

生：代表着对贫困山区孩子们的爱。

师：鼠标代表着写邮件，希望他们能和我们经常保持联系。

【设计意图】教师的示范要给孩子的作业起到启迪的作用，既不能太复杂，又要贯穿整课的知识点。而对山区孩子的爱，更是将本节课升华到了情感态度价值观。

六、实践创新

师：在大家的共同努力合作下，老师的汗衫设计完了。接下来，轮到同学们大展拳脚了。请同学们 3 个人合作完成一件汗衫，一会儿每个小组推选一名小模特来参加我们的创意汗衫秀。快让我们开始吧！

（学生作业，师巡视指导）

1.作品展示。

师：时间总是过得很快，不一会儿很多同学都画好了。请小组同学相互讨论，每个小组推选一位小模特来参加咱们的汗衫T台秀。

师：准备好了吗？让我们用掌声欢迎这些小模特闪亮登场！

（播放音乐，学生优秀）

师：你们走的模特步太专业，请6位小模特站在台前。哪位同学说说你的想法，你最喜欢哪一件？

生：……

师：这是谁的作品？了不起的作品！上面有一个"贤"字。你的设计意图是什么呢？

生：因为我们敬贤的每一个学生都是小贤士，后面是我们的象征物——竹子和向日葵，象征着正直和阳光。我希望将我们敬贤的文化与在山区的小朋友分享。

师：你说得太棒了！掌声送给6位小模特。爱是世界上最美的语言，看，一件件汗衫在同学们的笔下变得如此活灵活现。从同学们的作品中，老师也感受到了你们对山区小朋友的友爱之情。相信他们收到你们用心制作的汗衫，一定格外高兴。

2. 拓展延伸。

（出示图片 环保 等）

师：其实啊，很多时候汗衫还有更深层次的含义。通过这堂课的学习，老师相信你们对汗衫一定有了更深刻的了解。很多时候，它代表着我们的信念，代表着我们的态度，代表着我们的价值观。在今后的生活中，老师祝愿每一位学生都能够做积极向上、茁壮成长的小贤士！今天的这堂课就上到这里，下课！

【设计意图】汗衫秀也是本节课一大亮点。六年级的孩子羞于表现，但是穿着他们自己设计的汗衫，会更加自豪，也更体现了玩中学、学中玩的学习主旨。

板书设计：

画汗衫

表现手法　　　夸张　　　　变形

　　　　　　　色彩　　　　对比

欣赏体验式课堂教学样态探索

一、理论含义

"欣赏评述"领域是指学生对自然美和美术作品等视觉世界进行欣赏和评述，逐步形成审美趣味和提高美术欣赏能力的学习领域。除了通过欣赏获得审美感受之外，还应用语言、文字等表述自己对自然美和美术作品等视觉世界的感受、认识和理解。欣赏体验即美术鉴赏，是一种以作品为欣赏对象的欣赏活动，是让同学们在审美经验的基础上对作品的艺术形式、风格、特点进行了解，它是一种积极的再创造的体验式活动。教师通过引导让学生独立地去思考作品的内涵，掌握基本的美术欣赏方法，不断提高学生的欣赏能力、评述能力，涵养人文精神。

二、理论基础

陌生化理论的实质在于对诸方面感觉的动态更新，以独特的方式增加人的生活所见。在美术欣赏体验课中，教师引导学生独立欣赏作品，让学生对陌生的作品充满好奇心和兴趣，尽可能地调动学生情感，以达到课堂教学的效果和目的。

三、样态探索

欣赏体验式课堂教学是指学生在赏评作品时，通过教师的导引，激发参与欣赏活动的兴趣，自主探究，学习多角度欣赏和认识自然美和美术作品的材质、形式和内容特征，学会客观地审视美术作品，充分发挥评价的激励和促进功能和作用。通过"赏识优点、发现不足、表达思想、升华情感"，从而生成体验，掌握运用语言、文字和形体表达自己的感受和认识的基本方法，逐步形成健康的审美情趣，提升艺术审美能力。

欣赏体验式课堂教学样态探索如图 4-19 所示。

图4-19 欣赏体验式课堂教学样态探索

四、典型案例

青铜艺术

教学内容： 苏少版小学美术五年级下册第20课

教学目标：

1. 知识和技能：认识青铜器，感知铭文、纹饰图案等概念，掌握古代青铜器基本的造型特点。

2. 过程与方法：运用合作探究的方法，走进博物馆认识三件国宝，自主表达学习体验。

3. 情感态度与价值观：感受青铜艺术的魅力，激发学生热爱文物、热爱家乡、热爱祖国的情感。

教学重点： 引导学生欣赏三件具有代表性的国宝，使学生初步了解中国古代青铜艺术的特征。

教学难点： 带领学生欣赏古代青铜代表作品，使学生认识中国古代青铜艺术的发展史及其特色。

教学准备： 希沃电子白板、3D打印司母戊鼎模型、作品展示墙

教学过程：

一、教师导引

播放音乐《茉莉花》

师：猜猜是什么乐器呢？

生：……

师：那么老师来介绍一下。这种乐器在古代被称为"编钟"。早在战国早期就已经出现了编钟，它就是曾侯乙编钟。编钟是我国最著名的青铜器，也是一件很大很复杂的乐器！历经千年而保存完好的曾侯乙编钟，已经不只是一件青铜乐器，更是令人叹为观止的艺术品。这节课，我们就一起去领略瑰丽多彩的青铜艺术。（板书：青铜艺术）

【设计意图】五年级的学生已经对中国古代的历史有了初步的了解，大部分学生对中国民歌《茉莉花》也很熟悉。通过熟悉的旋律一下子吸引学生的注意力，激发他们的求知欲，为后面的欣赏环节做好铺垫。

师：曾侯乙编钟为我国铜器艺术中的精典，体现了我国传统文化的丰富内涵。它的铸造工艺、造型、精美的装饰纹样所形成的艺术特色，使它具有文化象征意义，又具有作为日常生活用品的使用价值和陈设欣赏价值。同学们课前也做了预习！谁来介绍一下青铜器。（充分让学生表达发言）

总结：刚才同学们从铸造、历史、文化、馆藏等方面介绍了青铜器，老师也提炼概括了一下。大家听录音。

青铜器是红铜与锡或铅的合金，生锈后才成为青绿色。它硬度大、铸造性能好、耐腐蚀，适于制作工具、武器、日用器及雕塑艺术品，是人类最先广泛使用的金属器。青铜器约在公元前4000年开始出现，在对几个文明古国的考古中均有发现。中国古代青铜器因种类繁多，数量巨大，工艺精美，为世人称道。

【设计意图】用话外音的形式让学生了解青铜器的特征、用途、影响等。

二、自主探究

师：课前，同学们做了预习，初步了解了一些青铜器和它们的艺术表现形式。老师也整理了一些资料，就在你们的互动平板里。打开平板电脑，认真学习老师提供给大家的学习资料，希望同学们可以带着问题去学习、去思考。

【设计意图】在课前布置作业搜集相关青铜器的知识和造型特点，为本节赏析课打下牢固基础，运用"希沃5"电子白板，提供大量的青铜器素材和历史介绍，让学生自主探究变得更加便捷有效，学生在美术课程学习欣赏过程中从被动接受者转变为主动参与者，与教师一起参与认知的构建，形成对知识的个性理解和独特审美体验。

三、作品赏析

我们中国有很多的博物馆有精美的古代青铜器陈列，今天我们重点来欣赏三件青铜器国宝。

（一）青铜器是图案的艺术

师：现在我们来到的是中国国家博物馆，请出第一件国宝——商朝的司母戊鼎。请大家整体观察这件国宝。第一，谁来说说它的整体造型？第二，为什么叫司母戊鼎？第三，你知道它最大的特征是什么吗？

生：重、大、方形鼎、四个足、有很多斑纹，司母戊鼎腹部呈长方形，上有两只鼎耳，下面有四根柱足，因鼎腹内壁铸有"司母戊"三字得名，商王的母亲叫"戊"，是商王为祭奠他的母亲所制。重达832千克，是迄今为止世界上出土最大、最重的青铜礼器。

师补充：（调动积极性）在我们祖先铸造司母戊鼎的同时期，世界的其他文明古国只能铸造很小的青铜器。这反映了中国青铜器铸造工艺非常厉害。

师：同学们再局部仔细看看鼎身上的纹饰，说说你的发现。（放大镜 关灯）

师：这便是教员侧重要向同学们形容的饕餮纹（饕餮是一种怪兽，只有一个大头和一个大嘴，非常凶猛，见到什么吃什么）。

师：饕餮纹还有很多种，这些纹饰上面有哪些动物的特征？

生：有的像龙、像牛、像虎……

师：青铜器的纹饰另有（夔龙纹、凤鸟纹）等，可以说青铜器表现了图案的艺术。（板书：图案）

（二）青铜器是书法的艺术

师：告别中国国家博物馆，我们来到了台湾省的台北故宫博物馆。请出第二件国宝——西周晚期的毛公鼎。和刚才一样，我们还是要从整体到细部进行观察。谁来说说整体造型？再找找它们有什么不一样？

生：这个是圆的、那个是方的，这个有三个鼎足，那个是四个。

师：你们的观察能力真强，发现了器形的区别。还有吗？器形、纹饰（重环纹），谁知道毛公鼎为什么出名吗？

生：内壁有很多字。

师：是的，这些文字叫什么？有的纪实锻造青铜器的缘由，有的记念祭奠的人物等。毛公鼎铭文极其饱满庄重，是大篆书体高度成熟的表现，课前老师用大篆体写了一个"鼎"字。篆书的特点是中锋运笔，圆起圆收！

师：如果说司母戊鼎表现了图案的艺术，那么毛公鼎表现了什么的艺术呢？

生：书法、写字……文字用艺术的方式表现出来叫什么？（板书：书法）

（三）青铜器是设计的艺术

师：最后一站我们来到的是河北省博物院，请出第三件国宝——汉代的长信宫灯。谁来说下你的体会？

生：宫女形象啊等……

师：是啊，你观察得很仔细！它是一名跪地持灯的汉代宫女形象，左手持灯，右手高高举起，宽大的袖口自然下垂，巧妙地形成灯罩的底部。（之所以保存较为完好，那是因为长信宫灯采用了铜鎏金的技艺。在铜器表面覆盖了一层金，不仅防止青铜器被锈蚀，还能表现出奢华尊贵的感觉，多为皇室贵族所用）距今已有2000多年。

师：这次老师带大家来 一起看内部结构，你们发现了什么？

生：里面是空的吗？

师：你们都颇有想法！让我们经由过程视频周全领会一下它精致的设计吧！现在你们知道了吗？长信宫灯是古人智慧的结晶，造型美观、功能实用，堪称设计艺术的典范。（板书：设计）

【设计意图】通过欣赏司母戊鼎、毛公鼎和长信宫灯三件具有代表性的青铜器，了解了青铜器的造型、纹饰、铭文、象征寓意等特征，初步辨析一些青铜器的特点，利用"希沃5"教备一体化网络教学资源准备了大量的青铜器图片、视频素材，将白板的手绘、摇号点名、生成游戏等功能加入课程设计之中。

四、生成体验

师：同学们，刚才我们一起采用了从整体到局部的方法鉴赏了三件国宝，了解了青铜器的艺术特点。这些特点并不是孤立存在的，现在再谈谈你们对青铜器以及青铜艺术的认识。

生1：中国古代的青铜器融会了图案、书法等元素，是天下公认的艺术珍宝。

生2：中国古代青铜器锻造始于原始社会后期，商晚、西周初期是青铜器成长的鼎盛时期。战国之后，青铜器逐步被铁器所取代。

生3：我经常收看中央电视台的"鉴宝"栏目。其中，有一期专门介绍了青铜的铸造技艺，有模范法、失蜡法、分铸法、焊接法等工艺，是古代能工巧匠智慧的结晶。

【设计意图】这个环节要充分发挥学生的主观能动性，在欣赏环节的基础上，充分表达和发挥他们的认识。不可轻易打断学生的表达，充分挖掘学生个体情感和审美。

五、拓展延伸

师：3D打印机来表现青铜器，播放3D打印机塑造青铜器的视频。老师介绍步骤（1.电脑上建模；2.打印机打印2小时后初步外形；3.6小时后有了厚度；4.16小时即将完成；5.18小时打印成功；6.老师除去多余的部分，再用丙烯颜色上色，最后的成品，老师把它带到了课堂。）

师：欢迎同学们到学校3D打印室试试采用传统美术与现代技术相结合的方法来表现青铜器。同学们，这尊司母戊鼎见证了我们的师生情谊，我要把它赠予大家。

【设计意图】拓展环节不是句号，而是问号，出示3D打印的青铜器模型，旨在激发学生通过信息技术手段去深入探索研究青铜器的造型，加深对青铜艺术的了解。老师要发挥好引导作用。

板书设计：

青铜艺术

图案

鼎（篆书）　范画　青铜器　书法

设计

综合体验式课堂教学实践探索

一、理论含义

"综合探索"领域是指通过综合性的美术活动，引导学生主动探索、研究、创造以及综合解决问题的美术学习领域。它分为三个层次：①融美术于各学习领域为一体；②美术与其他学科相综合；③美术与现实社会相联系。三个层次之间又有着不同程度的交叉或重叠。通过综合体验式的学习活动，学生应以美术知识结合其他学科以及生活中所获得的知识，大胆发表自己的想法和意见，力求培养学生完善的人格品质。同时，学生的生活经历和精神情感也会通过他们的美术创作等形式表现出来。

二、理论基础

《美术课程标准》指出让学生通过美术综合体验式学习活动，让学生认识到美术学科与各个学习体验领域之间是相互联系的，以及美术学科与其他学科、现实社会也是相互联系的。引导学生进行综合性、探究性的美术学习活动，从而提高学生解决问题的能力，体验美术学科所带来的愉悦感、成功感。

三、样态探索

综合体验式课堂教学指，让学生通过教师的导引、在欣赏感知的同时，以自主体验学习为主的方法获取知识，形成自主学习能力；使学生们认识到美术学科与其他学科之间存在着的差异与联系，学习灵活运用；同时，认识到美术与生活密不可分，培养学生的综合能力，开拓他们的视野，拓展想象的空间，激发探索未知领域的欲望，进而提升综合素养。

综合体验式课堂教学样态探索如图4-20所示。

图 4-20　综合体验式课堂教学样态探索

四、典型案例

走进大自然

教学内容： 苏少版小学美术一年级上册第 1 课

教学目标：

1.知识和技能：能够运用水彩笔、彩铅或油画棒，绘画出大自然的美丽风光，且画面色彩协调。

2.过程与方法：通过感受、欣赏、观察大自然的美丽风光，了解大自然的色彩斑斓，从而画出色彩丰富的作品。

3.情感态度与价值观：通过学习、了解大自然的美丽，激发同学们对大自然的热爱之情，教导大家要保护我们美丽的大自然，并呼吁身边人一起做到。

教学重点： 认识大自然，感受、欣赏、观察大自然的美，引导孩子们用彩笔表现大自然的自然风光。

教学难点： 用丰富的色彩表现大自然。

教学准备： 多媒体课件、精选大自然七彩图片、彩笔。

教学过程：

一、教师导引

1. 儿歌导入。

播放儿歌《大自然之歌》。请同学们保持安静，认真聆听，并举手回答问题：你在这段音乐中听到了些什么？

生：听到了叽叽喳喳的小鸟、高山、大海、大树……

2. 交流小结。

美丽神奇的大自然无处不在，随时与我们相伴。今天，就请同学们跟老师一起走进我们美丽的大自然。

【设计意图】本课是一年级上册第一课。从学生年龄出发，孩子们初次接触小学美术课程，通过儿歌导入，趣味性足，拉近与孩子们的距离，使其进一步产生学习兴趣。

二、欣赏感知

1. 走进大自然。

带着问题欣赏观察美丽的图片：你最喜欢哪一张图片？为什么？

冷色：蓝天白云、大树绿叶、海边……

暖色：日出晚霞、各色花朵……

【设计意图】通过观察美丽的图片，让学生对大自然有一个初步的认识。

2. 七彩大自然。

学生分组讨论交流，你眼中的大自然是什么颜色的？结合我们刚才欣赏的图片回答问题。

生：蓝色、绿色、七彩的彩虹、许许多多的颜色……

师总结：同学们，咱们的大自然真是多姿多彩呀——蓝天白云，绿树红花，七彩彩虹……现在啊，有一个小问题：请同学们想一想，告诉老师，阴天的时候，咱们的大自然是什么样的呢？

【设计意图】通过讨论的方式引导学生了解，大自然是由无数种颜色组成的。

3. 欣赏图片。

观察图片，说一说阴天时的大自然与晴天时有什么不一样？有哪些颜色。

4. 走进美术馆。

师：同学们，大自然这么美，我们除了拍照，还可以怎样把它的美丽留存下来呢？没错，就是用我们的画笔，画下它。那我们又要如何来画呢？不用着急，同学们先跟老师一起走进我们的美术馆，看看大画家们，是如何画一画我们的大自然的。

出示印象派、后印象派、巴比松画派的油画作品，并适当解说，注意语言简单轻松。

【设计意图】在学生对大自然已有一定了解的基础之上，循序渐进进入到用画笔画下大自然这一环节。先欣赏大师的作品，让孩子们对"画大自然"有一个基础的认识。

5. 美术长廊。

师：欣赏了大师的作品，下面，我们一起来到学校美术长廊，看一看小朋友们是如何用画笔来表现大自然的，我们小朋友们也画得很精彩呢。

欣赏多幅同龄孩子们用不同绘画工具画出的大自然作品。

【设计意图】欣赏完大师作品后，欣赏同龄人作品的方式，可以让孩子们更加容易地画出大自然的美丽风光。

三、自主探究

1. 教师示范。

师：看了这么多美丽的作品，老师手痒痒了，也想画一画我们美丽的大自然。

用油画棒进行示范，画出晴天的公园，并在绘画的过程中适当进行步骤解说。

【设计意图】通过教师示范的方式，孩子们可以更加了解如何画出大自然。

2. 确定主题。

师：老师已经画完了，同学们觉得老师这幅画好看吗？现在就到同学们表现的时间啦！在动笔之前，我们先来和同学们分享一下，我们想要画什么好不好呀？

【设计意图】孩子们自行思考讨论，分享想要画什么，使后续的创作更加顺利，且讨论的方式可以拉近孩子们之间的距离。

四、学生实践

1.学生练习。

同学们，现在到你们展示的时候啦！请大家拿起自己喜爱的工具，来画一画我们美丽的大自然吧，给大家15分钟，尽情大胆创作吧！

作业要求：（1）用自己喜欢的方式进行创作；

（2）运用多种颜色使作品完整。

2.作业展评。

自评、互评、师评结合，师评以鼓励为主，鼓励孩子们大胆想象，大胆用色。

【设计意图】教师示范后，直接进入学生作业的环节，使课堂紧凑，孩子们也可以更好地进行创作。在展评环节中，评价方式多样，并进行鼓励。

五、师生感悟

（出示环境被破坏的图片）

1.同学们，你见过这样的场景吗？美丽的大自然受伤了，不那么美丽了。同学们，你们喜欢我们美丽的大自然吗？保护自然环境，刻不容缓，人人有责。

2.孩子们，我们每一个人都要保护自然环境。比如，从不乱扔垃圾、不踩踏草坪做起，而且我们还要呼吁我们的爸爸妈妈、爷爷奶奶一起保护自然环境，让我们的大自然永远都是如此美丽。

3.美好的时光总是短暂的，我们今天一起学习了如何画出美丽的大自然，课后请同学们预习下一课，做好课前准备。同学们，再见！

【设计意图】通过出示大自然遭到破坏的图片，激发孩子们保护自然的欲望，并呼吁孩子们让身边人一起为保护环境贡献一分力量，培养孩子们保护环境的意识。

板书设计：

走进大自然

多彩自然　　　教师示范

第五节　音乐教学样态探索及典型案例

体验式学习理论认为，体验式学习能够使学习者充分参与学习过程，成为课堂中的主导角色。在教学中，教师利用可视听、可思辨的教学媒体，努力在学生体验前做好充分准备，使学生有学习的欲望，并在亲身体验的过程中自觉地投入学习过程中去，获取知识。

音乐体验式课堂教学模式是指以学生自主发现为基础，以审美为核心，以体验为手段，通过各种形式的体验让学生感受、理解和表达歌曲的一种教学样态。这种教学样态面向全体学生，注重音乐体验，重视音乐审美，鼓励音乐创造与表现。根据学生对音乐课的感知和理解，小学音乐课的教学内容分为情境体验型、创编体验型、情感体验型等多种。

小学音乐情境体验式教学样态探索

一、理论含义

我们通过探索和积累把情境教学法融入音乐教学的过程中，通过有目的地设定和引入有趣生动的场景，让学生更自然地融入情境课堂中去，充分的体验情境环境，从而提升学生的音乐素养和课堂体验，我们称这种教学方法为"音乐情境体验式教学"。

二、理论基础

认知心理学强调人的认知是一个有意识心理活动与无意识心理活动相统一的过程。意识心理活动是主体对客体所意识到的心理活动的总和，包括有意知觉、有意记忆、有意注意、有意再认、有意重现（回忆）、有意想象、有意表象（再造的和创造的）、逻辑和言语思维、有意体验等。情境是了解乐曲创作背景，感受作者情绪最有效的手段之一，通过直观的意境来营造出的艺术境界。情境体验通过借助具体的意象，使学生更形象具体地了解乐曲，并激发学生的学习兴趣，从而积极主动地学习。

三、样态探索

音乐情境式体验教学是通过情境导入激起学生的律动兴趣，在教师引导下，学生积极地进行自主探索，学唱歌曲。在创编表演动作和体验歌曲表达的情感中学习，最后在畅谈本节课的收获中总结提高自己。让学生在音乐课堂上学会欣赏美、感受美，培养他们创造美的能力

音乐情境体验式教学样态如图 4-21 所示。

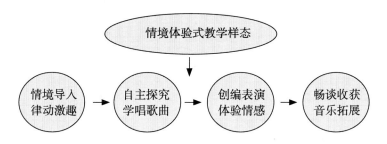

图 4-21 音乐情境体验式教学样态

四、典型案例

彝家娃娃真幸福

教学内容： 苏教版一年级下册第六单元

教学目标：

1. 能用自然有弹性的声音演唱歌曲《彝家娃娃真幸福》。

2. 能主动参与歌舞的表演，体验彝家娃娃的幸福生活。

教学重点：

用自然有弹性的声音演唱歌曲《彝家娃娃真幸福》，感受彝族音乐的特点。

教学难点:

听辨音的高低,感受旋律的起伏。

教学准备:

多媒体课件、钢琴

教学过程:

一、情境导入,律动激趣

(同学们随着歌曲《爱我中华》拍手进教室)

师:我们伟大的祖国有 56 个民族。除了汉族外,你们知道哪些少数民族呢?

生:蒙古族、傣族、维吾尔族……

分别展示:

蒙古族、傣族、藏族;新疆维吾尔族

【设计意图】通过多媒体的图片展示,让学生了解到我国是一个多民族国家,有着丰富的民族文化。

二、自主探究,学唱歌曲

1. 完整聆听歌曲范唱。

2. 出示课题带歌谱,师生齐读歌名。

3. 师范唱第一段。

4. 练唱四个"阿里里"的音准。

【设计意图】听辨四个"阿里里"的音的高低是本课的难点,设计游戏"送它们回家"。抓住低段学生乐于助人的特点,激发学生的学习兴趣,同学们积极认真地聆听、分辨,困难迎刃而解。

5. 播放歌曲 PPT,了解歌曲内容。

6. 让我们带着欢快的心情一起伴随钢琴学唱这首歌曲:

(1)跟琴轻声的演唱歌词。

(2)歌曲的艺术处理。

(3)多种形式练习演唱。

A 男女声演唱,互相聆听、评价。

B 分组演唱,互相聆听、评价。

C 全班有感情地演唱。

【设计意图】通过聆听、模仿等多种方式，逐步引导学生运用轻巧有弹性的声音来演唱歌曲。

三、创编表演，体验情感

过渡语：彝家娃娃不仅会唱歌，而且还特别会跳舞。想一想我们可以用哪些动作来表现这首歌曲呢？

1. 小组讨论，进行比赛，看哪个组想的动作多？

2. 学生模仿视频随音乐舞动，初步感受彝族舞蹈的特点。

3. 老师示范彝族舞蹈动作，同学们自主发现动作规律。

4. 播放《彝家娃娃真幸福》音乐，师生共同表演彝族歌舞。

【设计意图】通过师生共同参与，让学生来体会、感受彝族音乐文化的魅力，更希望同学们能热爱我们的民族艺术。

四、畅谈收获，音乐拓展

希望小朋友们能做有心人，课后去留意一些我国其他少数民族的音乐舞蹈，去学着唱唱跳跳，好吗？等下次课我们一起来展示！

附板书设计：

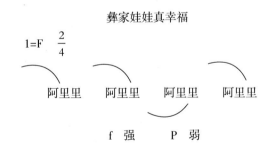

彝家娃娃真幸福

小学音乐创编体验式教学样态探索

一、理论含义

音乐创编教学是指，中小学音乐教学中为培养发展学生创造精神和创造能力，运用各种音乐材料进行创造性音乐学习的教学活动。音乐创编能力的培养是音乐课堂教学的重要目标之一，对学生创造能力和音乐能力的提高有着重要作用。创编体验作为体验教学的重要内容，意在对学生的音乐学习性质进行深化。从游戏体验活动进行扩展，满足学生不断增长的学习需求。

二、理论基础

《音乐课程标准》把"鼓励音乐创造"作为一项基本理念，就是因为在音乐学习领域，创造教学是引导学生发挥想象力、发掘创造性思维潜能的途径之一，也是引导学生积累音乐创作经验的主要方法。新课标赋予了我们的音乐教学新的活力。它要求我们的教学是创新的教学、灵性的教学。它鼓励音乐创造，发展学生的创造性思维。许多老师在歌唱、唱游、欣赏、演奏等教学中会设计、安排创编表演这个环节。创编表演在小学音乐课堂教学中的创、演、趣的作用是毋庸置疑的。设计合理的创编表演可以全方位地培养学生编、创、演的能力，激发学生音乐审美的主动性，对发挥学生的个性、特长有着积极的作用。

三、样态探索

音乐创编体验式教学是教师通过情境导入揭示课题，学生在具体情境中欣赏乐曲的同时了解曲调的旋律。在学生学唱歌曲的过程中，创造性环节部分通过教师的引领，能够使所有人都积极参与到体验创编中，使其对音乐的学习有更加生动的理解和深入的认识，如图4-22所示。

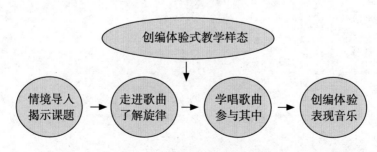

图4-22　音乐创编体验式教学样态

四、典型案例

火车开啦

教学内容：苏教版二年级上册第四单元

教学目标：

1. 熟练有感情地演唱歌曲。

2. 在聆听、模唱、律动等方式中体验歌曲。

3. 积极参与音乐活动，感受音乐的趣味性。

教学重点：学唱歌曲《火车开啦》。

教学难点：创编节奏，音乐律动。

教学准备：多媒体、钢琴。

教学过程：

一、情境导入，揭示课题

1. 同学们，你们知道这是什么地方吗？你们坐过火车吗？你们有人体验或者观察过火车的启动过程吗？

2. 下面，我们一起来模仿火车的声音（表现了火车从即将开动到飞速行驶的过程）。

同学们的小火车开得真是太好了！各位乘客你们好，从盐城开往匈牙利的火车就要出发了。注意：火车开啦！

【设计意图】联系生活实际，利用火车发出的三种声音并加上节奏，带领学生玩声音接火车的游戏，激发学生学习兴趣，为后面的歌曲学习做铺垫。

二、走进歌曲，了解旋律

1. 初听。

好听吗？歌曲表现的什么内容？谁能给这首歌取个名字（揭示课题：火车开啦）。

2. 复听。

情绪（欢快、活泼、高兴），速度（比较快）。

3. 读歌词。

（1）同学们，你们能自己尝试有节奏地将这首歌的歌词读出来吗？

（2）老师也想来读一读这首歌的歌词，请大家仔细聆听，看看老师读的跟你们读的有什么区别（有强有弱）。

（3）这是一首四二拍的歌曲，四二拍的强弱规律是强、弱。

（4）再次诵读歌词。

4. 再听。

让我们再听一遍歌曲，假如你是一个火车司机，会用什么样的心情来演唱这首歌。

【设计意图】在反复聆听中，让学生感知歌曲的内容，由学生自己想出课题名称。通过聆听歌曲的情绪和速度，使学生熟悉歌曲的旋律，为接下来的学唱歌曲部分打下基础。

三、学唱歌曲，参与其中

1. 师分句教唱。

2. 跟音乐、分组唱（男生第一遍，女生第二遍，最后一遍合）。

3. 提问：同学们，老师想考考你们，火车从远方向我们驶来，声音的强弱发生了怎样的变化，是越来越强还是越来越弱？（板书渐强和渐弱记号）

4. 学生跟着音乐用拍手的方式将渐强渐弱表现出来。

5. 随音乐用歌声和拍手表现出歌曲情绪。

【设计意图】为避免学唱过程的单一性，引导学生适当地对歌曲进行处理，并对演唱过程中出现的问题进行细致的指导，让学生能更富有趣味性地去感受歌曲旋律。

四、创编体验，表现音乐

1. 根据歌曲旋律创编新的节奏。

2. 演唱过程中，想不想给我们的火车加点动作啊？（加动作表演）

3. 提问：你们觉得一个人能表现出一节火车吗？（不能）要怎样表现呢？（手搭在肩膀上）老师想请5位小朋友上来表演一下。

4. 学生尝试学唱。其他的小朋友们，你们也想试一试吗？我们分成两列小火车，先请一、二组的小朋友出列，三、四组小朋友给他们伴唱（交换）。

5.总结：通过大家的努力，我们终于来到了美丽的匈牙利。让我们一起去看看吧！

【设计意图】通过小组学习创编动作的方式，培养学生的小组合作意识，体会合作表演所带来的快乐和成就感。这样能有效地使本节课的学习内容得到一个很好的反馈，帮助学生们在课堂中乐于、勇于展示自己。

五、小结

今天，我们一起学习《火车开啦》这首歌。随着科学技术的发达，现在的火车变得更加先进。希望你们从现在起，能够好好学习，有机会能够设计出更棒的火车！今天的课我们就上到这里，让我们在音乐声中结束今天的课堂，下课！

附板书设计：《火车开啦》　　"<"渐强　　">"弱

$$1\ 1\ 3\ 1\ |\ 5\ 5\ 6\ 5\ |\ 4\ 3\ 2\ |\ 1\ -\ |$$

咔嚓咔嚓 咔嚓咔嚓, 火车 开　 啦,

小学音乐情感体验式教学样态探索

一、理论含义

音乐是情感的艺术。音乐学习的过程就是情感体验的过程。音乐情感体验式教学就是通过创设一种与音乐情境相结合的环境、气氛，以情动情，使学生很快进入音乐中，并用各种丰富的音乐语言将自己的感受表达出来。在教学中，教师应善于结合教材，将自身外化的情绪渲染出一种特殊的课堂气氛，将音乐作品中的丰富情感传递给学生，以丰富学生在课堂上的情感体验，培养学生成为具有高尚情操和良好音乐素养的人，从而达到音乐教育的最终目的。

二、理论基础

情绪心理学的研究证明，个体的情绪对认知活动至少具有激励、强化和调节三种功能。音乐情感体验是指学生在教学过程中围绕自己的艺术体验所表现出来的积极健康的情感，它能以情感感动人，以审美教育人，最终升华为情感体验。

三、样态探索

情感体验式教学是通过情境导入揭示课题，学生在初步学习歌曲后感受乐曲所抒发的情感。在教师的带领下，学生再次深情学唱，人人参与体验创编，积极表现音乐，如图 4-23 所示。

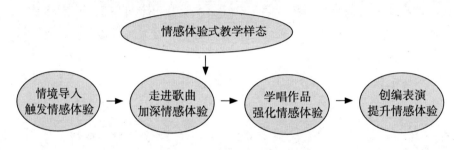

图 4-23　音乐情感体验教学样态

四、典型案例

小事情

教学内容：苏教版四年级上册第五单元《小事情》。

教学目标：

1. 有感情的演唱歌曲，感受歌曲的优美纯净。

2. 通过本堂课的学习，能基本掌握双声部的演唱，能较好地进行配合。

3. 有意识地用音乐合作的方式体现歌曲蕴含的道理。

教学重点：

能用连贯、优美的声音，演唱歌曲《小事情》。

教学难点：双声部演唱。

教学准备：钢琴、多媒体

教学过程：

一、情境导入，触发情感体验

同学们，今天我们教师来了一群可爱的小水滴，让我们一起认识一下它们吧！

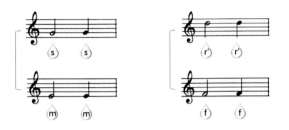

为了表示对它们的欢迎，让我们用歌声来跟它们打个招呼吧！（分高低声部，跟琴用柯尔文手势学唱）

【设计意图】通过认识小水滴，帮助学生更好地了解歌曲，以及初步感受双声部。

二、走进歌曲，加深情感体验

1. 初听歌曲，感受旋律。（聆听体验）

小水滴们为了寻找美丽的大海，它们兵分两路，变成了两条小溪。我们先来找找第一条小溪吧！（出示合唱部分高声部旋律，先听，后跟琴唱旋律，注意大跳音程）

2. 经过大家的努力，我们找到了第二条小溪。（低声部旋律）

先听，和第一条小溪的旋律相比，它的音高发生了什么变化？跟琴声学唱，两条小溪它们相遇，终于找到了美丽的大海。

3. 听，大海唱起了动听的歌，仿佛在向我们表示祝贺呢！

（1）初听。歌曲给你带来了什么样的感受？老师带学生做三拍子律动情绪是怎样的？（请学生用"希沃"拖拽分类）

（2）复听。这是一首美国童谣《小事情》，让我们再来听一听歌曲的演唱顺序是什么呢？

（3）再听。这首歌曲采用了什么样的演唱形式？（学生操作"希沃"——领唱与合唱）

【设计意图】视唱能加深对歌曲旋律的印象,通过唱旋律对分析歌曲打下良好的基础。通过哼唱,让学生从整体感受、体验音乐的优美、流畅、演唱活泼、跳跃的特点。

三、学唱作品,强化情感体验

1. 让我们一起跟琴学一学领唱部分(先唱旋律,再逐步带入歌词),加入强弱记号,用铃鼓辅助表现。

2. 领唱部分也像小水滴一样,在找寻自己的伙伴和它一起奔向大海,下面让我们试试合唱部分。(按照开始的高低声部,听音频,低声部先跟琴进行模唱旋律。然后,加入歌词。接着,尝试跟音频演唱,师用琴辅助音准。低声部练熟后,尝试加入高声部一起合唱)

3. 让我们跟随老师的琴声,完整地将这首美国童谣唱一唱!老师唱领唱部分,合唱部分前两句一起唱,后两句分声部演唱,注意聆听对方声部。

【设计意图】视唱能加深对歌曲旋律的印象,通过唱旋律对分析歌曲打下良好的基础。通过哼唱,让学生从整体感受、体验音乐的优美、流畅、演唱活泼、跳跃的特点。

4. "小水滴汇聚成大海洋"这句话带给我们什么启示?

(师总结:俗话说,"不积跬步无以至千里,不积小流无以至江海",千里之路是靠一步一步走出来的,没有小步的积累,就无法走完全程)

【设计意图】再次熟悉旋律,熟悉音乐,感受歌曲的明朗之情。以歌曲本身去吸引学生的兴趣和注意、激发学生学习演唱的热情。

四、创编表演,提升情感体验

老师想请同学们在第二段齐唱时逐步增加人数,第一组开始演唱,每一乐句加入一组,直至最后全班一起演唱。再请几位同学用三角铁和沙锤伴奏。让我们用歌声表现出"汇涓成海,聚沙成塔"的效果。(所有人起立,先跟随伴奏音乐一组接一组跟随老师走成一个圆圈,第二遍音乐进行完整表演)

附板书设计:《小事情》

 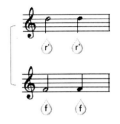

第六节 体育教学样态探索及典型案例

小学体育体验式教学样态研究，以小学生的认知能力和学习的特点为基础。我们确定了体育的体验式教学的研究方向：以学生感兴趣的情景为基础，融合课堂的教学内容，让学生积极地参与到课堂中，体验体育课堂的理论及运动技能，进而感悟出怎样获得体育知识和运动技能的教学模式。体育的体验式教学以学生作为课堂的主体，以学生的内在需求为中心，让他们在体验中产生兴趣，从而提升课堂的效率。在体验式教学中，师生不再是"教"与"学"的关系，而是朋友的关系，相互之间探讨、交流、理解、包容，让他们体验到自己才是课堂的主人。

综上所述，将小学体育课的教学内容分为四种体验类型：快乐体验型、挫折体验型、成功体验型、竞争与合作体验型。

体育快乐体验式教学样态探索

一、理论含义

"快乐体验"式教学是指学生在教师指导下的轻松、愉快的氛围中，充分发挥积极性、主动性，自觉而快乐地投入体育课的学习与锻炼。体验和快乐都是学生喜欢的，所以课堂教学就需要一定愉悦快乐的情景去完成课堂教学，要求体育教师在教育思想、方法上应具有新颖性、趣味性，让学生在快乐中学知识、学技术、学创新。

二、理论基础

从终身体育理念和个人发展需要，以体育教学思想运动为目标，被认为是体育工作的出发点。终身体育视身体健康为目标，强调教师"乐教"，学生"乐学"，最终达成学生对体育的主动学习。而快乐体育的本体教学理念则致力于促进学生个性和谐发展，让学生充分参与课堂教学活动，充分表现自己的体育才能，充分发展自己的个性，真正成为课堂教学的主人。这两者不谋而合。

三、样态探索

在让学生感受教学的过程中，我们以体育课堂常规教学的组织形式进行教学，寓教于乐是教育艺术的最高深境界，在教学过程中让学生在热身练习、探索新知、交流经验中体验快乐的情感。在所有教育中，能持之以恒，才能走向成功，如图4-24所示。

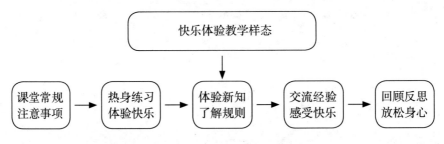

图4-24　体育快乐体验教学样态

四、典型案例

游戏拉网捕鱼

教学内容： 部编版四年级上册《游戏拉网捕鱼》

教学目标：

1.激起学生对体育课的兴趣，磨炼孩子的毅力和集体精神。

2.通过游戏体验让师生互为朋友，互相理解和包容。

教学重点：

培养学生的团队能力，加强学生的团队意识和集体荣誉感。

教学难点：

积极参与，努力地完成游戏。

教学准备：空旷场地

教学过程：

一、课堂常规，注意事项

1.体育班委集合整队，清点人数。

2.师生问好。

3.安排见习生。（身体不舒服的到边上休息，检查衣服口袋里是否有安全隐患的物品，有的话拿到边上去）

4.宣布本节课游戏——拉网捕鱼。

【设计意图】孩子们最喜欢的就是做游戏，"拉网捕鱼游戏"的宣布，大大激发了孩子们的学习热情。

二、热身练习，体验快乐

1.谈话导入。

同学们，你们知道动物都是怎么走路的吗？

兔子、螃蟹、小鸟……你们可以模仿它们的走路姿势吗？以此激发学生的兴趣。

2.尝试练习。

在教师的带领下，模仿各种动物的姿态向前爬行。（既做了热身，又能让学生体验到快乐）

3.热身运动。

所有同学再次集合，做热身运动。头部、上肢、体侧、体转、腿部、手腕、脚腕等部位的活动。

【设计意图】在模仿动物的同时，也可以让学生感受到游戏带来的快乐，让孩子的童心得到释放，增强孩子的童趣。

三、体验新知，了解规则

1. 讲解游戏的规则。

捕鱼游戏：请两名学生扮作"渔夫"，手拉手当渔网，其他学生扮作"小鱼"。音乐响起，"渔夫"开始追捉"小鱼"。被捉的"小鱼"要立刻与"渔夫"手拉手变成"渔网"，继续捉剩余的小鱼。音乐停止游戏结束，"渔夫"的手不能松开，"小鱼"不能出"鱼塘"。

2. 游戏练习。组织学生先分组在一块小场地进行游戏，教师当裁判。

【设计意图】在游戏中，要让学生遵守游戏规则，可以进一步地让学生感受到公平、公正的思想，在以后生活中，才能更好地融入进去。

四、交流经验，感受快乐

1. 交流经验。组织学生交流游戏的体会，并说出学生游戏中的不足，让学生在接下来的游戏中能有更高的激情。

（如你们认为游戏有什么窍门？应该怎么躲避渔民，应该怎么抓鱼……）将学生的体验相互传递。

2. 组织游戏。在一块大场地上全班一起进行游戏，所有人一起感受游戏带来的快乐。

【设计意图】让学生在游戏中体会到游戏的方法，也是作为新思想教学的一种途径，更好地让学生在玩中学，在玩中总结规律。

五、回顾反思，放松身心

1. 分享感悟。集合整队，教师与学生一起讨论今天游戏的感悟。

2. 交流总结。讨论今天我们活动了身体的哪些部位，并告知学生如何对这些部位进行放松，放松的好处是什么。

3. 布置任务。（今天我们的游戏你体验到了什么，你认为还有哪些地方需要改进，让游戏可以更好玩呢？）

4. 师生再见。

【设计意图】本环节以游戏驱动，使学生提高他们跑得快和协调的素质，提高他们的心脏和肺的功能的能力，培养团结协作精神。

体育挫折体验式教学样态探索

一、理论含义

"挫折体验式"教学指在体育教学中，教师以课堂规则为基础，以规则的导向性为手段，以培养学生正确的世界观为目的，使学生通过训练中的"挫折"体验到正确的学习方法。挫折体验的核心就是增加挫折教育，达到提高学生身体素质的同时，使学生的心理受挫能力得到提升的效果，体现了"健康第一"的指导思想。它是提高学生的身体和心理健康水平的必经之路。

二、理论基础

心理学、教育学是挫折教育的理论基础，通过使用恰当的教育手段，来提高青少年承受挫折的能力。培养学生良好的意志品质是进行挫折教育的目的，因为在进行挫折教育时，首先要帮助他们学会怎样正确对待日常生活中所面临的挫折。

三、样态探索

挫折体验式教学中，教师要通过语言及课的设计，引导学生自主地体验到学习过程中遇到的挫折。当学生自身体验到挫折后，再去讲解克服挫折的办法，才能加深学生的感受。本节课便是通过极点现象，让学生体验挫折，再通过讲解方法和再次练习，让学生体验到克服极点现象后节奏良好的途中跑。在课的结束部分，要让学生通过互相交流再次体验到成功的喜悦，如图 4-25 所示。

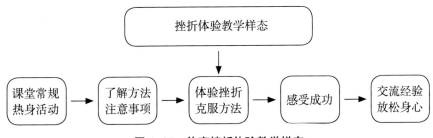

图 4-25 体育挫折体验教学样态

四、典型案例

耐久跑

教学内容：部编版六年级上册《耐久跑》

教学目标：

1.通过耐久跑中的极点现象，教育学生要有战胜困难、克服挫折的勇气，提高学生的耐力素质和良好的意志品质。

2.能够合理分配体能。

3.通过教学，培养学生对耐久跑的学习兴趣及克服挫折的意志品质。

教学重点：

途中跑的呼吸节奏与摆臂步频。

教学难点：

如何平衡跑步和耐力之间的协调性，在不让学生疲惫的情况下提升学生的耐力。

教学准备：跑道、秒表

教学过程：

一、课堂常规，热身活动

1.体育委员整队。

2.师生问好。

3.安排见习生。（身体不舒服的到边上休息，检查衣服口袋里是否有安全隐患的物品，有的话拿到边上去）

4.宣布本节课教学内容。（本节课的内容是耐久跑，这项运动能发展我们的耐力素质。初次接触这项运动，同学们可能会在学习过程中碰到许多困难与挫折，老师希望带领大家克服挫折、掌握这项技术）

5.准备活动，热身运动。（热身操、原地摆臂练习）

【设计意图】热身可以让学生提前预防学生肌肉拉伤，也更好地在运动中舒展开，在提升学生的耐力中非常有必要。

二、了解方法，注意事项

1.改进方法。进行各种距离的跑（200米快速跑、中速跑、原地摆腿跑）的专门练习，改进学生重心起伏过大的问题。

2. 蹬摆配合。在 200 米快速跑中，针对部分学生步幅较小的问题，讲解如何增大步幅。

3. 呼吸方法。200 米变速跑，让学生体验不同速度的跑会带来什么样的呼吸变化；300 米间歇跑，分组练习。

4. 体能分配。学生总结在联系中各种跑体能该如何分配，教师总结并讲解正确的分配方式。

【设计意图】专项练习、蹬摆练习、呼吸练习、体能练习每一步都要循环渐进地进行，要慢慢地让学生适应这种强度的课堂。

三、体验挫折，克服方法

组织学生进行计时跑 600 米，体验过程中的挫折，尝试克服困难。

【设计意图】通过计时跑的方式，提高学生途中跑的速度。让学生在跑的过程中体验到极点，并在过程中鼓励这些同学调整呼吸，保持步幅，坚持完成全程跑。寻到跑的过程中存在的问题，给学生讲解哪些方法可以解决极点。强调"极点"现象正如生活中我们碰到的各种挫折，只有面对和克服它，我们才能走向成功。

四、感受成功

让学生在身体难受时忘掉脑中的一切，不要去想任何东西，只需听着柔和的音乐与教师的教导。调整好呼吸节奏，手臂摆动，难受时用口呼吸，向前冲。等到十五分钟时，带领学生慢慢地绕操场跑道走十分钟左右，放松自己的身心。

【设计意图】让学生把身体完全地放空，让全身的肌肉得到舒缓，调整呼吸享受跑步后的舒爽感。

五、交流经验，放松身心

1. 集合整队。

2. 交流心得。

（在今天的耐久跑中，我们体验到了"极点"的痛苦挫折，还有突破挫折后"第二次呼吸"所带来的快乐。所以我们在以后的生活中，如果遇到挫折，不要想着放弃，要勇敢面对。因为只要突破了挫折，就会体验到意想不到的快乐）

3. 归还器材。

4. 师生再见。

【设计意图】让学生了解突破挫折带来的快乐，在以后的生活中，这一种思想是必须要具备的，体验挫折—了解挫折—解决挫折—享受快乐！

体育成功体验式教学样态探索

一、理论含义

成功体验型教学主要是指在老师的指导下对不同的学生采用不同的手段和方法，让学生们根据自身的实际情况主动地进行体育学习，从而使每个学生都能获得体验成功的机会。它的好处是充分地照顾到每一个学生的实际情况，使学生能够根据自己体型和身体素质选择相应的体育项目进行锻炼和运动。在实际教学中，教师要根据学生的身体情况和学生选择的运动项目，给学生制定一个合适的目标，让学生同时体会到艰辛和快乐的感觉，他们就会逐渐地喜欢上体育运动，进而养成习惯去主动进行体育锻炼。

二、理论基础

1. 心理学基础

从心理学的角度来看，成功经验不仅是学生在学习过程中的情感体验，也是学生在成功过程中获得的自我满足和积极平衡的情感体验。当学生参加一些体育活动时，如健美操教学、篮球教学等，他们可以从中获得一种自我价值的肯定，在心理上获得成功，进而对体育产生强烈的兴趣。

2. 体育课程标准

《标准》强调要注重教学评价的多样性，这样课程有利于激发学生对体育的兴趣，坚持体育锻炼的习惯，形成顽强、坚韧不拔的意志品质，促进学生心理和社会适应能力的提升，从而达到提高公民健康水平的目的。在体验式学习中发挥重要作用，这是从学生的需求出发，尊重学生的主体地位，让学生自主参与，从而实现教学目标。

三、样态探索

在成功体验的教学中，我们通常以体育课堂常规教学的组织形式进行教学，并在基础部分着重分析学生目标的达成情况，以及完成学习目标后学生的心理变化情况，交流学生在体验成功、完成目标后心理的满足感，如图 4-26 所示。

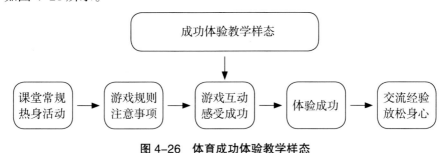

图 4-26　体育成功体验教学样态

四、典型案例

空竹打扣打结

教学内容： 部编版五年级上册《空竹打扣打结》

教学目标：

1.知道打结打扣的作用。

2.培养学生的学习兴趣。

3.使大部分学生能学会空竹的打结与打扣。

教学重点：

教会学生两手同时用力。

教学难点：

空竹棍放置位置要准确。

教学准备：

空竹、篮球场。

教学过程：

一、课堂常规，热身活动

1.班长集合整队，检验人数。

2. 安排见习生。

3. 检查口袋是否存在安全隐患的物品。

4. 宣布本课教学内容，并演示。

5. 绕操场慢跑一圈。

6. 徒手操热身。

【设计意图】做好热身运动，让学生能快速地从安静状态进入运动状态。

二、游戏规则，注意事项

我们分组练习时要按照"小老师"的要求练习。练习时，注意安全，不要做危险动作。

【设计意图】帮教型分组，让已经学会的学生带着还没学会的学生一起练习，培养已会学生的领导能力，并帮助其他学生培养合作意识。

三、游戏互动，感受成功

先安排四个空竹班的学生到四块区域，请他们担任本节课的"小老师"，（让空竹班的几名学生先体验成功）然后将其他学生分成四组，分别跟着四位空竹"小老师"学习。（好处：学生不好意思问老师问题，但和自己同学在一起，都愿意去找"小老师"学习）学习后，到教师这里进行展示，动作哪里不标准的，教师进行指导改正。

【设计意图】体育教师的专业素质，不光是自己的技能过硬，还要保证能快速指出学生的错误方向，因此先让学生评价，再让教师对该技术动作进行评价。

四、体验成功

对于空竹游戏做得比较好的学生，直接请他们也当"小老师"，教其他同学，直至所有人都变成"小老师"。此时，教师的作用就变成了检查学生动作是否规范，学生相互之间是否做一些危险动作。让每一个人都能体验成功后教别人的快乐。

【设计意图】不光要了解其他学生体验学会动作后成功的快乐，还要让"小老师"体验到教会别人后成功的喜悦。

五、交流感受，放松身心

1.课堂小结。孩子们，这节课你有哪些收获呢？还有哪些是你不理解的？

2.布置任务。（本节课我们去教了自己班的学生，回去我们能不能也去将空竹的打扣与打结的动作教自己的家人呢。你们有没有想好怎么教，才能让他们快速学会呢？）让学生在体验自己成功学会空竹动作的同时，也能体验到将成功分享给别人的那种成就感。

3.集体交流。"小老师"交流教学方法，并感知身体哪里运动的比较多，该怎样放松疲劳的肌肉。

4.师生再见。

【设计意图】做好身体的放松，并让学生在体验到成功的快乐后，自己能在课后更加努力地练习。

竞争与合作体验式教学样态探索

一、理论含义

竞争与合作体验式教学是指在体育教学中通过竞争赋予学生合作的意识与能力，通过合作赋予竞争的实力与技巧，从而让学生在这种竞争与合作的共存和统一中获得竞争与合作的意识和能力，获得走向并融入社会的本领。

体育教学中的竞争与合作是学生人际交往的重要形式。在体育教学过程中，竞争通常是为了让人通过压力提升自己的形式；合作的目的是使这个群体在竞争中相互沟通，相互鼓励，从而产生共赢。

二、理论基础

合作与竞争理论源于对竞争对手以及自身或团队缺陷的认识和适应。体育中的合作与竞争是一个统一的整体，两者处于动态的变化，两者相互依赖又必不可缺。体育竞争在不断的变化中，变得更加文明化和规则化。体育的团队合作也使竞争变得更加具有挑战性。

三、样态探究

在竞争与合作性的教学中，体育课堂在常规教学的形式下进行，并着重基础部分，通过竞争赋予学生合作的意识与能力，通过合作赋予竞争的实力与技巧，在社会体验行程中完成比赛，如图 4-27 所示。

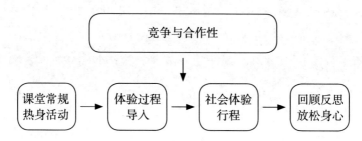

图 4-27　竞争与合作体验式教学样态探索

四、典型案例

游戏闯关

教学内容：部编版二年级上册《游戏闯关》

教学目标：

1. 以比赛的形式让孩子们体会竞争意识，并在活动中感受到合作的重要性。

2. 知识与技能：发展协调、灵敏的素质，促进智力开发。

教学重点：

通过各种游戏的体验活动掌握一定的技能。

教学难点：

掌握游戏的方法，在竞争的基础上合作完成。

教学准备：粉笔、绳子、沙包、足球场

教学过程：

一、课堂常规，热身活动

1. 班长集合整队，检验人数。（稍息、立正、向右看齐、向前看、各班报数）

2. 安排见习生。（身体不舒服的到边上休息）

3. 检查口袋是否存在安全隐患物品。

4. 宣布本节课的内容。（本节课，我们上的是游戏课，以交流合作为主，希望同学们能全身参与团结合作）

5. 绕操场跑一圈。

6. 徒手操热身。（同学们跟着老师做参与其中，互相评价）

【设计意图】做好热身运动，让学生能快速地从安静状态进入运动状态。

二、体验过程导入

小朋友，今天老师带领大家乘坐旅游大巴，去参观我们美丽的动物园好吗？

【设计意图】教师的激情导入能很快地吸引孩子注意力，融入课堂，用小动物的形式调动孩子的积极性。

三、社会体验行程

1. 旅游第一站——"小鸡吃米"。

孩子们现在让我们玩小鸡吃米的游戏，在地上画一个圈当鸡圈。当鸡在圈里时，老师选择一个饲养员。饲养员拿着一堆小石头（或小的纸团、小沙袋等）站在外面开始游戏。饲养员说："开饭！"小鸡跑着去捡食，看谁动作快，捡多得就赢，而且可以切换饲养员的角色。

2. 旅游第二站——"抓尾巴"。

老师通过和孩子们说"现在我们去动物园，看！有很多有尾巴的小动物，让我们开始比赛，看谁抓得尾巴最多？"为了引导学生进入本课的主要活动，要求学生两人一组。一个人把绳子系在腰上，两端露出尾巴，试图保护尾巴。另一个试图抓住它。在活动中，老师指导学生在参加学生活动时注意动作的标准和安全。学生们兴致勃勃地跑来跑去，躲闪着，重复着这个循环。在轻松愉快的环境下，学生达到一定的运动强度。（通过抓尾巴来体验合作与交流）

3. 旅游第三站——"丢手绢"。

孩子们，你们玩得真开心，都玩得满头大汗了。现在我们放松一下，用驾驶火车的方法绕圈子跑一圈，然后蹲下，跟着音乐轻轻地拍拍手，一边拍一边轻轻跟着音乐唱这首歌。但是在做游戏的时候，同学们一定要遵守游戏规则。

【设计意图】通过这个游戏比赛懂得遵循规则的重要性，从而培养学生合作与竞争意识、交往能力以及勇敢、自信、进取心；引导学生乐于参加游戏活动，并愿意在游戏中展示自己。

四、回顾反思，放松身心

随着《小白船》的音乐组织放松活动，恢复学生生理和心理状态，进行课堂总结、评价、奖励。

【设计意图】通过跟着音乐的节奏进行放松，不但身体上得到放松，心理上也得到了放松，使孩子们最大程度上恢复到平静状态。

第七节　信息技术生活体验式教学样态探索

一、理论含义

生活体验式教学主要是指在老师的引领下把课堂教学活动建立在日常生活中，利用日常生活中的现象及常识简化课堂知识，增加学生的自主参与度。

生活体验式教学在小学信息技术课教学中的重要意义，主要有以下三点。

第一，弥补了传统教学方法的不足。传统的教学方法太过于强调"教"，而忽视了培养学生的自主学习能力。生活体验式教学的开展能够结合实际生活营造一个体验性较强的学习氛围，学生在其中不仅可以学习到书本知识，更能够增加自身素养，取得一箭双雕的效果。

第二，满足社会发展对人才这一方面的需求。现如今，信息技术的应用率逐渐提高，已经与人们的生活密不可分，社会各界对信息技术人才的需求量大幅度上涨。小学生正处在知识储备的绝佳时期，学习能力相对较强，教师采用生活体验式教学信息技术课可以为小学生日后走向社会奠定良好的技术基础。

第三，教学知识具体化。这种教学的模式能够将比较抽象的知识实际化、具体化，让学生有一个实实在在的联系，从而提高学生学习信息技术课程的效率。

二、理论基础

1. 社会生活基础

我们的日常社会生活与信息技术紧密连接。目前，人们的日常学习生活、社会的各个生活工作交流领域，以至于社会的每一处角落都渗透着信息技术。我们的学习方式、思维方式、工作方式、人际交往方式乃至于生活方式等，一直在因信息技术而改变着。由此可见，信息技术已经与我们的日常生活紧密相连，人们的社会生活离不开信息技术。在我们信息技术的课堂教学当中，需要从适应和符合社会发展的需要出发，立足以学生发展为主要目标，来进行生活体验式的信息技术教学方式，努力提高每一位学生的信息专业素养，为他们的终身发展提前打下一个良好的基础，使他们能够更好地适应社会的发展。

2. 信息技术课程标准

《课程标准》突出强调信息技术和现实生活之间的联系。《课程标准》要求信息技术的课程内容一定要在知识传授的基础上，充分考虑到信息技术在人类学习、工作、日常生活中的应用，与学生实际的现实生活相贴近，将生活中的信息与教科书上的知识相联系，从而将生活和信息技术学科知识融为一体。

三、样态探索

我们可以在信息技术教学过程中与学生充分互动交流，并且结合实践生活展开学习，使学生踊跃地去探索学习，以增进提高学生学习能力、学习热情的发展。在课程中，给学生创造轻松愉悦的课堂氛围，极大地满足学生的求知心理，让学生简单易懂地掌握并了解现代信息技术，还可以了解并收获计算机操作成功时的喜悦，这样就可以增进学生继续探索求知的欲望，使学生能够最大可能地体现自我价值，既充分肯定了学生有能力学好现代计算机知识，了解并掌握计算机操作的信心，又激发了学生提出问题并解决问题的学习能力，从而使计算机课程变得不再枯燥无味，如图4-28所示。

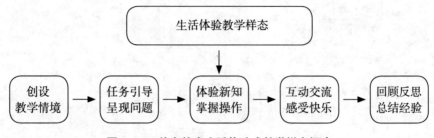

图4-28　信息技术生活体验式教学样态探索

四、典型案例

制作图文并茂的教师节贺卡
——在幻灯片中插入图片

教学内容： 苏教版四年级上册《在幻灯片中插入图片》

教学目标：

1. 知识与技能：掌握在"WPS演示"中插入来自文件的图片、来自在线图片的剪贴画、自选图形的基本方法。掌握利用手机获取照片的方法。

2. 过程与方法：利用知识迁移的规律，学习插入图片的一般方法。领会各种软件环境下对比新旧知识学习的方法，提高自学能力。

3. 情感态度价值观：培养发现美、创造美的意识，提升审美能力和创新能力。

4. 行为与创新：学会自主获取信息，能制作主题鲜明、图文并茂的幻灯片。

教学重点：

让学生展开在教师主导下自主和小组合作学习，让学生通过课堂上一个个的小练习，逐步掌握在幻灯片中插入图片的操作技巧和美化要点。

教学难点：

在完成常规教学外，渗透和引导学生利用手中的设备自己记录图片，并应用到作品中，提高学生原创的能力。

教学准备：

课件、学件、图片素材、彩色打印机

教学过程：

一、课前谈话   采集素材

师生活动：

师：孩子们，你们看，今天来了这么多听课的老师。斯大林说过，"教师是人类灵魂的工程师"你还知道哪些赞美老师的名言？

师：是的，赞美老师的名言很多，老师真的很伟大。想不想设计一张贺卡表达我们心中的感恩之情？那我们一起出发吧。

【设计意图】轻松谈话拉近师生的距离，让学生在轻松愉悦的环境下，探究新知识。自拍的照片通过网络软件传输到教师机，在设计教师节贺卡中使用。

信息技术支持：

课前手机自拍采集师生合影素材。

二、情境导入   揭示课题

师生活动：

师：老师这里有几张教师节贺卡，我们来一起欣赏，都有哪些内容？

（师展示，生回答）

师：随着社会的发展，科学的进步，到了今天，有很多可以传递自己祝福感恩的方式，你能说出几种来吗？

师：老师在课前收到了同学用幻灯片创作的电子贺卡，看看他设计得怎么样？

生回答（板书：背景　配图　文字）

师：恰到好处地使用图片来修饰幻灯片，可以更好地表达文字内容。这节课我们就一起学习在幻灯片中插入图片，让我们设计的作品图文并茂，更加精彩。（板书：在幻灯片中插入图片）

【设计意图】设情境，使学生对学习内容产生兴趣，集中注意力，积极主动地投入学习中。展示对比作品，让学生点评，培养学生分析问题、作品鉴赏的能力。

信息技术支持：

利用课件及网络教室的屏幕广播功能。

三、任务驱动　新授教学

师生活动：

师：现在请同学生们打开E盘中"教师节贺卡素材"文件夹，老师已经为大家准备了一些背景、文字和配图素材。

（师生共同操作）

师：对照这些素材，完成手中教师节贺卡设计的学习卡。

师：我们一起来学习任务一。

【活动一】

【教师操作】出示课件

师：打开E盘中"学生素材"里面的"练习"文稿，老师也为大家准备了一些图片，试着操作。如有困难的同学，可以请教同学，或借助"学件"里的微视频学习。

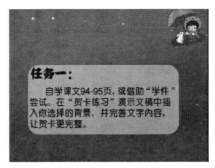

（师巡视、指导）

【屏幕控制】一学生机，通过网络演示学生作品或学生制作以及修改的过程，交流学习体会。

师：是的，我们在选择图片一定要做到图文相符，才能起到烘托主题的作用。（板书：图文相符）

师：请你来做"小老师"，你说步骤，老师操作。

【屏幕控制】广播教师机

师补充〔板书：插入 本地文档 素材（路径）〕

师：在三年级我们已经学习了WORD，WORD和幻灯片都是WPS的兄弟成员。现在大家比较一下，它们俩插入图片的方法是否一样。

生：插入图片的方法相同。

师：我们都已经在幻灯片中掌握了插入图片的基本步骤，大家再看看老师插入的图片，有没有需要美化的地方。

生：图片没有满屏，周围有空白的，祝福语看不到。

师：是的，软件自动默认图片插入的先后次序，后插的在最上层。要让图片变成背景，就要使用叠放次序的命令。

（师操作图片变大，图片成为背景叠放次序的步骤）

师：请同学们继续修饰图片，调整图片至合适的大小。

生：继续完成操作。

【设计意图】围绕提出的问题，让学生自己尝试归纳，教师演示讲解，总结出插入图片选择、大小、位置的重要性。提高学生的审美能力，培养学生发现美、创造美的能力。

信息技术支持：

1.利用网络教室的监看功能，全面了解学生的操作情况。

2.结合转播功能，向全体学生转播指定学生的操作过程。

3.利用课件及网络教室的屏幕广播功能。

4.通过网络教室下发微视频，让学生自主学习插入本地图片的基本方法。

师生活动：

师：老师又收到一张贺卡，大家看一下，这张贺卡跟刚才那位同学的有什么不同？

【课件】出示

生：多了很多装饰的配图。有女孩、圆角形等。

师：这些装饰图都是从哪来的？

师：是的，我们可以通过网络下载等途径获取图片素材。幻灯片为我们图片的插入提供了多种途径，有"在线图片""形状图片"。（板书：在线图片 自选图形）

师：只要定位好要插入的目标对象，用这两个菜单命令就能快速地插入所要的图片。你们想先插入什么？

（生：插入女孩图形　学习活动二）

（生：插入圆角形　　学习活动三）

【活动二】

【屏幕控制】广播教师机

（师操作）

师："在线图片"为我们提供了很多素材，我们只要输入关键字就可以（板书：搜索），通过筛选的分类找到。

师：这张的图片插入，这样行吗？

生：感觉图片太大，位置不是太妥，颜色有点浅了。

师：插入的图片除了大小适中，还要考虑位置要合适（板书：大小合适），对颜色等也要调整修饰（重点讲解亮度的调整）。

（师操作，同时讲解"位置移动""大小更改""颜色调整"）

师巡视、指导。

生自己操作完成。

【设计意图】此处让学生自己选择要学的内容。师示范，生听讲。此环节涉及了重要的"搜索""图片工具"的使用，如让学生直接去探索有难度，极易让学生误导。

信息技术支持：

1.利用网络教室的监看功能，及时了解学生的操作情况和存在的困难。

2.下发微视频，进一步引导学生自主学习。

师生活动：

【活动三】

师：请同学们试着操作。如有困难的同学可以请教同学，或借助"学件"里的微视频学习。

师巡视、指导。

【屏幕控制】一学生机

师：请你来说说。

生示范，师完善。

师：你认为你插入的图片在这里合适吗？

生：不合适，颜色通常为白色。（板书：色彩协调）

师：是的，请你来操作修改颜色。（如学生不会，老师或者学生可以提供帮助）

师：请同学们再修改自己的作品，看看它是不是会变得更美观些？

生继续操作完成任务三。

师：看来要让作品图文并茂并不是那么简单的事。这需要同学们在实践中慢慢琢磨、细心体会。

【设计意图】在前面任务的训练，学生已经掌握了图片插入的基本要点，特别是大小、位置、颜色的调整操作步骤。此环节重点要让学生图片插入的综合能力得到提升。

信息技术支持：

1. 利用网络教室的监看功能，全面了解学生的操作情况。

2. 结合转播功能，向全体学生转播指定学生的操作过程。

3. 下发微视频，进一步引导学生自主学习。

四、综合实践　个性创作

师生活动：

【活动四】

师：同学们，有了刚才的学习，相信你们为老师制作贺卡更容易了。我们设计前先来看看这位同学的。

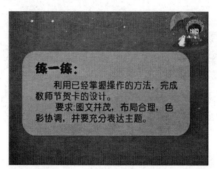

师：这副贺卡用了哪些素材？

师：我们在设计贺卡时一定要图文并茂、布局合理、色彩协调，并要充分表达主题。

教师巡视、指导，及时了解学生学习过程中存在的共性问题。

寻找好的作品打印出来。

【设计意图】激发学生参与制作的兴趣，为学生提供展现自己个性创造的机会，培养学生综合运用知识的能力和协作交流能力。

信息技术支持：

利用网络教室的监看功能，全面了解学生的操作情况。

五、作品展示　激励评价

师生活动：

师：同学们在设计过程中，老师也发现了不少同学的作品设计得很有创意。

（展示学生作品）

师：这个作品，有的地方值得我们学习，还有哪些地方需要改进？

教师补充完善学生的点评，引导学生学会正确评价。

师：选择几张优秀作品打印出来，请你把它送给听课的老师，请他们欣赏我们今天的学习成果。

【设计意图】从多个角度激励学生，调动学生积极参与、自我评估的学习积极性，提高学生鉴赏与审美能力，培养相互帮助、取长补短的良好品质。

信息技术支持：

利用网络教室的屏幕广播功能展示学生作品，同时打印优秀学生作品，赠送给评委教师。

六、课题总结　延伸拓展

师生活动：

【屏幕控制】广播教师机

师：老师也设计一个，你觉得哪些地方设计妙？谁来讲一讲。

【课件】出示教师设计的贺卡

师：老师课前手机拍的图，也用上了。我们获取图片的途径很多。

师：也想像我这样设计形象逼真的贺卡送给老师吗？

师：老师可以下节课教你们，现在请大家回想一下这节课有哪些收获？

（师指板书）

师：今天我们这节课就学到这里。课后我们再进一步完善的电子贺卡，通过电子邮件发送给你最喜爱的老师。相信他收到你制作的贺卡一定会替你感到自豪的。

师：各小组长分发自我评价表，请同学们认真填写。

【设计意图】总结本课知识点，延伸出下课插入媒体，激发学生学习积极性。

信息技术支持：

利用课件及网络教室的屏幕广播功能。

第五章 地方体验课程实践篇

地方文化是支撑学校真正长足发展、品质发展的基础。文化引领着学校发展方向，也能有效促进学生的全面发展。地方体验课程主要包含以地方文化、生态文明为内涵的项目体验课程和贤文化的主题体验课程。地方体验课程主要是深度寻访地方文化，挖掘地方文化的内涵。

目前，我们开发的海盐课程、铁军课程等主要以实践体验活动的方式实施。通过地方课程的学习，培养学生探究历史的兴趣和能力，了解祖国的优秀传统文化；培养学生的家国情怀，热爱我们的家乡，热爱伟大的祖国；培养学生的社会责任感，成为有本领、有担当的小贤士，认真学习，实现远大的理想，为中华民族的伟大复兴做出自己的贡献。

第一节 海盐课程的开发及实施

一、课程开发的背景

悠悠五千年，纵横千万里，华夏祖先率先将火融入对海洋的开发，揭开了"煮海为盐"的历史，历经数代人的努力，谱写了"晒海成盐"的宏伟篇章。

世界上绝大多数的盐，都存在于海水之中，它是我们生活中必不可少的物品。它不仅仅是调味料，围绕着它的生产、运销、管理，中国历史舞台上演绎出一幕幕惊涛骇浪、动人心弦的"咸味"往事。盐城，因盐置县，从前遍地是盐亭、盐场。这里的河曾是运盐的河，这里的土曾是出卤的土。滔滔海浪，锤炼出"盐晶"洁白无瑕的优良品质；栉风沐雨，磨砺出"盐民"坚韧不拔的崇高品格。

随着时代的变迁，海岸线的东移，盐已经变得不再那么耀眼，绝大多数孩子对盐既熟悉又陌生，对我们生活的这方水土的历史更是知之甚少。因此，作为盐城本土的教育者，我们有责任，也有义务开发以海盐为主题的地方课程，丰富学生的学习生活，继承祖辈的优良传统，将地方文化发扬光大。揭秘盐的密码，为学生提供体验的机会，让他们明白盐的趣味；再现制盐过程，让学生明白先祖的智慧和勤劳；追溯盐的历史和文化，为学生打开一扇通往盐城历史文化的大门，塑造学生能够适应社会发展和终身发展的品格和能力。

二、课程的理念和目标

（一）课程理念

盐城是一座矗立在海岸边的城市，和盐有着千丝万缕的联系。深厚的文化底蕴为课程的开展提供了得天独厚的条件支持。这是一门专门为盐城孩子量身打造的课程，有很多独特的地方烙印。海盐课程的理念是以学生为主体，带领学生走进他们平日里熟悉而不熟知的领域，通过走访、实验、动手制作等多种形式的体验，开阔学生的文化视野，培养地域自豪感，从而促进学生的发展；以优势资源为本，彰显区域特色，利用地方丰富的资源，开拓学生视野，从多个方面提高学生的人文素养和实践能力，陶冶学生爱家乡、爱祖国的文化情操。

（二）课程目标

1. 通过调查、收集资料、讨论等形式，了解盐城制盐业的历史和文化；让学生了解盐与人类的密切关系，了解盐的广泛用途。

2. 通过实验、走访等形式，培养学生观察、分析、动手操作、表达的能力和团队合作能力；培养学生自主发现问题、收集处理信息以及解决问题的能力。

3. 通过唱一唱、演一演等形式感受盐城丰厚的历史文化魅力，培养地域认同感、自豪感；在活动中寻找快乐、体验成功、获得幸福，并培养学生敢于质疑、努力克服困难的意志品质。

三、课程的主要内容

课程的主要内容见表5-1。

表5-1　课程主要内容

主 题	活动内容	活动效果
寻找盐之源	"盐的秘密"大征集	学生在活动中了解盐、接触盐文化，产生探究欲望
	跟随小盐花的足迹——寻访海盐历史文化风貌区	
	制盐手册我来做	
	盐的地名印记	
	"我的小盐花"手抄报	
品味盐之味	厨房里的秘密	活动过程中，师生积极参与，不断发现新的课题；作品题材丰富、主题鲜明、制作精细
	不放盐，会怎样？	
	年味里的盐	
探究盐之趣	食盐实验（结晶实验、浮力实验、溶解实验、清洁实验、防腐实验等）	
创作盐之美	撒盐技法画	
	盐泥小达人	
感受盐之韵	讲盐的传说、故事，写寻访心得	运用写、讲、演等多种形式感受盐城丰厚的盐文化历史魅力
	"小盐花的诗歌"创作和朗诵	
	范公堤传奇戏剧表演	

四、课程的评价方式

《你好，小盐粒》主题课程的评价方式主要有荣誉护照式评价、探究性评价、操作式评价和展示性评价。

（一）荣誉护照式评价

以"学习护照"为载体，融过程和评价于一体，让儿童带着"护照"开始一段奇趣的海盐之旅。该评价关注学生每一个章节的学习情况，贯穿整个学习过程，记录学生的点滴学习成果，并定期给学生进行回顾与反思的空间。从"追寻盐之源""品味盐之味""探究盐之趣""创作盐之美""感受盐之韵"五个阶段对孩子进行评价。每完成一个阶段的学习，可以给予一个星级评价。完成三个阶段学习，可得到一个荣誉卡奖状；完成整个海盐课程的学习，可以得到一个"成功奖牌"及奖品，并兑换下一个课程的课程护照，见表5-2。

表5-2　荣誉护照

学习阶段	评价星级	自评	同学互评	总评
寻找盐之源	☆ ☆ ☆ ☆ ☆			
品味盐之味	☆ ☆ ☆ ☆ ☆			
探究盐之趣	☆ ☆ ☆ ☆ ☆			
创作盐之美	☆ ☆ ☆ ☆ ☆			
感受盐之韵	☆ ☆ ☆ ☆ ☆			

（二）探究式评价

探究式评价考查学生在海盐课程学习过程中主动探寻知识、解开疑惑的能力。从查一查、访一访、画一画、写一写、议一议多种角度去观察事物、发现新的知识，在各种有趣的体验活动中完成学习任务，检验学习效果。探究式评价注重评价孩子在生活中学习知识、运用知识的能力，探究式学习评价表见表5-3。

表5-3　探究式学习评价表

评价项目	评价内容	自我评价	教师评价
学习态度	积极探究海盐课程相关内容，兴趣浓，遇到困难不退缩		
合作意识	与同伴合作，互相配合、交流，共同探讨疑难问题		
信息处理	利用生活见闻、访谈、书本、网络等多种途径收集信息，处理信息		
实践创新	善于观察、分析、思考，将收集的海盐资料创新性运用		
成果发布	采用多种形式交流海盐课程学习成果，态度自然，作品有新意		

（三）操作性评价

围绕"海盐"这个主题，我们创设了不同类别的小课题。其中，探究盐之趣的课题涉及较多的海盐实验。为此，设计以下实验评价表，记录并评价学生的体验过程，见表5-4。

表5-4 实验操作过程性评价记录表

___年级___班 ___年___月___日 实验名称：_____

姓名	学习态度	探究意识	动手操作能力	报告单的填写	实验知识掌握程度	团队合作能力	总评

（四）展示性评价

为了营造一种积极向上的文化氛围，正确、客观的了解学生的学习情况，树立学生的学习自信心，获得更多的成功体验。海盐课程采用展示活动来评价考察学生的学习成效，见表5-5。学生根据学习收获，选择自己喜欢的方式展示自己的学习成果。如手抄报、游记、小诗、故事等，根据作品的内容、美观程度等评选出"绘画小能手""故事小达人"等荣誉称号；根据实验过程、历史剧等以现场演出或视频的方式呈现，评审出"最佳小演员""十佳实验员"等荣誉称号。一切的评价都为激发学生的兴趣爱好，培养学生对自然美、社会美、艺术美、创造美的认识和鉴赏能力，为学生搭建一个展示才华的舞台。

表5-5 展示性评价表（表演类）

_____课程展示性评价

展示方式	评价指标	自评	他评		
			同学	家长	老师
	1. 表演内容思想性强、健康向上、符合体验主题				
	2. 角色诠释到位，表演富有感染力				
	3. 表现力强，表演熟练到位				
	4. 精神面貌好，表演自然大方				
	5. 服装、道具符合表演主题				
我的感受					

五、典型案例

有趣的食盐实验

教学目标：

1. 结合生活实际，大胆预测沙子、铁屑、泡沫、食盐与水混合后的结果。

2. 能够正确操作盐的溶解实验，并客观、准确地填写实验报告。

3. 培养学生的合作意识，引导学生在自主、合作学习中完成溶解实验，体会盐的神奇，激发对盐的探究兴趣。

教学重点：

指导学生按照"假设—操作—总结—得出结论"的流程，完成溶解实验。

教学难点：

能够正确操作盐的溶解实验，并客观、准确地填写实验报告。

教学准备：

小组准备：水、食盐、泡沫、沙、铁粉、烧杯5只、玻璃棒、酒精灯

课时安排：1课时

教学流程：

一、创设情境，提出问题

1. 谈话：小朋友们，请你看一看小纸包里装的是什么？（实物投影展示食盐粉末）

2. 这个小纸包里装的是炒菜用的盐，如果老师把它倒入盛满水的量杯中，猜猜看，会有什么变化？

3. 学生大胆猜测。

4. 老师还带来了沙子、铁屑、锯末一起参加这次的实验，看看它们在水中会发生哪些变化？（板书课题）

【设计意图】用学生熟悉的盐导入新课，拉近学生与课的距离。开篇抛出问题，让学生大胆"猜测"，有效地激发学生探究的欲望，为学生下面的学习做好铺垫。

二、鼓励猜想，实验探究

1.大胆猜想，做好记录。

（1）把沙子、铁粉、食盐、泡沫分别放入水中，猜一猜会发生什么现象？

（2）生自由表达：盐会化在水里！沙子不会化，水还会变脏……

2.引导实验，自主探究。

过渡：如何验证我们的猜想？

那么这个实验该怎么做呢？

3.老师示范，规范操作。

（1）请仔细看老师的操作流程：先向量杯中注入100毫升的水，然后沿着杯壁倒入10克食盐，接着用玻璃棒顺时针搅拌。注意观察食盐在水中的变化。

温馨提示：搅拌时，注意玻璃棒不要碰到量杯壁。

（2）你能说出刚才的实验流程吗？想一想，其他几种物品的溶解实验应该怎么操作呢？

（3）小组分工，设计小组实验方案。

【设计意图】老师选择食盐溶解实验做示范，既向学生展示了操作的流程，同时提醒学生注意实验安全。接着，遵循学生是课堂的主体这一原则，让学生以小组为单位，自行分工，进行实验操作。

4.学生实验，做好记录。

（1）教师巡视各小组的活动并适当指导。

实验物体	实验猜想	实际现象	水的变化
沙			
铁粉			
食盐			
泡沫			

（2）小组根据实验结果，制定分类标准。

每个小组是阐述自己的分类标准，完善分类表格。

标准	分类标准	分类结果
标准1		
标准2		

【设计意图】从操作到归纳，是对实验现象的一次升华，学生亲身经历"猜想—实验—小结"过程，让学生在实验中体验到成功的自豪感，培养学生"倾听、交流、合作、分享"的合作意识。

（3）理解"溶解"：像食盐这样和水混合以后，化在水里看不见了，就叫作溶解。

5. 学以致用，转化技能

在生活中，你们还知道哪些物体容易在水中溶解呢？

三、迁移运用，解决问题

1. 同学们，你们知道吗？盐溶于水，水会变咸。咸咸的海水中蕴藏着许多的盐。我们的祖先经历了漫长的探索，终于"煮海为盐"。咱们的盐城也是因盐而得名。看着老师手中的"盐水"，你有什么办法能将盐提炼出来吗？

2. 小组讨论自己最满意的方法。

3. 汇报讨论情况。（用漏斗，用太阳晒……）

【设计意图】假设学生溶解实验得到的咸水是海水，让学生设计分离食盐的办法，既培养了学生合作探究的能力，又培养了他们的创新能力。老师将新的问题抛出，让课堂再一次进入探究学习的高潮。

4. 根据学生的猜想，讨论需要的实验器材。

5. 回家后，自制一杯盐水，放在火上烤一烤，看看有什么发现？

【设计意图】让学生通过实验验证自己的猜想，得出科学的结论。在此基础上，引出新的猜想课题，为下节课实验的结晶实验做好铺垫，同时激发学生探究食盐的兴趣。

四、归纳总结，拓展延伸

我们能用"过滤"的方法分离出沙子、铁屑和泡沫，那么溶于水中的盐应该怎么分离呢？请同学们课后查找资料，参观海盐博物馆，或许那里有意想不到的答案哦！下节课，我们共同交流自己的探究结果。

【设计意图】为学生指出学习的方向，给予学生足够的空间去探讨。将课堂延伸到生活，让科学渗入学生的生活，让孩子一直有探究的热情，为以后的学习埋下伏笔。

五、板书设计

有趣的食盐实验

食盐　　　均匀分散，肉眼看不到　　　　溶解

沙子
铁粉　　颗粒大小没有变化，仍能清晰看见　　不溶解
泡沫

风雨范公堤

教学目标：

1.通过对搜集到的材料进行整理，编写成适合表演的剧本，培养学生对相关史实的整合提炼能力。

2.通过剧本编写再现历史，让学生在探究过程中不断推敲，反复查证资料，从而增加知识量，拓宽知识面。

3.在合作学习的过程中，加强学生的合作意识，锻炼学生团结协作的精神。

4.让学生在编写中揣摩主要人物特征，体会范仲淹大公无私的精神，增强学生的地域自豪感，培养学生的家国情怀。

教学重点：

通过对搜集到的材料进行整理，编写成适合表演的剧本，培养学生对相关史实的整合提炼能力。

教学难点：

让学生在编写中揣摩主要人物特征，体会范仲淹大公无私的精神，从而增强学生的地域自豪感，培养学生的家国情怀。

教学课时：1课时

教学过程：

一、谈话导入，激发兴趣

1.同学们，盐城有一条范公路，你知道这条路和哪位名人有关？

2. 学生作答。

3. 是的，范仲淹在盐城这块土地上留下了不可磨灭的印记。明末清初的诗人吴嘉纪写了一首诗《范公堤》，我们一起来读一读。

出示："茫茫潮汐中，矶矶沙堤起；智勇敌洪涛，胼胝生赤子。西塍发稻花，东火煮海水；海水有时枯，公恩何日已？"

4. 今天这节课，让我们重回千年前的范公堤，看范仲淹是如何力挽狂澜，修筑范公堤的。

【设计意图】以学生熟悉的家乡公路名称导入新课，提高学生学习的主动性。打开话题以后，以一首凝练的故事概括范仲淹的功绩，激发学生探究的兴趣。

二、结合史实，走进人物

1. 你找到哪些和范公堤有关的资料呢？

生：范公堤北起阜城，南经上冈、盐城、伍佑、刘庄、白驹、台城至海安，大部分在今盐城境内。

师：你准确地说出了范公堤的地理位置。你是从哪里找到的资料？

生：互联网。

生：自唐朝以来，黄海潮水经常泛滥，滔滔的黄海，汹涌澎湃，喧嚣不息。每逢海潮泛滥，沿海渔村经常遭淹，亭灶被毁，民不聊生。唐代所建的捍海堰虽经宋代再修，但经不起海潮冲刷，多处溃决，百姓苦不堪言。至北宋天圣年间，苏北沿海一带几乎年年遭灾，许多人流离失所，背井离乡。

师：你找到的资料非常宝贵。你是怎么找到的？

生：我是去博物馆听工作人员讲解的。

师：寻访博物馆，这也是一个学习的好方法。

【设计意图】学生汇报找到的资料，肯定学生的回答并进行学习方法的总结。授之以渔，教会学生查找信息的方法，促进学生学习能力的提升。

我们借着他找到的资料看一看，当时老百姓的生活情况怎么样？

生：民不聊生、流离失所、背井离乡……

师：你们概括得非常准确。

2. 范仲淹担任西溪盐官，为了修筑范公堤，他做了哪些努力？你能将你们小组找到的资料概括一下吗？

小组讨论，尝试概括。

交流：

主动向皇帝请求，重修范公堤。

修缮过程中遇到险情，堤坝被冲垮，险些丧命。

失败之后总结经验，再次投入范公堤的修缮工作。

修筑过程被官员弹劾，坚持立场，誓死修筑范公堤。

3. 结合上述史料，你觉得范仲淹是个怎样的人？小组讨论作答。

生作答。

4. 小结："写人离不开写事"，一件件事让范仲淹的形象鲜活起来。范仲淹的确是这样一位一心为民、两袖清风的清官。"先天下之忧而忧，后天下之乐而乐"，正是范仲淹的真实写照。

【设计意图】让学生根据人物的主要事迹却评价范仲淹，教会学生认识范仲淹的正确方法，心中升起对范仲淹的敬佩之情，为下文剧本创作埋下伏笔。

三、积淀情感，改写剧本

1. 如此伟大的人物，如此动人的故事就发生在盐城。作为盐城的学子，我们要将这一幕幕表演出来，让更多人知道范公堤的故事。下面是同学们初步完成的一个初稿，同学们读一读，你觉得哪里需要修改。

第三幕：沿海工地

旌旗似海，人如潮涌歌声、号子声此起彼伏。

"海滨来了范仲淹，开仓放粮万户喜，沿海修堤千秋赞，大锹扬，一锹一口井；扁担舞，一担两座山；推的推，一车半密砖；夯的夯，一下重万担！"

六位盐工舞完后分至两边，做修堤状。乌云密布，电闪雷鸣。盐工倒地，疼痛难忍。

黄宝应出来巡视，发现盐工病倒，回禀范仲淹：大人，不好啦！

范仲淹：何事如此慌张？

黄宝应：九龙港工程量大，险要处多，这几个月才填平了外三道港汊，今天早晨又被潮水冲开一道，昨天的冷风暴以来，又有不少民夫发病！

范仲淹：快，快带我去看看！

范仲淹疾步走向受伤盐工：这是怎么回事，怎么这么多人病倒？

黄宝应：大人，据这里的老百姓说，这海滨之地常年潮湿，不少人患有风湿病，这种病冬季最容易发作，寒风一刮，青年人还能顶住，老年人顶不住，浑身关节疼痛，世世代代都是这样！

范仲淹浓眉紧锁：有治病的药方吗？

黄宝应：没有药方。往年，发病就引用糯米陈瓯酒，一两个月便好。

范仲淹：好，快（黄宝应）去买来，分给大家治病。

工棚里，于富安给各位病员分喝陈皮酒，众人称赞范大人是好官……

旁白：官民上下一心，共筑大堤。

经过几个月的赶工，工程取得突破性进展。

2. 生读剧本，小组讨论。做出修改方案。

一组：老师，我们觉得"黄宝应出来巡视，发现盐工病倒，回禀范仲淹：大人，不好啦！"这一句应该改为黄宝应慌里慌张地跑回来，要有那种忧心忡忡的慌张感。

师：了不起，你们将人物分析得太到位了，所以我们可以这样修改：黄宝应出来巡视，发现盐工病倒，（慌里慌张跑回），回禀范仲淹："大人，不好啦！"

二组1："范仲淹：快，快带我去看看！"我们猜想，此时的范仲淹是焦急的，因为他心系老百姓，所以要把那种焦急写出来。

师：人物的心理你们小组揣摩得特别到位。那么，这里可以怎么改？

二组2：范仲淹（拍案而起，快步跑出）：快，快带我去看看！

师：加的两处动作特别漂亮。

三组："盐工倒地，疼痛难忍。"疼的时候，不应该喊出来吗？我们小组这样修改：盐工倒地，疼痛难忍，痛苦呻吟："啊呦，啊呦"。

师：台词加得不多，却是点睛之笔。

小结：经过刚才的一番修改，老师要为你们鼓掌。戏已经在你们心中了。还有一处，这一幕的名字叫：沿海工地。刚才我们讲，可以通过一件事来反映范仲淹心系百姓。大家想想，幕名可以改为什么？

生作答：范仲淹去工棚视察、范仲淹关心盐工、盐民生病了……

师：老师觉得你们修改得很好，抓住主要人物、主要事件来修改幕名，故事更加清晰。

【设计意图】因为搜集的史料，加上之前的分析，学生对人物的情感已经定调。此处设计修改剧本，正是把内心的情感外化，让孩子们通过剧本的修改，语言的表述达到情感的升华，为后期剧本的表演埋下伏笔。

3. 现在，大家都是了不起的剧作家了。怀揣着对范仲淹的敬佩之情，让我们再来读读这首诗：

茫茫潮汐中，矶矶沙堤起；智勇敌洪涛，胼胝生赤子。

西塍发稻花，东火煮海水；海水有时枯，公恩何日已？

四、课后延伸，修改剧本

今天，我们认识了范仲淹，也做了一段的剧本修改。其余的几幕分配给各小组课后进行修改。想要最真实地还原当时的情景，一定要收集更加翔实的资料作为辅助。相信你们会把剧本修改得很好，下课！

五、板书设计

烟雨范公堤

范仲淹　　一心为民

心系天下

六、课程的成果展示

海盐课程从"追寻盐之源""品味盐之味""探究盐之趣""创作盐之美""感受盐之韵"五个角度进行了课程架构。经过一段时间的体验学习，孩子们取得了累累硕果。

（一）追寻盐之源

1. 小盐粒的足迹

盐城，因盐置县，从前遍地是盐亭、盐场。这里的河曾是运盐的河，这里的土曾是出卤的土。小盐粒的足迹遍布在这个城市的每个角落。（图5-1至图5-4）

图5-1　我感受到先祖们刻在骨子里的勤劳

图5-2　博物馆里的陈设震撼人心

图5-3　盐宗祠里的传统风俗

图5-4　"盐"字的演变见证了城市的发展

2. 盐的地名印记

"烟火三百里，灶煎满天星"，说的就是我们盐城的煎盐场。灶、堰、冈、仓、团、盘、圩、滩、垛等名称都和盐有关。今天，虽然我们已经不再晒盐，但是历史时期的海涂、盐田、灶户、盐船、码头、盐商、盐仓、盐镇，已经和我们的生活融为一体。

3. 家乡历史我来说（图5-5）

图5-5　李成浩同学的小盐粒的足迹

【请你扫一扫】

（二）品味盐之味

变化多端的小盐粒

通过搜集资料，我知道盐对我们的身体很重要。每个人每天需要摄取5～7克盐。摄取太多或者太少都会影响身体的含水量，甚至会使身体生病。然而，调皮的小盐粒，幻化无形，藏在厨房的调味料粒，让我们把它们找出来吧！

经过调查，我发现小盐粒藏在豆瓣酱、料酒、酱油、味精等调料里面了。难怪这些调料吃起来那么美味呢！（图5-6）

厨房小调查

我家厨房主要调料	食盐	味精	料酒	豆瓣酱	酱油
是否含有盐分（是或否）	是	否	是	是	是
含盐比重	90%		3%	30%	63%
家中使用频率（高中低）	高	高	中	低	中

图5-6　厨房小调查

变化多端的小盐粒，请你陪我来做菜！看我做的油焖大虾，你想尝尝吗？（图5-7）

图 5-7　小粒盐陪我做菜

亲爱的小伙伴们，我的小盐粒躲到海苔里去了，你知道为什么吗？（图 5-8）

图 5-8　小粒盐躲到海苔里

今天自己动手腌制咸鸭蛋，才知道原来做咸鸭蛋还有这么多的步骤。制作过程中还要非常细心，比如擦干鸭蛋的时候，一定要擦干所有的水分。（图 5-9）

图 5-9　腌制咸鸭蛋

（三）探究盐之趣

除了调味，盐还是有趣的实验物品呢！看一看小朋友们利用食盐完成了哪些实验？

1. 食盐的结晶实验

实验的过程你看仔细了吧？聪明的你赶紧也动手试一试吧！（图5-10）

图5-10 单一潇、刘宇皓、盛梓涵的盐结晶实验

【请你扫一扫】

经过这次的食盐结晶实验，我知道了一个道理：在做实验的过程中要仔细观察、耐心等待，这样才会有收获哦！

2. 食盐的溶解实验（图5-11）

我的体验：通过这次的小实验，我知道了适量的水与适量的食盐混合在一起，不停地搅拌后，食盐就会慢慢地溶解于水。科学真是开启智慧的钥匙，引领我们走向知识的殿堂。

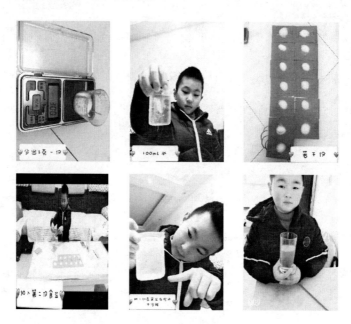

图 5-11　食盐溶解实验

3. 食盐的浮力实验

食盐它除了可以作为我们烧菜时的调料，还可以溶解于水中增加水的浮力，让鸡蛋浮起来。你们说它厉不厉害？（图 5-12）

图 5-12　食盐的浮力

鸡蛋浮起来了

四（1）班　严永恩

寒假的实践作业，要做一个有关盐的实验。我选择了《鸡蛋浮起来了》的实验。

我先把碗里盛满水，再把一个鸡蛋放入水中，接下来就要放盐了，我拿起勺子，在水里放了两大勺盐。咦，白花花的盐沉到水底了，怎么回事？盐应该溶解到水里呀？妈妈说："你选的是冷水，要让盐溶解得快，得弄筷子搅搅。"我用筷子搅了两下，盐果然不见了，太神奇了。

开始，鸡蛋稳稳地待在水底，一动不动。不是说盐水可以托起鸡蛋的吗，鸡蛋应该跑到水面才对呀？为什么呢？我抓耳挠腮，不知道怎么办？盐放少了？我一拍脑袋，对了，再多点盐。我又放了两勺盐，再用筷子搅搅。啊！激动人心的时刻到了，只见鸡蛋慢悠悠地飘上来了。水中，像有一双神奇的手，托着鸡蛋！成功啦，我一蹦三尺高！我在杯子里又加了些水，鸡蛋又慢慢沉下去了。盐，真的好神奇！

你们知道鸡蛋为什么会浮起来吗？告诉你原理吧：当盐水的密度小于鸡蛋的密度时候，鸡蛋就不会浮起来；往水里加盐，当盐水的密度大于鸡蛋时，鸡蛋就会浮在盐水的上面。

体验着实验带给我的快乐，在快乐中体验科学的道理。同学们，你们也可以做一做这个实验，体验科学的魅力！

4. 食盐的清洁实验

随着人们生活水平的日益提高，食盐的用途越来越广泛，对人们生活起着重要的作用。今天我们就一起来做个关于食盐的清洁小实验吧！（图5-13）

图5-13　冯玉淋、兰美漪、刘谨希的食盐清洁实验

【请你扫一扫】

5. 食盐的分离实验（图 5-14）

准备材料：塑料杯、食盐、胡椒粉、筷子

放入盐和胡椒粉搅拌起来

塑料杯摩擦衣服产生静电

用摩擦好的塑料杯吸取粉末状较轻的胡椒粉，把混合的胡椒粉与盐分离开来，完成实验

图 5-14　食盐的分离实验

（四）创作盐之美

1. 自制盐泥

大家都喜欢玩橡皮泥吧！你能 DIY 盐泥吗？利用一杯水，适量面粉，适量盐，少量洗洁精就能 DIY 盐泥。快来看看我们的创意过程吧！（图 5-15）

准备材料　　　　　按比例混合　　　　　作品展示

图 5-15　自制盐泥

　　自己制作的盐泥真是太有趣了。以后我再也不用去买橡皮泥啦！可是，面粉制作的盐泥颜色比较单一，该怎么办呢？

　　按照步骤揉好盐泥，我发现盐泥是乳白色的。可是橡皮泥是五颜六色的，这该怎么办呢？哎，妈妈给我买了色素，赶紧拿出来，滴进去。五颜六色的彩色盐泥出现了！哈哈，我真是太聪明了。七色彩虹桥，黄绿棒棒糖做起来！（图 5-16）

图 5-16　自制盐泥

2. 手绘小报

经过一段时间的走访、实验、尝试，我们对盐有了全新的认识。我们用手绘小报来汇报自己的学习成果！（图5-17）

图 5-17　手绘小报

（五）感受盐之韵

1. 故事我来说

我们生活的这座城市处处都有盐的身影，它已经融合在盐城的血液之中。关于盐的故事，由我细细讲给你听！（图5-18）

图 5-18　金羽欣同学的故事我来说

【请你扫一扫】

2. 盐诗我来写

我们因生在盐城而骄傲，我们因家乡产盐而自豪。我们爱你，亲爱的小盐粒。让我写一首诗来歌颂你！

盐

人生知百味，
民以食为天。
苦辣酸甜咸，
味首唯有盐。

盐

盐白如银霜，
贵如仙下凡。
如落凡人手，
明轻却比命。

3. 戏剧我来演

我们走访海盐博物馆，水浒文化博物馆，多方查找资料，根据范仲淹修建范公堤的史料自编自演了《范公堤传奇》这一历史剧。请您扫码观看。（图5-19）

图5-19　范公堤传奇演出剧照

【请你扫一扫】

范公堤传奇

人物简介——

范仲淹：泰州西溪镇盐官。

黄宝兴（黄押司）：范仲淹的下属。

于奶奶、春兰妈：两位盐民老婆婆，生活穷苦。

于富安：盐民，于奶奶的儿子。

赵海根：盐民。

海州、楚州、通州州官：治海官员。

滕子京：治海官员，范仲淹朋友、同举进士，京官。

纯贞：范仲淹女儿。

钦差大人：奉旨调查海堤被毁的官员。

官员甲、乙：朝廷官员。

群演：盐民百姓（4位男生） 捕快4人。

第一幕：西溪视察明荒情

（凄惨的哭声，哀号声）范仲淹、黄宝应角落出场。

春兰娘（破布口袋，花白头发）：唉，家里已经断粮了，只好找点野菜充充饥！

于奶奶（拐杖，白色头套）：家里只剩几个山芋了，可怜我老婆子一把年纪还要出来找吃的！

两位老婆婆在争夺一棵盐蒿枝，近乎瞎眼的春兰妈夺到手，抹一把盐蒿往嘴里就送。

范仲淹（快步走来，夺过盐蒿枝，大声）催促她：快吐，快吐，不能吃！

春兰妈（挣扎着站起来，发疯似的）扑向范仲淹：饱汉不知饿汉饥，为何看我吃盐蒿还要抢！反正是死，今天我就死在你面前！

赵根海和于奶奶拉劝：春兰娘，快别为难这好心人！

于富安：娘，春兰婶，快停下，这是咱们的盐官范仲淹大人！

众百姓（群演）：范大人？范大人——

范仲淹：乡亲们受苦了！

瞎眼婆（瘫坐在地）半晌：范大人，我错怪你了，打我罚我吧！

范仲淹（扶起老人）激动地说：老妈妈，你们吃不上饭吃盐蒿，该打该罚的是我啊！我是个不称职的父母官啊！

赵根海：范大人不必自责，这与你无关！

范仲淹：乡亲们，西溪本是一块鱼盐宝地，为何现在穷到抢吃盐蒿这般地步？

赵根海：（走位）穷就穷在海堤失修，海潮倒灌！

范仲淹：这次奉旨修堤，烦请乡亲们多多出力！

于富安：修堤是为了自己，出力是应该的，只是肚子填不饱，腰杆直不起来呀。

春兰娘、于奶奶、赵根海齐点头：是啊，是啊！

范仲淹：皇上已恩准，开仓放粮！本人官俸虽然微薄，也可作为筑堤和救济乡亲们的费用。乡亲们，只要大堤筑成，再无海潮之患，又何愁吃不饱饭哪！

众百姓：说得对，修堤是吃饭的根本！

赵海根，放下担子：乡亲们，范大人奉旨修堤，我们该怎么办？

众百姓（声震天地）：有人出人，有力出力！

第二幕：海堤修筑遇困难

"海滨来了范仲淹，开仓放粮万户喜，沿海修堤千秋赞，大锹扬，一锹一口井；扁担舞，一担两座山；推的推，一车半窑砖；夯的夯，一下重万担！"六位盐工舞完后做修堤状。（乌云密布，电闪雷鸣视频场景渲染）

盐工倒地，疼痛难忍。

黄宝应出来巡视，发现盐工病倒，（慌里慌张）回禀范仲淹：大人，不好啦！

范仲淹：何事如此慌张？

黄宝应：九龙港工程量大，险要处多，这几个月才填平了外三道港汊，今天早晨又被潮水冲开一道，昨天的冷风暴以来，又有不少民夫发病！

范仲淹：快，快带我去看看！

范仲淹（疾步走向受伤盐工）：这是怎么回事，怎么这么多人病倒？

黄宝应：大人，据这里的老百姓说，这海滨之地常年潮湿，不少人患有风湿病，这种病冬季最容易发作。寒风一刮，青年人还能顶住，老年人顶不住，浑身关节疼痛，世世代代都是这样！

范仲淹（浓眉紧锁）：有治病的药方吗？

黄宝应：没有药方。往年，发病就饮用糯米酒，一两个月便好。

范仲淹：好，快：（黄宝应）去买来，分给大家治病。

范仲淹和黄宝应给各位病员分喝糯米酒，（动作刻画）众人称赞范大人是好官……

第三幕：众志成城传捷报

（简陋的官衙内，以灰色调为主）范仲淹端坐在岸前处理公务，众官员徐步走来，汇报工程进度。

海州州官、楚州州官、通州州官（齐）：总指挥使

范仲淹：诸位，工程进度如何？

海州州官：腊月初六，海州境内所有工段全部竣工！

楚州州官：腊月初八，楚州境内所有工段全部竣工！

通州州官：腊月初八，通州境内所有工段全部竣工！

范仲淹：好！海州、楚州、通州均能提前竣工，应感谢诸公！明日起，本官亲自前往验收。泰州如何？

滕子京：总指挥使，泰州境内各段年前任务，腊月十六可望完成。眼下只有虎埠段，海陵县丞上报十六日前完成有困难，明日起，我将坐镇虎埠！

范仲淹：泰州境内各工段分两期，是施工重点，年前任务一定要保证完成，才不至于影响年后任务。（后退，作揖）请滕大人设法调度。

滕子京：是！

第四幕：父女泪别诉衷肠

官员1：大人，通州工段被冲垮！

官员2：大人，我部工地损失惨重！

官员3：大人，第四小队民工不知所踪！

大人，大人，大人……（声音逐渐急促，配紧张的背景音乐，情势越来越急促。）

范仲淹心急如焚，晕倒在地

女儿纯贞：爹爹已经很久没回家了，不知爹爹在哪里？（边寻找边说）

（急速跑上来，放下篮筐，摇晃爹爹）：爹、爹！

范仲淹（微睁模糊的双眼）：你是谁？

纯贞：爹，是我呀！

范仲淹：这是什么时候，什么地方，多么危险！谁让你来的？

纯贞：爹，你没事吧！

范仲淹：放心，爹爹没事。

纯贞：我和娘亲在望海楼见你离船上岸，怕你饿肚子，怕你受冻，带来了吃的。（蹲下，给父亲拿吃食）

范仲淹（拿着玉米，望着女儿，粗布衣裳，和农家女儿并无二致）：纯贞，等海堤修完，爹一定替你做一身新衣裳。

纯贞：我不要。

范仲淹：为什么？

纯贞：您不是教过我，先天下之忧而忧，后天下之乐而乐嘛！钱还是留给您修堤吧！

范仲淹：不愧是我的好女儿！

赵海根呼喊：范大人……

水中一艘小船，船头赵海根，船尾富安。

赵根海：大潮又要过来了，你们赶快上船！

范仲淹：纯贞，你先回家。

纯贞：不行，爹爹不走，我也不走。

于富安：快走啊，再不走来不及啦！

范仲淹：纯贞，听爹的话，你先回去，让奶奶和你娘放心，爹爹没事的！（哄骗女儿上船，女儿上船）

（小船离去）纯贞：爹……爹……爹……

范仲淹在望海楼上独自面临险境。（惊涛拍岸的场景）

大潮过后，庄稼枯死、盐硝茫茫；南北盐亭，十倒八九。山岭般的官盐仓，全部泡汤，新坟点点，哭声幽幽。盐民们流离失所……（影视化呈现，灰暗，苍凉）

第五幕：公堂之上誓修堤

（形势紧张的音乐）捕快分立两侧，官员甲、官员乙分站两侧。

钦差大人：堂下可是范仲淹？

范仲淹：正是下官。

钦差大人：范仲淹，有人向朝廷告发了你，你可知罪？

范仲淹：卑职不知身犯何罪。

钦差大人：海潮倒灌，五个盐场，半个兴化受灾，万捆官盐泡汤，三百老幼丧生，可有此事？

官员甲：大海潮冲垮堤坝是天意啊！应该彻底停工才是！

官员乙：是啊，"天意不可违"！

范仲淹：启禀大人，这次大海潮来势汹汹，超过了平常，是下官失察，卑职难辞其咎，甘愿受罚。（站直身子，情绪激动）但是若此时取缔修堤，则功亏一篑。以后每一次海水倒灌，盐亭良田都会遭淹，庐舍牲畜漂浮，盐民永远摆脱不了饥饿和贫穷。只有修筑海堤，才能永绝海潮之患！（下跪立军令状）卑职会尽快找出应对之策，坚守大堤，如在期限内不能完工，范某定以死谢罪。

钦差大人：范仲淹，这次就留着你的官职，若有延误，朝廷一定会拿你是问！（一行人怒气离场）

第六幕：大堤筑成千秋赞

【旁白】范仲淹经过实地勘察，重新绘制海堤线。

转眼间半年过去，新修筑的海堤更加坚固。

范仲淹、仵立在新大堤顶上，指点远处海水、长堤。

滕子京率人到达：大人，卑职对泰州段全部工程 143 里检查验收，堤高堤宽全部符合要求！堤面泥土部分，全部种上了草根，面海的堤壁全部用砖石铸就，没有裂缝和漏洞，护堤的人员全部落实。新堤质量合格，请大人宣布竣工。

范仲淹：新堤竣工啦！

纯贞：爹爹，新堤竣工了！

民工们：竣工了，竣工了！（灯火通明，锣鼓喧天，载歌载舞）

第二节　湿地课程的开发及实施

一、课程开发的背景

盐城是江苏省面积第一大市，拥有我国东南沿海最大的湿地，被誉为"东方湿地之都"。盐城海岸线长 582 千米，占江苏省海岸线总长度的 56%；拥有丰富的滩涂海洋资源，滩涂总面积 45.53 万公顷。

盐城湿地文化依托盐城市的中国黄（渤）海候鸟栖息地，孕育出人文、社会、自然环境交融而成的特定文化，具有鲜明的地方地理特征。2019 年，联合国教科文组织将其列入世界遗产名录。它包含五个保护区：江苏盐城湿地珍禽国家级自然保护区部分区域、江苏大丰麋鹿国家级自然保护区全境、江苏省盐城条子泥市级湿地公园、江苏省东台市条子泥湿地保护小区和江苏省东台市高泥淤泥质海滩湿地保护小区。这里海天相接，林木茂盛，苇草苍茫，集大海、滩涂、森林、珍稀动植物等资源为一体。湿地课程的开发可以依托富有特色的地方文化，利用地域湿地资源优势，构建融合自然与人文、学校与社会的湿地文化课程体系，培养学生的生态意识、增强生态素养。

二、课程的理念和目标

1. 课程理念

丰富的湿地资源为课程的开发提供了得天独厚的条件，我们敬贤实小的孩子们在这美丽的湿地之都出生和成长，对湿地有着别样的体验。在该课程中，孩子们将通过查阅资料、实地寻访等一系列的活动，倾听自然之声，探索湿地奥秘，在自然中快乐地成长。它着力于培养学生综合素质，提升学生生态基本素养，形成人与自然相互依存、和谐共处的生态文明理念。

2. 课程目标

（1）通过多种途径了解湿地，了解家乡湿地的种类、特点、价值并探究感兴趣的湿地动植物，了解湿地生态。

（2）学会利用多种途径查找和筛选需要的信息，了解湿地的演变历史，湿地的自然景观以及湿地的现实作用。

（3）用自己喜欢的方式有创意性地表现湿地之美、湿地之趣，讲述湿地故事；感受湿地的人文内蕴和教育意义。

（4）用实际行动保护湿地，养成绿色的生活方式。培养学生的生态意识、增强生态素养。

（5）关注环境变化，懂得节约资源，逐渐培养可持续发展的理念。

三、课程的主要内容

湿地课程的主要内容如表 5-6 所示。

表 5-6　课程的主要内容

主　题	内　容
广袤的湿地	什么是湿地？ ①全球湿地　②祖国湿地　③家乡湿地
	湿地种类 ①海域　②河口　③河流　④湖泊　⑤沼泽　⑥人工水面
	湿地功能 ①物质生产　②大气组分调节　③水分调节 ④净化作用　⑤提供动物栖息地　⑥调节局部小气候

续表

主　题	内　容
湿地生物课堂	麋鹿趣闻知多少　①走进麋鹿　②鹿王争霸赛
	鸟类的乐园　①丹顶鹤的游乐场　②走进护鹤女孩徐秀娟
	湿地生态　①动物　②植物
湿地文化与湿地保护	湿地成功申遗　　　　湿地之最
	湿地公约　　　　　　湿地主题日
	旖旎的湿地风光　　　画本里的湿地　心中的湿地
	歌曲中的湿地　　　　文学中的湿地
	小贤士的责任与担当（保护湿地行动起来）

四、湿地课程的评价

1. 荣誉护照式评价

以"学习护照"为载体，融过程和评价于一体。让儿童带着"护照"开始一段奇趣的湿地之旅。该评价关注学生在每一个章节的学习情况，评价贯穿于学生整个学习过程，记录学生的点滴学习成果，定期给学生创造进行回顾与反思的空间。从"广袤的湿地""湿地生物课堂""湿地文化""湿地保护"四个阶段对孩子进行评价。每完成一个阶段的学习，可以给予一个星级评价。完成三个阶段，可得到一个荣誉卡；完成整个大美湿地课程的学习，可以得到一个"成功奖牌"及奖品，并换下一个课程的课程护照。阶梯式的评价，调动学生积极性，增强评价效果，见表5-7。

表5-7　荣誉护照

学习阶段	评价星级	自评	同学互评	总评
广袤的湿地	☆ ☆ ☆ ☆ ☆			
湿地生物课堂	☆ ☆ ☆ ☆ ☆			
湿地文化	☆ ☆ ☆ ☆ ☆			
湿地保护	☆ ☆ ☆ ☆ ☆			
课程总评	☆ ☆ ☆ ☆ ☆			

2.探究式评价

在探究的过程中，考查学生在大美湿地课程的学习过程中主动探寻知识、解开疑惑的能力。探究式评价从查一查、访一访、画一画、写一写、议一议多种角度去观察事物、发现新的知识，在各种有趣的体验活动中完成学习任务，检验学习效果。探究性评价注重评价孩子在生活中学习知识、运用知识的能力，见表5-8。

表5-8　探究式学习评价表

评价项目	评价内容	自我评价	教师评价
学习态度	积极探究大美湿地课程相关内容，兴趣浓，遇到困难不退缩		
合作意识	与同伴合作，互相配合、交流，共同探讨疑难问题		
信息处理	利用生活见闻、访谈、书本、网络等多种途径收集信息，处理信息		
实践创新	善于观察、分析、思考，将收集的湿地资料创新性运用		
成果发布	采用多种形式交流大美湿地课程学习成果，态度自然，作品有新意		

3.展示性评价

为了营造一种积极向上的文化氛围，正确、客观地了解学生的学习情况，树立学生的学习自信心，获得更多的成功体验，大美湿地课程最终采用展示活动评价来评价学生的学习成效。学生根据学习收获，选择自己喜欢的方式展示自己的学习成果。作品如手抄报、游记、小诗、故事等，根据作品的内容、美观程度等评选出"湿地宣传员""故事小达人"等；以歌唱、舞蹈等现场演出或视频呈现作品的，评审出"最佳小演员""小小歌唱家"等荣誉称号。评价的目的是为激发学生的兴趣爱好，培养学生对自然美、社会美、艺术美、创造美的认识和鉴赏能力，为学生搭建一个展示才华的舞台，让生态意识在学生的心里扎根。

五、典型案例

认识湿地

教学目标：

1. 通过观看视频、查找资料，了解什么是湿地，了解家乡湿地的种类、特点及作用。

2. 感受湿地的美，增强保护湿地、保护生态环境的意识。

3. 了解湿地的重要，愿意承担保护湿地、传承湿地文化的责任。

教学重点：

了解家乡湿地文化，了解湿地的种类、特点及作用，体会湿地给人们生活带来的益处。

教学难点：

感受湿地的美，了解参与湿地保护的方法和途径，增强保护湿地、保护生态环境的意识。

教学准备：

教师收集关于湿地的视频、照片，制作课件。学生课前搜集材料。

教学过程：

一、谈话导入，创设情境

同学们，今天老师要做导游带大家去一个有趣的地方玩儿。你们有兴趣吗？课件出示图片，这个地方就是我们的大丰湿地公园！也许有同学和父母去玩过呢！那到底什么是湿地呢？湿地又是什么样子的？同学们见过吗？

1. 学生自由表达。

2. 过渡：湿地到底是什么样子的？来吧，让我们一起走进湿地，走进家乡湿地公园。

【设计意图】创设情境，引起学生兴趣，引导孩子讨论，愿意自主探索，在课堂学习中充分发挥学生的主体性。

二、观看视频，了解湿地

1. 播放视频《家乡的湿地》。

师：你看到了什么？有什么感受？

2. 了解湿地的概念。

过渡：同学们都有一双善于发现美的眼睛，都发现了湿地的美。那么湿地到底是什么呢？让我们看看《国际湿地公约》给了湿地一个怎样的定义。

湿地——天然或人工，长久或暂时的沼泽地、泥炭地或水域地带，静止或流动，或为淡水、半咸水，或咸水水体，包括低潮时水深不超过6米的海域。

学生齐读湿地的定义。

过渡：读完这段文字，是不是对湿地有了初步的了解？请看图片。

师：简单地说，湿地就是指经常积水，生长湿地生物的地区。这就是典型的河流湿地，老师这里还有几张不同类型环境图片，你能判断出哪些属于湿地吗？

检验：小游戏《区分湿地》。老师出示几种不同类型环境的图片，学生判断哪些环境类型可以称为湿地？

【设计意图】首先让学生了解湿地的概念性定义，然后用简单的方式让学生了解湿地到底是什么。用图片直观的向学生展示湿地，并与其他地区进行区分，加深印象。

3. 了解湿地的分类。

课件出示湿地的不同种类。

天然湿地：沼泽、滩涂、河流、湖泊、低潮时水深不超过6米的浅海区。

人工湿地：水库、池塘、稻田、人工河等。

4. 了解湿地的功能和价值。

师：湿地被称为"地球之肾"，肾对于人体的重要可想而知，湿地对于地球的作用便等同于肾对于人体那样重要。湿地和森林、海洋并称为全球三大生态系统，它为人类社会的生存和发展提供了重要的生态服务功能。我们一起来了解一下。

课件出示湿地的重要功能及价值，中间穿插一个模拟实验小游戏，进一步展示湿地蓄水、净化等功能。

师总结：湿地的生态服务功能真多啊，难怪能获得如此多的美称。

【设计意图】在了解湿地的定义后，对湿地的种类、特点及作用有更深一步的了解。播放视频，进行模拟实验给学生展示湿地的重要功能，让学生对湿地文化产生更大的兴趣，更进一步激发学生保护湿地的意识。

5.我们身边的湿地——大丰麋鹿保护区。

过渡：大丰麋鹿保护区就是我们身边的湿地公园。跟着老师去游览一下吧。播放视频。

【设计意图】了解家乡的湿地文化，引导学生切身体会湿地文化，了解湿地就在我们身边，引导学生发现湿地的美以及给我们生活带来的益处。

三、出示案例，增强意识

1.出示湿地被破坏的图片、视频资料，然后出示一些湿地被破坏的案例，让学生自由读。

2.指名学生自由交流这些视频和案例给他们带来的感受。

3.师引导总结：看到这些图片、这些案例，总是让人心痛不已。我们的湿地在承受严重的破坏与污染。让我们行动起来吧，保护湿地，保护我们的家园！

【设计意图】通过湿地被破坏的案例，使学生从思想上意识到湿地文化与生活紧密相连，学生从直观的图片与视频资料中感受到湿地环境正在被破坏，从而唤醒孩子们保护湿地、保护生态环境的意识，增强孩子的责任感。

四、采取措施，保护湿地

1.面对湿地破坏的居民，我们能做些什么呢？让学生自由讨论保护湿地的方法与措施。

（1）手绘倡议书向学校的同学普及湿地知识，宣传保护湿地的方法与措施。

（2）从小事做起，呼吁大家节约用水，低碳、绿色生活，不向湿地扔垃圾。

（3）做环保垃圾袋，跟父母讲述环保的重要性。

（4）在湿地公园成立志愿者小分队，在湿地公园捡拾垃圾，植树种草，向游玩的人宣发保护湿地手册。

2. 师总结：

这节课我们走进了湿地，从一开始的不了解到现在的爱护湿地，我们发现湿地原来就在我们身边，它对我们是如此的重要。没有湿地就没有水，就没有生命。所以让我们行动起来吧，保护湿地刻不容缓，从日常小事做起，保护生态环境，守护我们的大家园吧！

板书：

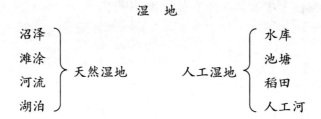

湿　地

沼泽
滩涂　⎫
河流　⎬ 天然湿地
湖泊　⎭

人工湿地 ⎧ 水库
　　　　 ⎪ 池塘
　　　　 ⎨ 稻田
　　　　 ⎩ 人工河

湿地精灵

教学目标：

1. 通过实地考察，把学生的目光从课堂引向大自然，让学生了解家乡的湿地。

2. 认识丹顶鹤，知道丹顶鹤名字的由来、形态特征、生活习性，培养学生对丹顶鹤的喜爱之情。

3. 通过学习徐秀娟的故事，培养学生承担保护湿地、传承湿地文化的责任感。

教学重难点：

感受湿地的美，了解参与湿地保护的方法和途径，增强保护湿地、保护生态环境的意识。

教学准备：

学生自行搜集有关家乡湿地的资料，去附近的湿地公园游览体验。

教学过程：

一、谈话导入

同学们，课前老师让大家去湿地公园游玩，你们都去了哪些地方？（大丰麋鹿自然保护区、东台条子泥湿地保护区……）

1. 去了这么多湿地公园，你见过哪几种湿地呢？

2. 分组交流课前搜集的资料，指名代表汇报。

3. 教师补充介绍。

【设计意图】让学生实地考察不同的湿地，并引导孩子讨论，愿意自主探索，在课堂学习中充分发挥学生的主体性。

二、师生交流

湿地蕴藏着丰富的自然资源。今天，我们将去往一个自然保护区，去找寻保护区内的精灵。

出示：丹顶鹤自然保护区图片。

1. 猜猜看，这是谁的家园？

2. 生畅所欲言。

3. 是的，今天我们就来认识一下湿地精灵——丹顶鹤。

三、认识湿地生物

1. 师：出示丹顶鹤图片。

2. 谁来说说它的样子？

3. 你知道丹顶鹤名字是怎么来的吗？

4. 丹顶鹤是怎么生活的？

请同学们选择你们小组最感兴趣的问题进行讨论并作答。

老师小结：丹顶鹤是鹤类中的一种，自古以来，为我国人民所喜爱。丹顶鹤由于其珍贵稀有，国际资源和自然保护联盟将其列入濒危物种，我国已把它列为一级保护动物。全世界的丹顶鹤总数估计仅有 1500 只，其中在中国境内越冬的有 1000 只左右，保护好丹顶鹤以及它们的生存环境为越来越多的人所关注。

5. 师：同学们，听完了这些，你们有什么感受？学生畅所欲言。

【设计意图】让学生认识这些在湿地上生活的珍稀动物，了解湿地的重要性，激发学生保护湿地生物、保护生态环境的意识。

6. 师：同学们，其实关于丹顶鹤，还曾经发生过这样《一个真实的故事》。这是一首很老的歌曲，世代传唱，这首歌是为了纪念徐秀娟救丹顶鹤而牺牲的故事。著名作家解承强将她的感人故事谱成一首歌，歌颂了徐

1=G 4/4   一个真实的故事   陈雷 陈哲 词
（朱哲琴 演唱）   解承强 曲

（白）：有一个小女孩从小爱养丹顶鹤，她上完大学仍又回到她养鹤的地方。
可是有一天，她为救一只受伤的丹顶鹤，滑进了沼泽地，再也没上来。

（6 - 0 7 1 7 6 | 6 5 3 3 - | 6 - 0 7 1 7 6 |

6 5 6 6 - 丨丨 6 6 6 5 6 1 1 - 6 6 6 1 7 6 5 5 -｜

走过那条小河　　　你可曾听说

走过这片芦苇波　　你可曾听说

6 6 6 3 2 1 - 6 6 6 5 6 1 · | 6 6 6 · 反复前奏 | 2 · 6 - ｜0 0 0 0 ｜

有一位女孩 她 曾经来过

有一位女孩 她 留下一首歌
转1=C

6 6 6 5 6 1 1 · | 6 6 | 6 5 6 3 · | 6 6 6 6 3 2 3 3 2 1 ·｜

为何这片白云　　悄悄落泪　　为何阵阵风儿

7 6 5 · 6 5 · 3 · 2 2 - 0 3 5 · 6 5 | 6 3 2 5 - ｜

低声诉 说啊　　　　　　　啊

3 | 3 2 3 · 2 - ｜ 3 3 3 - | （7 3 6 7 6 7） - ｜

还有一群丹顶鹤　　　　轻轻地

7 0 7 7 （5 2 5 7） 6 3 · | 6 - 6 - | 6 - 0 1 7 6 ｜

轻轻地　　　飞 过　　　 啊

6 6 5 3 3 - - ｜丨 6 3 2 1 0 2 3 5 | 5 6 5 2 3 - ↑ 6 3 2 1 0 2 ｜

2̱ 3̱ - - - ｜

咳

亲爱的驯鹤姑娘，我想对你说：_____。

四、保护丹顶鹤

1.徐秀娟是伟大的，为了保护丹顶鹤献出了自己年轻的生命。作为小学生，我们能为丹顶鹤做些什么呢？

生讨论，总结。

（1）到丹顶鹤自然保护区贴宣传标语，保护丹顶鹤的家园。

（2）绘制手抄报，倡议大家保护丹顶鹤。

（3）到丹顶鹤自然保护区做志愿者，捡拾垃圾，净化环境。

（4）会唱《一个真实的故事》，倡议更多的人学习徐秀娟的精神。

2.师小结：孩子们，赶快将我们的想法付诸行动吧！老师相信，你们都是湿地保护小达人！

【设计意图】培养学生的湿地意识，最好的做法便是在实践中生成。所以，在学生总结出保护湿地小妙招之后，将它应用于生活，这是对学生课堂知识的巩固，更是对学生的一次锻炼，锻炼他们的责任意识，生态意识以及语言表达能力。

秀娟为保护丹顶鹤而牺牲了宝贵生命的精神。

播放歌曲《一个真实的故事》。

学生听完交流感受：你觉得徐秀娟这么做，值得吗？生交流感受。

【设计意图】由这个感人的故事呼吁学生保护珍稀湿地动物，有利于更进一步激发学生保护湿地、保护生态环境的意识，提高学生保护湿地文化的责任感。

现在，你想对美丽的"驯鹤姑娘"徐秀娟说些什么呢？赶紧写下来吧！

五、课程的成果展示

（一）湿地知识我知道

你知道什么叫湿地吗？湿地又有哪些分类呢？让我来给你科普一下吧！（图5-20）

图5-20　学生调查报告

走进麋鹿，走进湿地
五（4）班　王裕杰

一说到湿地，大家都会想到水。那么湿地到底是怎样的呢？带着这个问题我查询了有关盐城湿地的资料，了解到湿地应该是海天相接、盐蒿遍野、芦苇遮天、生物多种多样的美丽景象。生存在湿地里的动物有400多个，如麋鹿、丹顶鹤、大天鹅等。还生长着近500种海边植物，如白茅、芦苇、红果盐蒿等。

怀着一颗向往的心，我来到了"大丰麋鹿保护区"。这是个湿地总面积达7.8万公顷，以保护麋鹿的原始生活环境为主的区域。当我登上高高的观鹿塔，看到远处大片大片的原始树林、断断续续起伏的高坡、碧水滢滢的小河和成群结队的麋鹿时，我有种心旷神怡的感觉。当我乘着小船，准备去近距离接触麋鹿时，我完全按捺不住自己激动的心。

随着小船向前划，看到了！看到了！一大群麋鹿出现在眼前，它们有的蹲坐在浅水里乘凉，有的交头接耳像在说悄悄话，有的懒洋洋地趴在阴凉下睡觉，有的不慌不忙地吃着草，还有的或站或坐竖着脑袋一动不动活像一尊尊雕像，麋鹿掩映在水光树影下真是一幅绝美的自然画呀！当我带着胡萝卜来到栅栏边喂麋鹿时，我又看到了麋鹿大胆呆萌的一面，它们竟然大摇大摆地走近我，好像我是它们的"老朋友"一样，伸长脖子来叼食，反倒把我紧张得不得了。

实地参观了麋鹿保护区后，我对湿地有了更深刻的了解，那碧水蓝天、苍翠掩映、景观生态、动物与自然共和谐的画面，真是好一个大美湿地呀！

（二）湿地故事我来讲（图5-21）

图5-21　湿地故事视频

（三）湿地之路我去访

在盐城丹顶鹤自然保护区，住着一群可爱的丹顶鹤。现在，让我带你们一起去参观一下鸟类王国吧！（图5-22）

学生走访图

可爱的丹顶鹤，你是我的好朋友！

学生走访图

驯鹤姑娘您是我们的榜样

小麋鹿，你想说些什么呢

我来给你挠挠痒

图 5-22　学生走访湿地

　　盐城科技馆中的湿地馆，是一个了解湿地文化的好地方！湿地馆欢迎您的到来。这里，能学到的东西可真多呀！（图5-23）

走访合集

湿地公园

一个美丽的故事

走访掠影

图5-23　学生们走访盐城科技馆

（四）湿地之美我来画

每年，在盐城越冬的丹顶鹤有 1200 多只，占世界丹顶鹤总数的 80% ～ 90%。我们的家乡，是丹顶鹤的第二故乡，也是丹顶鹤的乐园，请您欣赏一下我们眼中的丹顶鹤！（图 5-24）

图 5-24　学生绘画作品——我眼中的丹顶鹤

去过大丰麋鹿自然保护区后，老师组织我们为可爱的麋鹿画了好多幅画，请您评一评。（图 5-25）

图5-25　学生绘画作品——可爱的麋鹿

盐城湿地孕育了种类繁多的湿地植物。这些植物相互竞争、相互依存，构成了多姿多彩、类型丰富的湿地王国。请你欣赏一下我们笔下的湿地植物。（图5-26）

图5-26　学生绘画作品——独特的湿地植物

盐城湿地还孕育了很多种类的湿地动物，它们在大自然中快乐地生活着。（图5-27）

图 5-27　学生绘画作品——种类繁多的湿地动物

（五）申遗之路我助力

你愿意成为湿地申遗志愿者，一起来绘制"保护湿地"的手抄报吗?（图 5-28）

图 5-28　学生手抄报——我为申遗助力

　　湿地申遗应该是家喻户晓的大事。作为小学生，让我们一起绘制"黄海湿地"申遗海报，来宣传我们独特的湿地资源吧！（图5-29）

图 5-29　学生作品——我为申遗画海报

（六）湿地之韵我来颂

大美湿地——盐城
四（4）吴子萱

流动不息的串场河，
自由自在的麋鹿群，
风情万种的欧风街。
繁华热闹的金融城。
多么美的故乡，
大美湿地，
吸引了多少生物在此生息，
啊，我爱大美湿地——盐城。

湿地赞歌
六（1）班　陈博文

盐城湿地是一个可以让人打开心扉的地方，这里素有"东方湿地之都，仙鹤神鹿世界"的美誉。在这片美丽的土地上，栖息着几千余种动物，其中最为出名的便是丹顶鹤与麋鹿。

脚步刚迈入湿地，迎面就是一阵舒爽的凉风，这风里混杂着嫩草的清香与鲜花的淡香，还带着一股神秘的幽香……这时，辽阔的湿地呈现出一

团白色，再定睛一望，原来是一群翅膀硕大，头顶朱红的丹顶鹤。丹顶鹤美丽优雅，洁白神圣，不管是谁见了它无不心生喜爱。近了，又近了。突然，它们展开了各自高贵的翅膀、翩翩起舞、直飞云端。那优雅的舞姿多么美丽。迈着轻盈的脚步继续深行。一路百花争奇斗艳。走着走着，一条弯弯曲曲，碧如蓝天的绸带映入眼帘——河。

河畔的植物最为打眼，草地翠色欲流，衬托得本就美丽的花儿更加娇艳了，柳树像爱美的少女，轻轻摇摆着柔韧的头发……

瞧，一只角像鹿，面似马，蹄如牛，尾同驴的"四不像"正在河边喝水呢！这就是东方湿地的"二号主人"——麋鹿。一般麋鹿的体重可达240千克左右，角比较长，每两年脱换一次。麋鹿们个个身强体壮、爱好奔跑。它们无拘无束、自由快活的奔跑场景已成为了湿地上一道光彩夺目的风景。

"黄海滩涂，湿地河流，仙鹤起舞，神鹿奔跃。"见者无不惊叹！

第六章　校本体验课程实践篇

"你好，秋天"主题课程开发及实施

结合"贤文化"精髓，学校开发了葵花校本体验课程，主要包含"科学体验""审美体验""主题体验"等课程门类。

课程主要依托教材的研发和应用进行有效的实施。在"主题体验"课程的学习中，引导学生体验葵花、竹子、石头等品格，培养学生的寻贤之心和立贤之志，依托《你好，秋天》《贤人轶事》《贤娃诵经典》《贤娃读故事》《梦贤奚径》等教材和主题实践活动，让学生通过学习体验"古之贤""今之贤""外之贤"的成人、成才过程，见贤思齐。通过有效途径实现成贤之行，以及自己的尝试、实践、体验，可以熏陶情感，锻炼才能，增长见识，增进合作，提升综合素养。（图6-1）

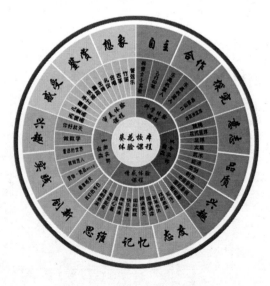

图6-1　葵花校本体验课程图

一、课程开发的背景

盐城市敬贤路实验小学于 2017 年成功申报省前瞻性项目"体验式学习：建构儿童有意义的学习经历"以来，学校项目组以课堂教学的改革为基础，致力于转变教师的教学方式和学生的学习方式，提高课堂教学效率，同时一直在探索学校课程的整体发展方向。我们一直在思考，除了基础的学科课程，我们还应该做哪些努力，让学生的学习更好地与生活发生关联，与未来发生关联？如何更好地构建儿童"有意义的学习经历"，去引导学生通过各种各样的课程学习，通过亲身经历各种活动，在主动感知、活动探究、获得新知、迁移应用中学习，培养他们对自然和社会不断探究的兴趣，提升他们的实践和创新能力，最终成为立己达人、知行合一的敬贤娃。

基于这样的思考，我们将学校已有的课程和项目组开发的课程进行了重构，将学校课程统整为"思齐课程"。在已经开发实施的"海盐课程""大美湿地课程"等基础上，结合秋季的各项特征，着力打破学科之间的界限，以"你好，秋天"主题为钥匙，开启学生仔细观察生活、深入理解生活、用心感悟生活的大门。在我们开发的"你好，秋天"主题项目课程中，孩子们走出教室，了解秋天、亲近自然，仔细观察大自然的现象，思考自然与人的关系，从户外活动的体验中懂得尊重自然、热爱自然。在察觉自然现象的过程中，发现、提出和解决问题，在体验中学习，在体验中成长。孩子们交流与表达的能力、主动探究的能力在活动中得以提升，同时在活动中学会与他人分享。

二、课程的理念和目标

（一）课程理念

我校通过不断的实践与积累，"你好，秋天"项目课程的内容不断丰富和完善。各年级、学科的老师们主动、积极地参与到课程的探索和研发中，让该课程得以更加科学、有序地开展。

我们通过大主题课程的学习，来实践前瞻项目的前瞻理念：在学习中能够回归学习与身体的本源关系，让学生"亲身经历"；回归学习与情感的本源关系，让学生"热情求知"；回归学习与活动的本源关系，让学生"在做中学"。

秋天是向日葵成熟的季节。向日葵是敬贤文化的象征物。敬贤的小贤士就像金黄、明亮的葵花那样牢牢扎根在校园文化的土壤中，一张张充满正能量的笑脸向着太阳，在经历丰富而完整的生长过程后，收获了满满的葵花子。通过"你好，秋天"主题课程的学习，该课程实现了基于学科、超越学科、立足实践、贴近生活的要求，同时促进了学生学习方式的改变。这种体验性、探究性的方式将有助于实现学生全面而富有个性发展的课程目标。

（二）课程目标

（1）把学生的目光引向大自然，引导学生运用各种感官和途径认识、了解秋天的特征，了解与秋天有关的文化等。

（2）通过开展丰富多彩的活动，启发学生品味秋天的美，体会丰收的喜悦之情。在实践与研究的过程中，提升学生的观察、发现、表达、探究、创作等能力，鼓励学生用自己喜欢的方式，去表达对秋天的喜爱之情。

（3）培养学生团结协作的精神。学会与他人分享收获、困惑和快乐，积极主动地帮助他人。

（4）活动的过程中，激发孩子们热爱自然、热爱家乡、热爱祖国大好河山的情感。

三、课程的主要内容

按年级部各学科为单位，按照各年级部学生的年龄特点，设计不同的学习内容。具体内容如下：

（1）语文学科：学习符合年龄段特点的以"秋天"为主题的古诗、儿歌和美文，让学生在阅读中体验秋天的文字美、文化美。

（2）数学学科：结合秋天景物，用数学解决简单的实际问题，对学生进行热爱自然、保护环境的教育，引导他们感受用数学解决问题的乐趣。

（3）英语学科：学习有关秋天的英文歌曲或者名言警句，要求会唱或者会写。项目课程在实施过程中为学生搭建平台，锻炼学生口语表达的能力，激发学生学习英语的兴趣。

（4）音乐学科：学习演唱与秋天有关的歌曲，在演唱和舞蹈中感受秋天的美好，激发孩子热爱大自然，热爱生活的情感。

（5）美术学科：每个年级部针对孩子的年龄特点设计不同的学习主题，螺旋上升，让学生在学习体验中感受秋天的色彩美和季节美，在学习中培养和提升学生的美育。

（6）体育学科：每个年级部针对孩子的年龄特点，以"秋天"为主题设计一个适切的游戏。让学生在游戏中明白秋天是收获的季节，知道勤劳、团结的重要性，体验秋天收获的快乐。

（7）综合实践：打破各学科的界限，以"自主、合作、探究"的教学设计方式让学生在学习中提高发现问题和解决问题的能力。

四、课程的评价方式

我校《你好，秋天》主题课程的评价方式主要有展示性评价、过程性评价和差异性评价。

（一）展示性评价

主要采取小组展示与个人展示相结合的形式，以"小组秀＋个人秀"的方式进行。《金色的秋天》影集制作、《诗意秋天》读写比赛、《收获秋天》游戏、《唱响秋天》歌舞表演、《秋天的落叶》英文歌曲比赛、《多彩秋天》绘画作品展等。每次展示活动结束后，班级的小评委都为作品点赞，为优胜小组颁发纪念证书。老师用一些材料对学生作品进行装饰，再送还给学生，孩子将画带回去，收到亲友的好评，同样是展示性评价。除了小组和个人在班级展示外，学生还有机会在报告厅"你好，秋天"主题活动汇报表演中展示。

在展示前，孩子要运用之前获得的知识来解决新问题或者创造新事物，展示本身就考查了孩子的知识与技能的掌握情况。通过表演、行动、操作、演出、创作等活动中的表现来评价学生表达能力、思维能力、创造能力和实践能力。

孩子们得到来自身边人的肯定，从多种途径感受到评价过程的愉悦，进而产生成就感。

（二）过程性评价

过程性评价是在学习过程中逐步完成的，强调学习主体的积极参与，是一个促进学习发展的过程。

过程性评价的主体为学生、小组内成员和教师。教师关注儿童的学习过程，以及学习过程中学生采用的学习方式。通过关注孩子的整个学习过程，教师对学生的各方面表现等进行指导点拨，将主题学习向纵深引进。孩子们通过与同学的合作、查找资料、尝试新方法等活动引发新的思考，成为新思想、新发现的重要来源。

我们注重过程的评价，孩子们在过程中学习和成长。"成长的足迹"成长记录册，收藏了孩子们在活动过程中的点滴成果。亲手完成的一件件作品也成为他们不断前进的动力，时时给孩子以激励，满足了孩子们体验成功的需要。

（三）差异性评价

差异性评价是基于对学生发展差异性理解的评价，旨在建立理解型的师生关系，提升教师和儿童的幸福指数。

在主题活动开展过程中，教师首先能正确认识学生的发展差异。因为孩子的心智发展、性格特点的不同，在达成标准、学习方式、学习内容等方面存在差异性要求，教师会对学生发展中的差异进行针对性的评价。其次，评价主体有差异。活动中有多主体共同参与评价，并借助各种不同的手段对学生进行评价，当学生的短板无法改变时，我们会努力让长板弥补短板的缺憾，让长板更长，让每一个孩子像星星一样闪光。

"你好，秋天"项目课程评价表，见表6-1。

表6-1　"你好，秋天"项目课程评价项目表

评价项目	评价要点	自评	组评	评价项目	评价要点	自评	组评
参与态度	1.认真参加每一次活动			获得体验	1.善于提问，勤于动手，乐于研究		
	2.努力完成自己承担的任务				2.有一定的责任心		
	3.做好资料积累和收集的工作				3.能对自己进行反思		
	4.主动提出自己的设想				4.实事求是，尊重他人想法与成果		
	5.乐于合作，与同学交流尊重他人				5.不怕吃苦，勇于克服困难		
方法掌握	1.能用多种途径获取信息			我想说的话：			
	2.能运用已有的知识解决问题						
能力发展	1.有求知的好奇心、探索的欲望						
	2.独立思考、自主学习能主动发现问题和提出问题，寻求解决问题的方法						
	3.积极参与，尽力发挥个性特长，展示才华			教师评价			

五、典型案例

"你好，秋天"大主题课程综合实践教学设计
—— 四年级部"秋天到了"

教学目标：

1.将学生引向生活，变被动为主动，充分调动学生的积极性，引导学生明确活动的意义，认识秋天的特点。

2.通过多种形式激发学生参与活动的热情，提升学生的综合分析能力、表达能力及团结协作能力。

3.通过调查、交流等形式，让学生获得有关秋天特点的知识。

教学重点：

1.积极参与主题活动，尝试自主探索，力求创新创造，提高孩子的综合分析能力、语言表达能力以及团结合作的能力。

2.通过绘画、手工、朗诵诗歌等方式来描绘秋天。

教学难点：

通过绘画、手工、朗诵诗歌等方式来描绘秋天；尝试自主探索，力求创新创造，提高孩子的综合分析能力、语言表达能力以及团结合作的能力。

教学准备：

1.自由组合活动小组；

2.笔记本；

3.画册。

课时安排：2课时。

教学流程：

第一课时

一、谈话引入，了解秋天特点

同学们，相信你已经感受到了浓浓的秋意。之前，我们也已经学习了不少写秋天的课文，谁能说一说秋天有哪些特点？

学生汇报课文介绍的内容。

【设计意图】寻找到新旧知识的连接点。让学生在过去的课文中找到秋天的影子。

二、秋天来了，传递秋天信息

1.欣赏秋景。

同学们，瞧（课件演示），——秋天到了！

（展示课题《秋的脚步》，多媒体出示）

秋天早已悄悄地来到了我们每个人的身边，你想到了哪些词语？你又有怎样的感受呢？

【设计意图】在直观的图片与视频中感受到春天的气息，唤起学生对秋天的记忆。

2. 学生汇报。

你们想知道秋天有哪些特点吗？在这里老师向你们介绍另外几种收集资料的方法：

①到郊外走走，观察、调查植物的变化。

②搜集一些秋景照片，观察人物的衣服出现了哪些变化。

③留意自己身边的动物，看看它们都会做些什么。

④在家长的指导下搜集各地秋景的图片或文字的介绍。

【设计意图】让学生在相互交流与学习中，完善自己的作品。鼓励学生用不同的方法表达自我，充分发挥学习的积极性。

三、分组探索，提出活动主题

1. 根据各自的兴趣和性格特点，相互组合成小组。

2. 根据自己小组主题提出调查方向。

3. 向其他小组汇报调查方向，互相提出修改建议。

4. 组内修改调查方案，设计调查表格，讨论调查记录。

观察内容、观察到的变化

观察内容	我所知道	观察到的变化

5. 出示活动要求，评选相关奖项。

（1）希望每个小组能够团结合作。（团结奖）

（2）组内成员任务分工明确，能互相配合并圆满完成任务。（合作奖）

（3）在介绍的过程中有创意。（创意奖）

（4）小组汇报精彩有创意。（最佳表现奖）

各小组根据自己设计的调查方向，相互合作，一起找寻秋天的足迹。

【设计意图】在自我评价与相互评价中，提升能力，培养学生自主、合作、探究的学习方式。

四、课堂总结，布置作业

1. 带上照相机去拍一拍秋天的美景。

2. 用彩笔画一画秋天的美景。

建议地点：盐城城南体育公园、盐塘湖公园、盐渎公园、欧风花街、我们的校园……

第二课时

一、谈话引入，引入学习内容

上节课我们分配了活动小组，让大家去寻找秋天的足迹。相信大家的收获一定不小，现在就让我们来展示各自的成果吧。

二、调查汇报，学习成果展示

1. 分小组展示：小组派代表，介绍各自搜集的有关秋天的图片和描写景色的词句段。

2. 小组以自己喜欢的形式向全班展示自己调查的成果，讲述不同的事物在秋天的特点。（诗歌朗诵、绘画、粘贴画等）

成果汇报，交流评价。

3. 学生认识到：秋天就在我们的身边，只要我们细心观察，就能发现它的足迹。

4. 组织同学们认真听取各小组汇报，引导组间讨论交流。

【设计意图】鼓励学生表达自我，培养孩子们动手实践的能力和团体合作的精神。

三、活动点评，学生互相评价

各小组自由评议其他小组展示活动中的优点或建议，说说是否可以得奖以及得奖原因。

【设计意图】让学生在经历观察、倾听、表达、评价等过程中，培养学生的语言表达能力，评价能力及鉴赏能力，从而提高学生的综合素养。

四、课堂小结，布置学习任务

1. 通过这节课的学习，同学们可有什么收获？你们觉得还可以通过哪些途径获取资料？

2. 用文字记录自己最近发现的秋天。

3. 把拍的照片、绘画作品、写的文章整合成手抄报。

"你好，秋天"大主题课程美术教学设计
——四年级部"秋之韵——趣味手工"

教学目标：

1. 充分利用家乡、学校等本地自然环境资源，初步了解秋天的变化与季节特征，感受和欣赏秋天。

2. 学会利用落叶进行拼贴，进行美的再创作。

3. 增强学生保护自然环境、珍爱生态资源的意识，将美丽的秋天长久地留在心中。

教学重点：如何利用落叶拼贴画表现秋天。

教学难点：表现独具一格的秋天。

教学准备：

1. 教师准备相关课件、范画、剪刀、固体胶或双面胶、彩色笔、A4纸。

2. 学生准备课前收集有关秋天的古诗、散文、图片等资料，剪刀、固体胶或双面胶、彩色笔、A4纸、各种形状颜色的树叶。

教学过程：

第一阶段：认识秋天

一、创设情境

课前让孩子们自行收集各种秋天图片资料，布置在教室四周。

【设计意图】让学生搜集秋天照片并布置，使小朋友有直观的印象，结合图片，发现秋天的使者有很多。这些都为认识秋天提供了很好的帮助。

二、视频导入

1. 欣赏《秋日私语》钢琴曲，感悟秋之韵。

2. 让学生说说自己的感受：由音乐产生的畅想、说说图片所表现的季节与景色特点。

3. 教师小结，揭示课题"秋天来了"。

【设计意图】音乐视频可以拓宽学生的思维、发挥他们的想象力。对

秋天童话般的想象，色彩斑斓的景色，带领学生欣赏平时难得听到的秋天的旋律，使学生更能体会到秋天的美丽。

三、感受秋天

1. 秋天有哪些好吃的水果与蔬菜？

（水果：苹果、梨、橘子、山楂、柿子、柚子、甘蔗等。蔬菜：南瓜、菠菜、白菜、包菜等）

2. 你眼中的秋天是什么样子的？

（注意气候、动物、植物等发生的变化，树叶落下了，菊花开放了，小草换上黄衣服，我们穿上了毛衣，大雁往南飞等，结合学生课前搜集的各种秋天的图片，互相交流一下自己的认识。）

3. 先分组讨论交流，再请每组的代表发言，从不同角度去谈谈自己的认识。

（课件中的相关图文，可结合使用。如"秋天的词语、诗歌、花朵、果实"……）

4. 如向科学老师了解为什么有秋天？向长辈家人了解秋天在哪里？

畅所欲言秋天的色彩，感受秋天的绚丽多彩。

（欣赏《秋天是什么颜色》）

【设计意图】欣赏大量秋天相关水果蔬菜，自己所想的秋天景象让孩子们对秋天进一步了解，并且知道创作作品时可以运用哪些画面。

四、欣赏作品

课件出示大师的画，赏析。（出示"秋天的画"相关作品）

1. 《秋》油画 汤姆森 加拿大；

2. 《金色的秋天》油画 列维坦 俄国；

3. 《在希望的田野上》丙烯画 朱莉 中国；

4. 《秋艳》中国画 林风眠 中国。

提问：看到画面你有什么感受？画家是如何表现秋日主题的？

说说这些画面表现了秋天什么样的独特之处？用了什么样的技法？

出示要求：根据旧纸张的软硬、厚薄和色彩的特点，巧妙利用废纸，撕出满纸的秋色。

【设计意图】在感受完秋天特有的景色后，欣赏大师秋天相关作品，由实物转为画作，给孩子们做一个很好的引导——如何创作一幅以秋天为主题的作品。

五、学生创作

创作建议：画一画秋天的容貌。

【设计意图】开阔眼界，了解创作画的多种表达的手段，进而使学生选用自己喜欢的形式来大胆作画。

第二阶段：多彩秋天——设计作品

一、复习导入

上节课我们认识了秋天，了解了秋天，最后也描绘了秋天的美景，但这些终究是平面的，浮于纸上。今天，就让我们一起走进秋天，把秋天融入我们的生活和创作中。

（揭示课题　多彩秋天——设计作品）

【设计意图】通过回顾上次的知识，进而促使学生加深印象。

二、新授学习

1. 秋天我们都已经非常了解了，今天老师带来了一些有关秋天的图片。大家看一看说一说，这些图片与我们上一节课描绘的秋天有什么不一样。

2. 谁能来说一说图片中运用了哪些秋天的元素，制作了什么样的物品？

3. 想制作它们吗？在制作之前，同学们想一想你想设计什么？请同学说一说。

4. 老师准备了一些制作的设计图，想邀请同学看一看。找一找设计图中，提示了哪些注意事项。

5. 现在就请同学们重新设计上节课所画的作品，列出你想用的方法和材料，如用什么形状、颜色的树叶。

6. 交流：狮子的尾巴部分一定要用扇形的小树叶或者直接剪出一个尾巴的形状；身体部分因为是立体的，一定要多用几片树叶重叠起来……

7.师：有了这些注意事项，我们制作的时候会方便很多，所以我们一定要提前把这些注意事项写在旁边并标注出来，这样我们在制作的过程中才不会把它们遗忘。

【设计意图】开阔眼界，了解创作画的多种表达手段，进而使学生产生浓厚的兴趣来大胆作画。

三、作业设计

1.提示学生在标注的时候，确保自己能找到自己所要的工具和材料。说明作业要求。

2.作业点评。找几个学生的作业上展示台，并让其他学生提出更好的建议。

【设计意图】在展评环节中，采用学生自评、互评的方式，最后师评总结的方式，符合课标要求的美术学科多元评价的要求。

四、课堂总结

第三阶段：魅力秋天——手工制作

一、复习导入

1.上节课，我们设计了与秋天有关的设计图稿，老师也设计了一幅。同学们一起看一看，老师设计了一个风铃。谁能来说一说老师是如何制作的。

生：运用了粘、绑等方法

师：说得不错，老师还把实物带来了，感兴趣的同学可以上来参观一下。

看了老师的作品，你们想做一做吗？

2.结合你们自己的设计图，你们来说一说你要如何制作。

生：我想做一个手动的走马灯，先在树叶上画出动物的形状，然后再贴在玻璃灯面上。

【设计意图】通过回顾上次的知识，进而促使学生加深印象，为学习新知识、获得新能力做好准备。

二、欣赏作品

1. 师：老师这里有很多其他同学的作品和大师的作品，我们一起来看一看学一学，学习他们的灵感和制作方法。

2. 你最喜欢谁的作品？为什么？

【设计意图】采用学生自评、互评的方式，符合课标要求的美术学科多元评价的要求。

三、自主练习

1. 看了这么多，老师觉得你们脑海里已经有了自己想法，那现在就利用你们自己带来的工具和材料，把它制作出来。

2. 学生练习，教师巡视指导。

四、点评交流

请同学说一说你觉得他做得好不好，哪里做得好？哪里做得不好需要改进。

【设计意图】在展评环节中，采用学生自评、互评，最后师评总结的方式，符合课标要求的美术学科多元评价要求。

五、课堂总结

总结学习情况，再布置下阶段的任务。

第四阶段：金色秋天——作品赏评

一、分析过程

1. 经过一段时间的学习和制作，同学们都完成了自己的作品，下面老师请同学们分享作品，并和大家说一说你的心得，以及在制作过程中你遇到的困难，并向大家分享你是如何解决这些困难的。

2. 学生交流。

【设计意图】在相互的交流中，调动学生各种学习感官的直接参与，使学生养成良好的动手、动脑的能力。

二、学习小结

1. 听了这么多同学的分享，老师也受益匪浅。在我们的实践当中，有这么多的困难，同学们都巧妙地化解开了，老师同时也看到很多同学在制作过程中一直都在帮助其他同学完成作品，老师感到非常欣慰。

2. 你有什么话想对同伴说？

三、展示作品

1. 老师有一个提议，既然我们同学的作品都这么漂亮，那我们就在班级的四周把它们挂起来，用秋天的元素把我们的教室装饰成金色的秋天。

2. 学生布置教室。

3. 评价教室布置。

【设计意图】在展评环节中，采用学生自评和互评。最后，教师总结的方式，采取多元评价。

四、课堂总结

1. 你觉得我们的教室美吗？

2. 回去再制作你喜欢的作品送给你喜欢的人。

【设计意图】拓展学生的思维，材料的多样性，鼓励学生尽情地去尝试。把自己的作品送给自己喜欢的人，引导学生学会去分享自己的成果，让学生更加具有成就感。

"你好，秋天"大主题课程音乐教学设计
——四年级部"树叶儿飘飘"

教学目标：

1. 能用优美、动听的歌声表达对秋天的喜爱之情，学会唱《树叶儿飘飘》这首歌。让孩子们参与对歌曲的体验、表现和创造，在"视、听、想、唱、动"等综合的音乐活动中，感受秋天的美丽动听。

2. 在聆听中获得感受、在生活中表现自我、在创编中发展能力。

3. 初步认识和掌握全音符时值。

教学重点:

引导学生,用美好的抒情的声音来表现对秋天的喜爱心情。

教学方法:

采用整体听唱与分句模唱相结合的方法。

教学过程:

一、感受音乐,激发兴趣

1. 听音乐导入。

你们知道他演奏的是什么乐曲? (简介二胡的构造和性能,并学习模仿二胡的演奏姿势)

2. 听录音:《八月桂花遍地开》(二胡独奏)

师:谁能告诉大家,这段音乐表现了什么内容? 什么情绪?

3. 再次播放乐曲,听音乐,一边哼唱旋律,一边模仿二胡的演奏姿势。

4. 第三次播放乐曲,由教师带领全体同学扭秧歌步,加上自己的动作来感受乐曲表达的情绪。

【设计意图】感受不同乐器演绎的秋天,听一听秋天的声音,激发孩子们学习音乐的兴趣。学生通过活动进一步把握歌曲,以兴趣为核心,在体验中发现,创造及享受音乐。

二、创设情境,激发兴趣

1. 师:这首乐曲描绘的是什么季节? 你们眼里的秋天是什么样的?

2. (出示画面,树叶飘动的情景)

师:秋天的落叶儿飘呀飘,飘到了天空。 你们猜猜,谁会看它?

3. 聆听表现小鸟飞翔的音乐,并跟随音乐律动做动作。

4. (请同学上前模仿燕子飞舞时的动作。教师弹奏,学生活动,一起朗读歌词)一起模仿蚂蚁和小鱼等动物的动作。

5. 能不能设想一下,这些小动物们看见飘落的树叶后,会做些什么呢?

6. 教师范唱。

【设计意图】通过设置故事情境和展示图片,进一步激发学生的学习兴趣。

三、参与学习，寓教于乐

1.（出示歌词）教师再次范唱。

2.练习重、难点：切分音"5 3·""3 2·"跳进"3—5""1—5"

3.跟着琴声轻声模唱，音高要准确。

4.各小组分角色，配乐朗诵歌词。

5.学唱歌曲：师生合作、分组、分角色等多种方式进行演唱。

【设计意图】让学生理解基本的乐理知识，唱准及1—7七个音的音准。通过分配角色及角色表演使音乐课更加生动，并且通过改编节奏的朗读解决切分音的难点。

四、情感表达，体验乐趣

1.同学们事先准备树叶当作道具，根据学生情况合理分组，分角色进行情景表演。

2.各组汇报，相互评价。

【设计意图】通过各种道具，激发学生的兴趣，使学生感知更生动的音乐课堂，通过视听体会诗意般的秋天。

五、课堂小结，布置作业

同学们，这节课，欣赏了有关秋天的图画、诗歌和乐曲，学唱了秋天的歌曲。秋天的美丽、绚烂可远远不止这些。老师建议大家在课后继续搜集一些关于秋天的资料，咱们开一个班级的秋天展示会。

"你好，秋天"大主题课程体育教学设计
—— 四年级部"水果大丰收"

教学目标：

1.培养学生参加游戏活动的兴趣，并能在展示自己的同时，与同伴积极配合、友好合作与交往。

2.发展身体的耐力，提高协调性和判断能力。

教学准备：

1.四种"水果"（例如，沙包表示橘子、垒球表示苹果、接力棒表示

香蕉、软排球表示西瓜），每种水果10到20个；20棵树（可用标志杆）。

2.“水果筐”（储物箱或桶）。

3.两个果园（两个半块篮球场）。

游戏方法：

1.将“水果筐”放到“果园”的四周。

（每条边的中间放一个贴有水果名称的储物箱或桶）

2.教师先在“果园”里有规则的种上两排“果树”。再将“水果”毫无规则的散放的“果园”中。

3.听教师口哨，5名学生进入“果园”并在规定的时间内将尽可能多的“水果”放到“水果筐”，比比哪组捡得多。

组织形式：

将学生分成四组。

教学流程：

一、创设游戏情境，进行热身活动

1.小朋友，你们知道现在是什么季节吗？秋天可是一个收获的季节呢，你们愿意到果园里去收获秋天的果实吗？

2.小朋友，秋天果园都有哪些成熟并掉在地上了？我们一起来试着采摘吧！在采摘之前，我们先学习小动物摘果实动作吧！（热身动作）

【设计意图】以水果掉地上为切入点，让学生知道水果成熟了以后是会掉下来的；同时，发挥学生的想象力，大球像什么，小球像什么，接力棒像什么，让学生说出来，更能激发学生的兴趣。

二、教师讲解游戏方法与要求

1.我们拿水果时，要轻拿轻放，不能掉在地上。如果掉在地上，“水果”就坏了，只能放到原地让其他人去拿了。

2.捡水果时，不能把“树”碰倒，相互之间也不能碰撞。如果发生碰倒或碰撞现象，则视为“受伤”，就不能继续游戏了，站到场外去。

3.每个“水果筐”只能放同一种“水果”。

【设计意图】模拟果园，让学生了解果园，知道果园里面也是有障碍物的，不能乱冲乱撞，从而让学生更能适应果园里面的环境，了解在果园里工作的叔叔阿姨的辛苦。学生可从游戏中体验我们的社会，体验我们的生活。

三、放松活动

1. 要下课了，我们要带上我们的果子回家了，我们一起跟着音乐庆祝一下我们今天的收获吧。

2. 跟着音乐，大家一起做身体各部位的放松操。

3. 整队回教室，评比路队最好的一队。

【设计意图】每次我们辛苦工作了以后，都要让我们的身体得到放松。因此我们跟着音乐让身体充分放松，让自己能适应接下来的生活，这样在接下来的校园生活中就不会感觉太累。

四、布置作业

回家和家长一起做今天学的游戏，并讲清楚游戏规则。

"你好，秋天"大主题课程英语教学设计
—— 四年级部"秋天的树叶正在落下"

教学目标：

让学生在学唱英文歌曲的同时学会仔细观察生活，运用各种感官和途径认识了解秋天的特征，并且可以用快乐的、自己喜欢的方式表达对秋天的喜爱。

教学内容：

学唱英文儿歌 *Autumn Leaves Are Falling Down*

教学准备：

歌曲 MV、课件。

教学流程：

一、教学主题导入

1. 交流介绍英文儿歌。

T：Do you have any English songs which can share with us?

Ss：...

【设计意图】通过同学之间交流会唱的英文儿歌，激发学生的学习热

情，营造学习英文儿歌的课堂氛围。

2. 秋天 Autumn 的介绍学习。

Brainstorm Q：What do you know about autumn?

Ss：Leaves are changing colors, leaves are falling down…（教师教读）

【设计意图】学生交流讨论秋天的生活所见，鼓励学生主动发现生活中的美。另外，学习短语 changing colors, falling down，为后面歌词的学习做铺垫。

二、学唱歌曲，设计动作

1. 学习歌词。

Autumn leaves are changing colors, changing colors, changing colors. Autumn leaves are changing colors all over town.（Hold up both hands and turn them back and forth）

秋天的树叶在改变颜色，改变颜色，改变颜色。秋天的落叶在全城都在变色。（动作：举起双手并来回旋转）

Autumn leaves are changing colors, changing colors, changing colors.

Autumn leaves are changing colors all over town.

秋叶在改变颜色，改变颜色，改变颜色。秋天的落叶在全城都在变色。

Autumn leaves are falling down, falling down, falling down. Autumn leaves are falling down, down to the ground.（Hold both hands up high, as you wiggle your fingers and bring them down towards the ground）

秋天的落叶飘落，飘落，飘落。秋天的落叶飘落在地上。（动作：当你扭动手指并将其放低到地面时，请双手高举）

Autumn leaves are falling down, falling down, falling down. Autumn leaves are falling down, down to the ground.

秋叶飘落，飘落，飘落。秋天的落叶飘落在地上。

Take a rake and rake them up, rake them up, rake them up. Take a rake and rake them up, on the ground.（Pretend to rake leaves）

进行耙耙，耙耙，耙耙，耙耙。耙一耙，把它们耙在地上。（动作：假装耙树叶）

Make a pile and jump in, and jump in, and jump in. Make a pile and jump in, on the ground.（Pretend to make a pile of leaves and then jump in）

堆成一堆然后跳进去，然后跳入并跳进去。在地面上堆成一堆，然后跳进去。（动作：假装堆一堆叶子，然后跳进去）

Make a pile and jump in, and jump in, and jump in. Make a pile and jump in, on the ground.

堆一堆，然后跳进去，然后跳进去，然后跳进去。堆一堆，然后跳进去，在地面上。

Autumn leaves, autumn leaves, autumn leaves, autumn leaves, autumn leaves, autumn leaves, are on the ground.（Hold your hands up high and sway them back and forth to the end of the song）

秋天的叶子，秋天的叶子，秋天的叶子，秋天的叶子，秋天的叶子，秋天的叶子在地面上。（动作：将您的手高高举起，并在歌曲的末尾来回摇动）

Autumn leaves, autumn leaves, autumn leaves, autumn leaves, autumn leaves, autumn leaves, are on the ground, are on the ground.

秋叶，秋叶，秋叶，秋叶，秋叶，秋叶在地面上，在地面上。

2. 逐句教唱。

【设计意图】整体展示歌词并可以根据内容将这首歌分成四段，让学生对歌曲有个整体了解。

3. 学生小组合作，设计动作，小组表演。

【设计意图】带领孩子们根据所分好的四个段落设计动作，可以让学生充分地发挥他们的想象力和创造力。小组合作，通过歌唱和动作表演，让学生们在学习英语歌曲的同时，体会到秋天的美丽和快乐。

"你好，秋天"大主题课程语文教学设计
—— 四年级部"感悟秋天"

教学目标：

1. 学习关于秋天的古诗、散文。

2.在诵读中感受诗人、作者借秋天抒发的情感，体会作者借助具体事物表情达意的手法。

3.在文字中，体味秋的色、香、味。

教学重点：

在诵读中感受诗人、作者借秋天抒发的情感，体会作者借助具体事物表情达意的手法。

教学难点：

在诵读中感受不同诗人、不同作者心中的秋天。

教学准备：

诵读材料、课件。

课时安排：3课时。

教学过程：

一、谈话导入，感受秋天之美

1.同学们，在你眼里，秋天是什么样子的呢？

2.你对秋天有怎样的感觉？

3.你喜欢秋天吗？为什么？

二、吟诵古诗，领悟诗意，体会诗情

水仙子·夜雨

"一声梧叶一声秋，……都到心头。"

1.出示古诗，指名学生读。

2.哪些物是秋天的象征？

3.诗中，诗人在干什么？

4.诗人想借这首诗表达什么？

【设计意图】读通诗词，让学生掌握词的节奏，在准确读好节奏的过程中感受作者要表达的情感，为后面的学习打下基础。能找出词中象征秋天的事物，从而为理解诗人借物抒情做好铺垫。读懂词人在干什么，就读懂了词人的心情。初步理解词的意思，了解诗词借景抒情的写作手法。并能透过语言文字，去感悟诗人内心的情感。

安公子·远岸收残雨

"远岸收残雨。……劝人不如归去。"

1.教师范读，欣赏诵读的韵味。

【设计意图】通过教师范读，帮助学生扫清障碍，了解词作的基调，为学生读好作品提供示范。

2.学生自由练读，组内交流读。

【设计意图】在小组内读，会读的做好示范。不会读的在同学帮带下读通词。在同学的示范中，在自己的努力下，学生会努力让自己在最短的时间内，阅读效果最大化。

3.指名读这首词，说一说时间、地点、人物以及主要发生的事情。

4.读一读，读出词人的心情。词人的心情怎样？你从哪里读出来的？

5.词人写了什么？他的心情么样？他想表达什么样的情感？

【设计意图】初步理解词的意思，初步理解词人借景抒情的写作手法。并透过语言文字，去感悟词人内心的情感。

夜书所见

萧萧梧叶送寒声，江上秋风动客情。

知有儿童挑促织，夜深篱落一灯明。

1.齐诵。

2.读出韵味。

3.你能有自己的话说说诗的意思吗？

秋风辞

"秋风起兮白云飞，……少壮几时兮奈老何！"

1.教师简介作者。

2.指名朗读。

3.齐读。

4.体会诗意。

【设计意图】在诵读中感受秋天，感受儿童的快乐。在诵读中，体会诗歌的韵味，以读促思，从而透过语言文字，去感悟诗人内心的情感。

浣溪沙·谁念西风独自凉

"谁念西风独自凉，……当时只道是寻常。"

1. 哪些事物是秋天的象征？

2. 诗人在干什么？

3. 诗人想表达什么情思？

4. 诵读古诗。

【设计意图】运用前面几首词的学习方法，自主学习这首诗。小组讨论，从而形成学习能力。

三、品读美文，感受秋天之美

爱上秋天

"我喜欢秋天，秋天是春夏的归属，是四季中最灿烂的季节。

……

秋天，正是人生中最灿烂的金色年华！"

1. 学生自由读，在感悟最深的地方做标注。

2. 学生自由交流做批注的地方。

3. 教师相机评价、小结，引导学生感悟秋天之美。

【设计意图】自主阅读，并做标注，标注是思考、感悟、质疑的过程。学生基于自己的阅读经验，根据自己的阅读体验，发表自己的阅读见解，在与同学的碰撞中产生新的阅读体会。教师总结，总结作者对秋天的描述，总结作者的写作手法，总结作者的构思，从而让学生在阅读中品味、学习。

品味秋天

"品味秋天，品味着秋天的味道。……。"

1. 指名分自然段读美文。

2. 学生自由交流。

3. 齐诵最后一小结。

4. 教师小结。

【设计意图】学生基于自己的阅读经验，根据自己的阅读体验，发表自己的阅读见解，在与同学的碰撞中产生新的阅读体会。教师总结，总结作者对秋天的描述，总结作者的写作手法，总结作者的构思，从而让学生在阅读中品味、学习。

秋天的旋律秋天的美

"秋天是一首悠然的歌，秋天是一个收获美丽的梦，秋天我用一杆细细的笔，画出你最完美的曲线与神韵。……心灵，也会随之荡尽尘埃，唯留纯美。"

1. 快速读课文，画出你喜欢的语句。

2. 能说说你为什么喜欢这些语句吗？

3. 最打动你的是哪些段落？哪些细节最能触动你的心灵？

4. 学生自由交流读后心得。

【设计意图】学生都想通过声音表现自己对文字的理解，学生想通过自己的朗读表现自己，为激发学生兴趣，调节课堂气氛，指名学生分自然段朗读，在朗读、听读中初步感受文本。学生基于自己的阅读经验，根据自己的阅读体验，发表自己的阅读见解，在与同学的碰撞中产生新的阅读体会。

遥望秋天

雨，落在芭蕉叶上，碰撞出凄凉的秋天。

……

雨打湿了秋天的羽翼，那一份颤动的伤心，飘向天际。

1. 学生自由读，在有感悟的地方做上标注。

2. 教师指导诵读，读出秋天的"迷蒙""安静"之美，说一说作者的心情如何？

3. 学生诵读。

【设计意图】只有入情入境地诵读，学生才能感受到藏在文字里的思想，才能真正感受到作者的写作意图。在诵读中感受秋天，感受儿童的快乐。在诵读中，体会诗歌的韵味，以读促思，从而透过语言文字，去感悟诗人内心的情感。

四、联系生活，书写秋天之韵

1. 你眼中的秋天是什么样的？

2. 在生活中有没有让你印象特别深刻的事情？怎么样才能把季节的描写和事情联系起来写？

3. 结合之前的湿地之旅，尝试写一写湿地的秋天有什么变化。

六、课程的成果展示

（一）手绘秋之色

1. 树叶画

叶子有各种不同的形状、大小、颜色和质感。叶子可以聚成一簇，也可以遍地散落。经过同学们的小手，它变成了魔术师，变幻成各种样子。（图6-2）

图6-2　学生作品——树叶画

2. 撕纸贴画

一张张小小的纸片，在孩子们的巧手下，幻化成各种各样美妙的图画，快来一起欣赏吧！（图6-3）

图 6-3　学生作品——撕纸贴画

3. 手抄小报

秋天拥有着独特的魅力，在秋天的课程里，孩子们学习着、收获着，快来看看孩子们的学习成果吧！（图 6-4）

图 6-4　学生作品——你好，秋天

4. 纽扣拼贴

瞧，小朋友们运用纽扣和辅助材料在即时贴上进行秋天的拼图，表现出简单的物体形象，感知纽扣画特有的秋色。（图 6-5）

图 6-5　学生作品——神奇的纽扣贴画

5. 叶子手工

小小的树叶就像是魔术师，在同学们的手上变幻出各种各样的美丽造型。（图 6-6）

图 6-6　学生作品——叶子手工

6.儿童画

秋天是一位身着金色衣服的仙女，她轻轻拂去太阳的炙热，孩子们眼里的秋天是什么样的呢？（图 6-7）

图 6-7　学生作品——我眼中的秋天

（二）歌颂秋之韵

有位作家说过："秋天是有成绩的人生，绚烂多彩，似朦胧而实清明，充满大彻大悟的味道。"我想，这就是秋之韵。（图 6-8）

（三）体验秋之趣

在秋天的课程里，体育老师带领我们遨游在秋天的乐园，体验秋天收获的快乐。（图 6-9）

图 6-8 学生课堂展示——秋韵

图 6-9 学生活动剪影——有趣的秋天

（四）品味秋之味

俗话说："春天不播种，秋天无收获。"是的，秋季也是丰收时机。我们也来采摘自己亲手种下的果实。（图 6-10）

图 6-10　学生活动写实——丰收的秋天

（五）创作秋之美

秋之美，美在落叶漫天飞。快来欣赏小贤士们创作的一首首优美的诗篇吧！

秋天的颜色

三（3）班　卞雨晨

秋天是红色的，

枫林红得像一团燃烧的火焰。

秋天是金色的，

田野像一块闪闪发光的金子。

秋天是彩色的，

果园里的果子五彩缤纷。

在我心里，秋天是美丽的。

秋

四（1）班　王思槿

秋天的叶，掉了，

秋天的果，熟了。

秋风送来雁往南飞的声音，

也送来草黄的过程。

门口，落叶成堆，

屋上，羽轻轻落下。

秋，不陌生的秋，

秋，四季中的秋。

秋天，一个充满欢笑的季节。

金色的秋天

六（4）班　蔡馨菲

秋姑娘，你知道吗？悄悄告诉你，

每当你到来时，

都会有金黄的枫叶，

伴着带有桂花香的微风，

赶来欢呼喝彩。

秋姑娘，你知道吗？悄悄告诉你，

每当你到来时，

农夫们，则高兴得合不拢嘴。

你似乎有一股神奇的力量，

能让果树结满果实，

能让庄稼大大丰收……

秋姑娘你知道吗？悄悄告诉你，

每当你伴着微风到来时，

孩子们，

则高兴地欢呼、尖叫。

天上每天都挂满了纸鸢。

地上每天都有孩子奔跑。

秋姑娘，你知道吗？悄悄告诉你，

许多花儿都喜欢你，

总在你到来时，

才尽情开放，

让你到来的那几个月里，

都是伴着花香度过的。

秋

四（3）班　吴中昱

一叶落，

知秋来。

早有霜，

风刺骨。

五点屋外黑，

六点天朦亮。

枫叶红似火，

落叶处处飘。

秋姑娘的喜悦

五（3）班　李恬萱

秋天，比春天更有欣欣向荣的景象，花木灿烂的春天固然美丽，然而，硕果累累的秋色却透着丰收的喜悦；秋天，比夏天更有五彩缤纷的景象，枝叶茂密的夏天虽然迷人，可是，金叶满树的秋色却更爽气宜人；秋天，比冬天更有生机勃勃的景象，白雪皑皑的冬天固然可爱，但是，瓜果飘香的金秋却更富有灿烂绚丽的色彩。

秋天来到了我们敬贤美丽的校园里，从远处看，黄叶纷落好似成群结队的金色的蝴蝶，它们飞累了，落到了我的肩膀上、头上、脚上。秋天来到了我们敬贤的果园里，柿子弯下腰鞠了一个躬就压得枝头快要折断了，露出甜甜的笑容，或羞涩，或豪放。

在激动的心情的促使下，同学们大手和小手一起驶向那片由柿子组成的海洋。三个一群，五个一伙的径直奔向柿子。时常有高个的爬到桌子或椅子上摘柿子，而地上呢，则是"手海"，那一双双眼睛里充满了渴望。往往得到柿子的是和那些高个人缘好的，再就是长得高的，最后那些人也就只能获得一个眼美的份了。后来，大家似乎都发现了一块"绿洲"，但是那是其他级部的，我们脚下幸福的云彩顿时归于了平淡。同学们越战越勇，刚刚还挂满枝头的小家伙们，在短短一分钟的时间里，它们就在各位同学的小篮子里安家落户了。

我们沐浴着金秋的阳光，提着沉甸甸的果实，每个人脸上都回荡着丰收的喜悦！

后 记

生命就是一场体验

这是一个特殊的春节！往年，大家都在走亲访友、观光度假中度过假期，突如其来的新冠肺炎疫情让这个"年"变得特殊而沉重。寒假早已过去，可孩子们依然不能来校上学，学校显得格外冷清。有人问，这样对孩子们的学习会不会造成影响？我想答案是一定的，但影响是不是都是负面的？不是！抗日战争时期，西南联大缔造了教育的奇迹；汶川大地震的抗震救灾中，学生志愿者们一夜长大……教育的本质和价值，本就不是用分数衡量学生，而是为了实现学生身心的全面发展，让学生明白作为社会人的义务责任。这一次，我们敬贤的孩子们也在用自己的方式表达心声：

佳节变"家"节，过节的气氛是少了。但这个家，是无数医护人员渴望却回不了的家啊！疫情防控，远远没有达到可以掉以轻心的时候，在祖国这个大家庭里，希望我们每个人每天都能做到严格的自我防护，为这场疫情阻击战贡献自己的力量，心在一起，便是团圆，武汉加油！中国加油！

——杨子懿

人多力量大，即使是再大的困难，也可以克服。病床上的朋友们，你们看到了吗？就是我们这些小学生，都对抗疫充满信心。请不要放弃希望，请相信，我们可以的！我们一定会战胜疫情！不要忘记，我们永远和你们在一起！

——张梦菲

特殊时期，对孩子们进行生命教育和道德教育，培养三观，比知识的传授更有价值。老师们为孩子们安排学习任务和目标的同时，更重视上好生命教育课，力争让每一个"宅"在家里的孩子过得充实而有意义。

　　此时此刻，各行各业坚守在一线抗疫的逆行者，正为了无数人的安危而奋不顾身。我们作为教育人，不能直接上"战场"到一线抗疫，理应竭力做好自己的本职工作。在做好后勤保障和健康宣教的工作的同时，我校项目的后期工作也在紧锣密鼓地进行着。这本关于体验式学习的　已见雏形。我们实践的体验式学习，与当前核心素养理念所呼唤的教育遥相呼应。我们在每天的实践中一点点改进，从改进课堂教学的目标，实现学习路径等关键问题着手，按照学生的不同层次，给学生不同的引导，以达成各种目标。在体验式学习的过程中，我们做到了给孩子留下足够的思考的空间；为了促进深度学习，我们放手发动学生，充分信任学生，同时不忘根据学情给师生适应的时间，项目实施以来，我们一直在超越自我。

　　和有些项目动辄五年、十年的历程相比，我们的成果还是略显稚嫩。但让我感到欣慰的是，我们每一点收获都是历尽艰辛扎扎实实做出来的，它激励着我们继续奋进。所以，我们应该感到兴奋和自豪！回忆项目实施的过程，所有的感动、兴奋，甚至遗憾、失落的瞬间都值得被永远铭记，那些灿烂的笑脸，欢乐的画面一点点被定格，我有理由相信，它终将成为敬贤师生一种自然而然的学习方式。从一开始的懵懵懂懂，到现在的创造性实践，老师们在项目研究这条路上付出了许多，我们取得的每一点成果老师都离不开老师们的参与和支持。他们利用业余时间进行理论探索，再付诸实践成果，继而完善，这其中的艰辛唯有亲历者能够体会。记得大家空出一个又一个周五的下午，齐聚项目办公室里，各抒己见，在展板上写下一个个关键词的场景；记得但是又记不清有多少个深夜，项目组的小伙伴们为了一个个子项目，为了一次次的推广活动，凌晨仍然在忙碌；记得那些在推进体验式教学的过程中，众人集思广益，深度研讨的美好画面。

　　当前，项目课程建设、课堂研究、师生发展等思路已经越来越清晰。我的项目研究团队在不断成长，他们是体验式学习研究的中坚力量，可敬可爱的全体敬贤教师就是项目研究的坚强后盾。看着师生们取得的成果，我感动于敬贤团队这种彼此分享，不断进取的精神，感动于老师们对我的信任和支持，感动于大家在这次项目研究过程中展现的凝聚力。虽然过程并不是一帆风顺的，但大家都不惧风雨，秉持敬贤的校风坚持着做下去。

　　我还要感谢支持和伴随项目成长的所有专家和领导。在我们感到困惑的时候，是他们高屋建瓴，为我们指点迷津；感谢领导的大力支持、悉心关照，为顺利完成项目研究保驾护航。感谢全体敬贤教师齐心协力、团结奋进、勤思善行、上下习索，做好每一件事，为更好完成各项任务提供坚实基础。

我们深知，这是一次不完美的尝试，其中一定许多不尽人意的地方。需要完善的、思考的还有很多，在体验式学习向纵深推进的过程中，我们还有许多硬骨头要啃。敬请阅者不吝赐教，我们将虚心接受，继续学习。我们会以更高的热情，在体验式学习的路上，我们将继续深耕细作，不断耕耘，更努力做好每一项工作！生命就是一场体验，我们将一直走在体验之路上，为孩子们拥有更有意义的学习经历而坚持不懈。

赵志宏

2020 年 3 月